신정일의 新택리지

신정일의 新택리지 충청

신정일

쌤앤파커스

추천사

강과 길에 대한 국토 인문서

"필드field가 선생이다." "현장에 비밀이 숨겨져 있다!" 책상과 도서관에서 자료를 뒤적거리기보다는 현장에서 직접 발로 뛸 때 새로운 사실을 발견할 수 있다는 말이다. 이 말은 문화답사 전문가들이 가슴에 품은 신념이기도 하다. 그 현장정신의 계보를 추적하다 보면 만나게 되는 인물이 있다. 18세기 중반을 살았던 사람, 이중환이다. 이중환은 집도 절도 없이 떠돌아다니면서 마음 편하게 살 곳을 물색했고, 환갑 무렵에 내놓은 그 결과물이 《택리지》이다. 그가 쓴 《택리지》는 무려 20년의 현장답사 끝에 나온 책이다. 좋게 말해서 현장답사지 정확하게 표현한다면 정처 없는 강호유랑이었다. 현장답사, 즉 강호유랑은 아무나 하는 게 아니다. 등 따습고 배부르면 못 하는 일이다. '끈 떨어진 연'이 되었을 때 가능한 일이다. 고금을 막론하고 인생은 끈이 떨어져 봐야 비로소 산천이 눈에 들어오는 법이다.

《택리지》는 《정감록》과 함께 조선 후기에 가장 많이 필사된 베스트셀

러였다. 현장에서 건져 올린 생생한 정보가 많이 담겨 있었기 때문이다. 장사하는 사람들은 각 지역의 특산물과 물류의 흐름을 파악할 수 있었고, 풍수를 연구하는 사람들은 전국의 지세와 명당이 어디인지를 알 수 있었으며, 산수 유람가에게는 여행 가이드북이 되었다.

그러한《택리지》의 현장정신을 계승한 책이 이번에 다시 나오는《신정일의 신 택리지》다. 이 책의 저자인 신정일 선생은 30년 넘게 전국의 산천을 답사한 전문가이다. 아마 이중환보다 더 다녔으면 다녔지 못 다닌 것 같지가 않다. 우리나라 방방곡곡 안 가 본 산천이 없다. 1980년대 중반부터 각 지역 문화유적은 물론이거니와, 400곳 이상의 산을 올랐다. 강은 어떤가. 한강, 낙동강, 금강, 섬진강, 영산강, 만경강, 동진강, 한탄강을 발원지에서부터 하구까지 두 발로 걸어 다녔다. 어디 강뿐인가. 영남대로, 관동대로, 삼남대로를 비롯한 우리나라의 옛길을 걸었고, 부산 오륙도에서 통일전망대까지 동해 바닷길을 걸은 뒤 문광부에 최장거리 도보답사 코스로 제안해 '해파랑길'이 조성되었다. 그의 원대한 꿈은 그것으로 그치지 않고 원산의 명사십리를 거쳐 두만강의 녹둔도에 이르고 블라디보스토크를 지나서 러시아를 돌아 아프리카의 케이프타운까지 걸어가겠다는 것이다. 낭인팔자가 아니면 불가능한 성취(?)이다.

신정일 선생의 주특기는 '맨땅에 헤딩'이다. 이마에 피가 흘러도 이를 인생수업으로 생각하는 끈기와 집념의 소유자다. "아픈 몸이 아프지 않을 때까지 가자"라는 김수영 시인의 시를 곧잘 외우는 그는 길 위에 모든 것이 있다고 설파한다. 두 갈래 길을 만날 때마다 그가 선택한 길은 남들이 가지 않는 길이었다. 왜냐하면 스스로를 강호江湖 낭인이라고 생각했기 때문이다. 강호파는 가지 않는 길에 들어가 보는 사람이다.

《주역周易》에 보면 '이섭대천利涉大川'이라는 표현이 여러 번 나온다. '큰 내를 건너면 이롭다'라는 이 말은, 인생의 곤경을 넘는 것이 큰 강을 건너는 것만큼이나 힘들다는 뜻이다. 그런데 신정일 선생은 이 강을 무서워하지 않았다. 높은 재를 넘는 것도 두려워하지 않았다. 인생의 수많은 산과 강과 먼 길을 건너고 넘고 걸었으니 무슨 두려움이 남아 있겠는가. 그는 자기 앞에 놓인 인생의 강과 산을 넘은 것이다. '이섭대천'이라 했으니 큰 강을 건넌 신정일 선생에게 행운이 깃들기를 바란다.

조용헌(강호동양학자)

머리말

느린 걸음으로 백제 왕국의 터를 소요하다

'사람이 살 만한 곳', 아니 '살고 싶은 곳'은 도대체 어디를 말함인가? 《논어》에는 "마을이 인仁하다는 것은 아름다운 것이다. 스스로 골라 인한 곳에 살지 않는다면 어찌 지혜롭다 하겠는가"라는 글이 있다. 《택리지》에도 이와 비슷한 내용의 복거卜居, 즉 살 곳을 점쳐서 정한다는 개념이 있다. 이처럼 살 곳을 정하는 문제는 단순히 생활의 윤택함을 도모하는 것을 넘어서 인을 추구하고 지혜를 추구하며 인간다운 삶을 살고자 하는 의지의 차원이라고 볼 수 있다. 나는 1980년대 중반부터 우리나라 전 국토를 두 발로 걸었다. 크고 작은 400여 개의 산을 오르고 남한의 팔대강과 영남대로, 삼남대로, 관동대로 등을 따라가며 곳곳에 있는 문화유산과 그 땅에 뿌리내린 삶을 만났다. 그 길에서 느낀 것은 산천이 나만의 것이 아닌 우리 모두의 것이라는 사실과 그 길들을 올곧게 보존해서 후세에 물려주어야 한다는 사실이었다. 한 발 한 발 걸으며 내가 발견한 것은 바로 나였고, 처연하도록 아름다운 우리 국토였으며, 그 국토를 몸서리치도록 사랑하고 있다는 사실이었다.

나는 이 책을 이중환의 《택리지》에 기반을 두고 인문 지리 내지 역사 지리학의 측면에서 '지금의 택리지'로 다시 쓰고자 했다. 이중환이 살다 간 이후 이 땅에 얼마나 많은 일들이 일어났고 얼마나 많은 인물들이 태어나고 사라졌는가. 그것을 시공을 뛰어넘어 시냇가에서 자갈을 고르듯 하나하나 들추어내고 싶었고, 패자 혹은 역사 속으로 숨어들었던 사람들을 새롭게 조명하고자 했다.

《신정일의 신 택리지—충청》은 이중환이 《택리지》에서 언급했던 여러 지역을 답사하면서 옛날 충청도의 모습을 떠올려 보는 한편, 오늘날의 변화상을 되짚어 보는 방식으로 쓰였다. 이중환은 충청도에 대해 물산은 영남과 호남에 미치지 못하나 산천이 평평하고 아름다우며 서울과 가까워 풍속에 큰 차이가 없으므로 터를 고르면 가장 살 만하다고 했다. 이러한 연유로 예부터 양반이 많이 살아서 '충청도 양반'이라는 말이 있기도 하다. 충청도는 대부분이 한남금북정맥과 금북정맥에 있는데, 계룡산의 형세가 비범하여 한때 조선의 도읍지로 낙점되기도 했다. 그 이전 삼국시대에는 삼국의 각축지였다.

전라도와 경기도 사이에 위치하고 서쪽이 바다와 면한 충청도는 이중환이 살았던 당시와 250년의 시차를 두고 몰라보게 변천했다. 이중환이 살 만하다 했던 계곡이나 강가는 물론 살기에 척박한 곳이라 했던 바닷가에 별장과 콘도를 비롯한 숙박업소와 음식점 등이 빼곡하며 곳곳에는 골프장이 들어섰다. 온 나라 산에 묘지가 넘쳐 몸살을 앓고, 강은 강대로 환경 오염과 직강화 작업 및 댐 건설로 예전의 모습이 아니다. 수많은 길이

콘크리트로 뒤덮인 채 거미줄처럼 얽혀 자동차와 기차는 다녀도 정작 사람이 마음 놓고 걸을 수 있는 길은 어디에도 없다. 나그네와 보부상들, 신경준과 이중환 그리고 김정호가 걸었던 길은 사람이 다닐 수 없는 길이 되었고, 불과 20여 년 전만 해도 사람의 왕래가 잦았던 강 길은 그 흔적조차 찾을 수 없게 되었다.

일찍이 성호 이익은 "정신이란 모습 속에 있는 것인데, 모습이 이미 같지 않다면 어찌 정신을 전할 수 있겠는가?"라는 말로 변해 가는 세태를 꼬집었다. 나보다 앞서 이 길을 걸었던 매월당 김시습과 이중환, 김정호 등 옛사람들에게 우리 국토는 어떤 모습이었을까? 지금처럼 도처에 숲처럼 펼쳐진 아파트나 강가에 즐비하게 늘어선 매운탕집과 '가든' 그리고 바다를 에워싼 저 수많은 횟집들은 없었을 것이다. 무서운 속도로 시시각각 다가오는 자동차들이 없으니 걸어가면서 충분히 자유로웠을 것이다.

영남대로를 같이 걸었던 모 방송국 PD 신현식 씨는 문경새재를 넘어서면서부터는 영남대로가 걸어 다닐 만한 길이 아니라고 했다. '살 제 진천, 죽어 용인'이라는 말과 달리 지금의 용인 일대는 살아 있는 사람들이 이런저런 이유로 몰려와 불야성을 이루고 있다. 용인을 지나 성남의 판교에 접어들면 말 그대로 우리나라 전역이 땅 투기장으로 변한 느낌이었다.

삼남대로는 또 어떤가! 차령을 넘어 천안에 접어들면 길이 대부분 도회지를 통과하기 일쑤였다. 옛 모습을 그나마 간직하고 있는 관동대로 역시 개발의 바람이 불어 하루가 다르게 산천의 모습이 달라지고 있다.

근래에 생명 사상과 환경 문제가 대두되면서 산과 강이 새롭게 조명되고《택리지》가 여러 형태로 논의되지만 이 시대에 맞는《택리지》는 다시 쓰이지 않았다. 이러한 것들이 미흡하지만 이 땅의 산과 강을 오랫동안 걸어 다닌 나에게 《택리지》를 다시 쓰도록 부추겼다.

30여 년간 우리 땅 구석구석을 두 발로 걸어온 결과물을 총 10권으로 완결하게 되었다. 역사와 지리, 인문 기행을 더해 수백 년 전과 현재의 모습을 비교하고 선조들이 자연과 조화를 이루며 살았던 흔적을 고스란히 담으려 노력했다. 빌딩이 산의 높이를 넘어서고, 강의 물길이 하루아침에 바뀌는 시대에 살고 있지만, 여전히 산수와 지리는 우리 삶의 근간이다. 우리가 바로 지금 두 발로 선 이 땅을 자연과 사람 모두가 더불어 사는 명당으로 만드는 것은 다름 아닌 우리 자신일 것이다.

마지막으로 독자들과 함께 간절한 기도를 전하고 싶다.

"간절히 원하노니, 청화자靑華子 선생이여! 지금 이 땅에 살고 있는 상처 입은 사람들이 더불어 조화롭게 살 수 있도록 그대가 꿈꾸었던 이상향을 보여 주십시오!"

온전한 땅 전주에서

신정일

시간을 품고 마음을 낳는 충청도

천년의 맑은 바람 대를 이어 불다

하남 위례성에 자리 잡았던 백제는 문주왕 원년(475) 공주성으로 옮겨온다. 그 뒤 성왕 16년(538) 사비성, 즉 지금의 부여로 수도를 옮긴 후 의자왕 20년(660)에 백제가 망하자 당나라 장수 유인원劉仁願이 웅진 도독부를 설치한 곳이 충청도다. 서울에서 한두 시간 거리에 있으며, 대부분이 한남금북정맥과 한남정맥 아래에 있다. 《세종실록지리지》와 이중환의 《택리지》에 소개된 충청도는 다음과 같다.

그 지경은 동쪽이 단양 죽령에 이르고, 서쪽은 태안 오근이포朽斤伊浦에, 남쪽은 은진 작지鵲旨에, 북쪽은 직산 아주제牙州梯에 이르는데, 동서가 477리요, 남북이 244리다. (…) 명산은 계룡산이 공주에 있고, 죽령이 단양에 있으며, 가야산이 덕산에 있고, 월악산이 청풍에 있으며, 도고산이 신창에 있다.

충청도는 경기도와 전라도 사이에 있다. 서쪽은 바다에 닿아 있고 동쪽은 경상도와 맞닿아 있다. 동북쪽 모퉁이가 되는 충주 등은 강원도의 남쪽으로 불쑥 들어가 있다. 남쪽의 반은 차령 남쪽에 있어 전라도에 가깝고, 북쪽 반은 차령 북편에 있어 경기도와 이웃한다. 물산은 영남과 호남에 미치지 못하나 산천이 평평하고 아름다우며 서울에서 가깝고 남쪽에 있어 사대부들이 모여 사는 곳이 되었다. 그리고 서울의 명문가들이 모두 도내에 전답과 집을 마련하여 생활의 근본으로 삼고 있다. 또 서울과 가까워 풍속에 큰 차이가 없으므로 터를 골라 가장 살 만한 곳이다.

제천과 단양 등이 강원도 영월과 맞닿았고, 그 아랫녘은 백두대간을 경계로 경상도의 접경 지역이다. 1번 국도를 따라 논산을 지나 공주에서 금강을 건너 차령을 넘고, 천안과 직산을 지나서 북쪽으로 경기도 양성에 이르게 되며, 진위, 수원, 과천을 지나면 서울에 이른다.

금북정맥은 칠장산에서 시작해 안성의 서운산과 천안의 흑성산을 지나 국사봉에서 광덕산과 차유령으로 이어지는 산줄기다. 청양 백월산까지 내려온 금북정맥이 오서산, 보개산, 수덕산 쪽으로 북상하며 예산의 가야산에서 용틀임한 뒤 기수를 서쪽으로 돌려 태안반도로 향한다. 성왕산, 백화산을 지나 태안반도로 이어진 금북정맥은 반도의 끝 안흥진에서 서해로 몸을 숨긴다. 금강의 북쪽 울타리라고 볼 수 있는 금북정맥은 북으로 아산만 지역의 넓은 들을 형성한다. 이 금북정맥과 한남금북정맥 그리고 백두대간의 중하류에 있는 태백산 아래 매봉산에서 속리산으로 이어지는 산줄기들은 우리나라 중부와 남부 지방의 자연스러운 경계를 만들어 준다.

충청도忠淸道는 충주와 청주에서 한 자씩 따서 지은 이름이다. 삼한시대에 마한에 속했고 삼국시대에는 삼국의 각축지였던 충청도는 시대 상황에 따라 영토 변경이 잦았던 곳이다. 고려 예종 원년(1106)에 관내도와 중원도, 하남도를 합쳐서 양광충청주도楊廣忠淸州道라 했다. 이후 양광도 등 여러 이름으로 불리다가 태조 4년(1395)에 충청도라는 이름을 얻었고, 나라 땅을 팔도로 개편한 태종 13년(1413)에 현재 충청남도와 충청북도를 합한 형태의 충청도가 되면서 관찰사가 머무는 감영을 충주에 두었다. 임진왜란이 끝난 뒤인 선조 35년(1602) 충주에서 공주로 감영을 옮겼다. 그 뒤에도 이곳 충청도에서 역모 사건이 발생하거나 불미스러운 일이 있을 때마다 공홍도(1628), 홍충도(1646), 공청도(1729), 공충도(1825) 등의 이름으로 바뀌기도 했다. 《연려실기술》에는 "충청도를 호서라고 부른다. 또는 제천에 의림지호義林池湖가 있어서 충청도를 호서湖西라고 한다"라고 기록되어 있다.

조선을 건국(1392)한 태조 이성계는 새로운 수도를 물색하던 중 계룡산의 형세가 비범하다는 얘기를 듣고 직접 살핀 뒤 도읍지로 낙점했다. 태조 2년(1393) 계룡산 아래(신도안) 새로운 도읍을 만들고자 남부 지방의 백성들을 동원하여 부근 지역을 정비하고 목재와 석재를 운반해 공사를 진행했다. 그러나 풍수지리상 결점이 많다는 논의에 따라 공사는 중단되고 말았다. 지금도 신도안 일대에는 그 당시 공사 유물이 남아 있다.

조선 개국에 앞장섰던 정도전에게 이성계가 조선 팔도의 사람을 평해보라고 하자 그는 충청도 사람을 '맑은 바람 속 밝은 달', 즉 청풍명월淸風明月이라 평했다. 예부터 기호학파의 본고장으로서 '충청도 양반'이라는 말을 자주 쓸 만큼 이 지역은 양반이 많이 살았던 곳이기도 하다. 그렇다면 '양반兩班'이라는 말은 언제부터 쓰였을까? 원래 양반은 고려 경종 때 조회에서 남향한 국왕에 대하여 동쪽에 서는 반열 동반東班(문관)과 서쪽에 서는 반열 서반西班(무관)을 통칭하는 말이었다. 이후 양반 관료 체제가 정비되면서 문·무반직을 가진 사람들뿐만이 아니라 그 가족과 가문까지도 양반으로 불리게 되었다. 그러다가 여말 선초부터는 양반이라고 하면 관제상 문·무반직뿐만이 아니라 점차 지배 신분층을 지칭하게 되었다. 박지원은 〈양반전〉에서 그 양반을 다음과 같이 설명했다.

> 하늘이 백성을 낼 때, 그 백성이 넷이고, 사민四民 가운데 가장 귀한 것이 선비다. 이것을 양반이라 일컬으니 그 이익이 막대하다. 농사도 하지 말고, 장사도 하지 말고, 대강 문사文士나 섭렵하면 크게는 문과에 오르고 작아도 진사는 된다. 문과 홍패紅牌는 두 자尺밖에 안 되지만, 백물이 갖추어져 있는 돈주머니다. (…) 궁사窮士가 시골에 살아도 오히려 무단武斷을 할 수 있다. 이웃집 소로 먼저 밭을 갈고, 마을 일꾼들을 데려다 김을 맨들 누가 감히 나를 홀만하게 여기랴. 네 코에 잿물을 붓고, 머리끝을 잡아 돌리고, 수염을 뽑더라도 감히 원망하지 못하는 것이다.

〈양반전〉에서처럼 "글을 읽는 사람을 '사士'라 하고, 벼슬하는 사람을 '대부大夫'라 하며, 덕이 있는 사람을 '군자君子'"라 하던 양반은 조선 후기로 갈수록 조롱거리로 전락했는데, 충청남도 아산 지방에서 불리던 민요가 재미있다.

이리 치고 저리 치고

한강 그물 고기 잡아라 먹어 치고

양반은 상놈 치고 상놈은 기집 치고

기집은 개 불러다 똥 치고

개는 꼬리 치고

소설가 김주영은 《객주》에서 충청도 여자들을 다음과 같이 묘사했다.

충청도 여자들은 예절에 밝고 내외가 엄연하답디다. 길을 가다가도 남정을 만나면 흡사 호랑이를 만난 것처럼 놀라서 달아난다 하였습지요. 청양青陽·한산韓山·서천舒川의 여자들은 모시 길쌈을 잘하고 공주公州의 여자들은 선라蟬羅 짜기에 능하다 하였소. 청산青山·보은報恩의 여자들은 대추를 많이 먹어 입이 예쁘고 황간黃澗의 여자들은 연시를 많이 먹어서 볼이 통통하답니다.

충청도 사람들은 말이 느리고 행동은 빠르다. 충청도 사람들이 말이 느린 이유가 신경림 시인의 《민요기행 2》〈남한강의 뱃길 천리〉에 실려 있다.

비록 전쟁 마당일지라도 사람들은 다니며 농사도 짓고 장사도 해야 했다. 나다니자니 자연 군사들과 많이 마주쳤다. 상대가 어느 나라 군사인지를 알아야 하니까 말은 자연 조심스럽고 느려졌고, 충청도 지방의 말이 느린 것도 이 까닭이라는 것이다.

"충청도 감사는 공주에 머무르는데, 백제 말엽에 당나라 장수 유인원이 웅진 도독부를 설치하였던 곳이다"라는《택리지》의 기록처럼 조선 말까지만 해도 충청도 감영이 공주에 있었다. 그러나 충청북도와 충청남도로 나뉘고 대전광역시가 따로 독립된 지금은 대전이 그 중심이 되었고 행정 중심 복합 도시인 세종시가 들어서서 놀라운 발전을 꾀하고 있다.

1

풍요로운 삶의 터전 내포

우연히 만나는 아름다운 고장

내포, 가야산 아래 열 고을

충청 감영이 있던 공주에서 서북쪽으로 200리쯤 가면 가야산과 만난다. 이중환李重煥은《택리지擇里志》에서 "충청도에서는 내포內浦가 가장 좋다"라고 했다. 가야산 앞뒤에 있는 열 고을을 일컬어 내포라 하는데, 예산, 당진, 서산, 홍성 등이 이곳이다. 이중환은《택리지》에서 내포 땅을 다음과 같이 평했다.

> (내포) 땅은 기름지고 평평하면서 넓다. 또한 소금과 물고기가 지천이어서 부자와 대를 이어서 사는 사대부가 많다. 그렇지만 바다가 가까운 곳은 학질과 염병이 많다. 산천이 평평하고 넓으나 수려한 맛은 다른 곳에 비해 적다. 야트막한 구릉과 원습原隰(높고 마른 땅과 낮고 습한 땅)이 아름답고 곱지만, 천석泉石의 기묘한 경치는 볼 수 없다.

지세가 산모퉁이에서 멀리 떨어져 있고 큰 길목이 아니어서 임진왜란과 병자호란 두 차례의 난리 때도 내포에는 적군이 들어오지 않았다. 땅이 넓고 기름진 이곳에는 예당평야가 펼쳐져 있다. 북쪽으로는 아산만을 사이에 두고 경기도와 마주하는데, 아산만은 서해가 깊숙이 들어와 형성된 지형이다. 동쪽은 아산, 서쪽은 예산과 당진으로 이어지며 아산시 인주면에서 당진시 신평면으로 이어지는 바다를 가로질러 1979년에 삽교천 방조제가 완성되었다. 남쪽은 오서산이 막아섰는데, 보령시 청소면과 홍성군 장곡면, 청양군 화성면에 걸쳐 있는 오서산은 가야산에서 온 산맥이다.

가야산 동쪽에 자리한 예산禮山은 백제 때 이름이 오산烏山이었고 신라시대에 고산孤山이었으며 고려 태조 때 지금의 이름을 얻었다. 그 뒤 여러 차례 변천하다가 1914년 대흥군과 덕산군이 통합되면서 예산군으로 개편되었다. 동쪽으로 도고산과 덕봉산, 봉수산을 일으켜 세웠고, 서쪽으로 수덕사를 품에 안은 수덕산과 서원산, 가야산 등이 솟아 있는 아래로 예당평야가 펼쳐진다. 《세종실록지리지》에 "땅이 기름지고 메마른 것이 반반"이라고 기록된 예산의 당시 호수는 321호였고, 인구는 1477명, 군정은 시위군이 18명, 진군이 27명, 선군이 156명이었다.

내포평야의 중심에 자리한 예산에는 알부자들이 많았다. 그래서 일제강점기인 1913년 5월에 우리나라 최초의 지방 은행인 호서은행이 세워지면서 예산은 충청도 금융의 중심지 역할을 하게 되었다. 1917년에는 광천에 지점이 들어섰고, 1918년에는 천안과 안성에 지점이 들어섰다. '예산 가서는 옷 잘 입는 척하지 말고 홍성 가서는 말 잘하는 체하지 마라'라는 말까지 유행했다. 그러나 이 은행은 조선총독부의 민족 자본 억제책

예당저수지

예당저수지는 예산군과 당진군에 걸친 평야 지대의 관개를 위해 만들어졌다.
1929년에 착공하여 한동안 공사가 중단되었다가 1963년에 완공되었다.

으로 1930년 11월 한일은행과 병합되고 말았다. 호서은행 본점 건물은 그 상징성이 커 1987년 충청남도 시도기념물로 지정되었다.

예산의 진산은 금오산金烏山이다. 백제 말엽 의각화상이 중국 당나라에서 불상 3053위를 배에 싣고 석주포(현 창소리)에 도착했을 때 길을 안내했던 황금빛 까마귀가 산다고 해서 지어진 이름이다. 하지만 예산 하면 떠오르는 산은 가야산이다. 예산군 덕산면 상가리 가야산 자락에 있던 가야사伽倻寺는 당시 100여 군데의 절터 가운데 가장 컸다고 하는데, 흥선대원군 이하응李昰應에 의해 불태워졌다. 안동 김씨의 세도에 밀려 파락호로 불리며 젊은 시절을 불우하게 보낸 야심가 이하응이 오랜 세월 공들여 실행한 일이 아버지 남연군의 묘를 이곳으로 옮긴 일이다. 황현黃玹의 《매천야록梅泉野錄》에 자세히 나오는 것처럼, 이하응은 당대 이름난 지관 정만인에게 명당자리를 부탁하여 가야산 동쪽에 2대에 걸쳐 천자가 나오는 자리를 얻는다. 그런데 가야산 동쪽의 그 명당 터에는 가야사라는 절이 있었고, 지관이 점지해 준 묏자리에는 금탑金塔이 서 있었다. 《여지도서輿地圖書》에 가야사 금탑에 관한 기록이 나온다.

관아의 서쪽 10리, 가야사 보웅전普雄殿 뒷산 기슭의 정치停峙에 높은 대臺 하나가 있는데, 모양이 바둑판과 같다. 그 가운데에 오층탑을 세웠는데, 그 윗머리 부분에는 구리를 씌웠고 네 구석에는 철삿줄을 매달아 풍경을 드리웠다. 장대한 모양과 기묘한 생김새가 평범한 탑과는 다르다. 탑 아래 동쪽에는 73계단의 돌층계를 만들었고, 층계 위 양옆으로는 돌짐승 한 쌍이 웅크리고 있다. 예로부터 전하기를 이 탑은 나옹이 지정 18년(공민왕 7, 1358)에 세웠다고 한다.

이하응은 재산을 처분한 2만 냥의 반을 주지에게 주어 승려들을 쫓아낸 뒤 불을 지르게 했다. 그리하여 절은 폐허가 되고 금탑만 남게 되었는데, 탑을 헐기로 한 날 밤 네 형제가 똑같은 꿈을 꾸게 된다. “나는 탑신이다. 너희들은 어찌하여 내 자리를 빼앗으려 하느냐. 만약 일을 그만두지 않는다면 내 너희를 용서하지 않으리라.” 겁에 질린 형들은 모두 그만두기를 원했으나 이하응은 “그렇다면 이 또한 진실로 명당이다”라고 말한 뒤 탑을 부수기 시작했다. 그러자 도끼날이 튀었다. 이에 이하응이 “나라고 왜 왕의 아비가 되지 못한다는 것인가?” 하고 소리치자 도끼날이 튀지 않았다.

정만인의 예언대로 이하응은 대원군이 되었고 고종과 순종 2대에 걸쳐 황제를 배출한다. 훗날 흥선대원군은 이건창에게 장례 치를 때의 일을 말하길 “탑을 쓰러뜨리니 그 속에 백자 두 개와 단지 두 병 그리고 사리 세 알이 있었다. 사리는 작은 머리통만 한 구슬이었는데 매우 밝게 빛났다. 물속에 잠겼지만 푸른 기운이 물속을 꿰뚫고 끊임없이 빛나는 것 같았다”라고 했다. 그렇지만 좋은 일만 있었던 것은 아니다. 남연군의 묘는 고종 5년(1868) 흥선대원군의 통상 수교 거부 정책에 불만을 품은 독일 상인 오페르트에 의해 도굴될 뻔했으나 묘광이 견고하여 미수에 그쳤고, 그 뒤 천주교도들은 그 일로 인하여 또 한 차례 수난을 겪어야 했다. 그리고 조선 500년 역사는 순종 대에서 막을 내리게 된다.

비운의 성 예산 임존성

남연군묘의 지세는 한마디로 풍수지리가가 일컫는 명당의 조건을 모두 갖추었다. 뒤로 가야산 서편 봉우리에 두 바위가 문기둥처럼 서 있는 석문봉이 주산이 되고, 오른쪽으로 옥양봉과 만경봉이 덕산을 거치면서 30리에 걸쳐 용머리에서 멎는 지세가 청룡이 되며, 왼쪽으로 백호 지세가 가사봉과 가엽봉을 지나 원화봉으로 이어지는 맥이 금청산 월봉을 감싼 자리다. 이곳은 풍수지리에 문외한일지라도 묘 뒤편 가야산의 능선들이나 묘 앞으로 시원스럽게 펼쳐진 덕산 쪽만 바라보아도 명당이라고 느낄 만큼 빼어난 곳이다. 나라 안 제일의 명당이라 알려진 남연군묘 건너편 서원산 자락에 보덕사가 있다.

보덕사報德寺는 흥선대원군이 남연군의 묘를 쓴 후 아들 고종이 보위에 오르자 보은의 뜻으로 지었으며, 한국전쟁 때 소실되었던 것을 1951년 비구니 수옥이 중창했고, 1962년에 비구니 종현이 증축했다. 규모가 그리 크지는 않으며, 옛 절터에서 옮겨 온 깨진 석등이 남아 있어 번성했던 가야사의 옛 모습을 전해 주고 있을 뿐이다.

지금은 예산군에 소속된 덕산德山이 현이었을 때 전세田稅를 서울로 옮겨 갔던 기록이 《여지도서》에 다음과 같이 실려 있다.

> 1월에 명령을 내려 3월에 배에 싣는다. 거쳐 가는 물길은 면천 강문포에 이르러 한 번 쉬고, 강문포에서 아산 대각포에 이르러 한 번 쉰다. 대각포에서 우평포에 이르러 한 번 쉬고, 우평포에서 홍주 율포에 이르러 한 번 쉬고, 율포에

서 진두포에 이르러 한 번 쉬고, 진두포에서 수원 여옹해에 이르러 한 번 쉰다. 여옹해에서 도리해에 이르러 한 번 쉬고, 도리해에서 남양 팔산해에 이르러 한 번 쉬고, 팔산해에서 강화 초지도에 이르러 한 번 쉰다. 초지도에서 손돌항에 이르러 한 번 쉬고, 손돌항에서 통진 조강에 이르러 한 번 쉬고, 조강에서 교하 오도치포에 이르러 한 번 쉬고, 오도치포에서 통진 봉상에 이르러 한 번 쉬고, 봉상에서 양천항에 이르러 한 번 쉰다. 만약 순풍을 만나면 네댓새면 서울의 한강에 도착한다. 대동과 균세도 이와 같다.

지금의 예산군 대흥면은 조선시대에 대흥현이었다. 본래 백제의 임존성任存城 또는 금주今州라고 불리던 고을로 신라 경덕왕이 임성군任城群으로 고쳤다. 고려 초에 대흥大興으로 고치고 현종 9년(1018)에는 운주에 딸렸다가 명종 2년(1172)에 감무가 되었다. 조선 태종 7년(1407)에 군으로 승격되었고 태종 13년에 다시 현감이 되었다. 이 고을의 진산은 봉수산으로 그 산에 대련사大蓮寺가 있었는데 지금은 사라지고 없다.

1914년 행정 구역 개편에 따라 예산군에 딸린 하나의 면이 되고 만 대흥현의 객사는 현재 대흥초등학교로 변했고, 객사에는 견사정見思亭이라는 정자가 있었다. 원래 이름은 포정정布政亭이었다. 조선 전기 충청도 관찰사를 지낸 이맹상李孟常의 시에 "포정정 동쪽에선 흰 달을 맞이하고, 관어지 북쪽에선 찬 샘물을 끌어왔다" 했던 대흥군의 관아 자리엔 현재 대흥고등학교가 들어서 있다. 학교 담벼락에는 영의정 김육金堉을 비롯해 대흥을 거쳐 간 20여 명의 영세불망비가 세워져 있다. 잘 다듬어진 잔디밭 너머에는 대흥군의 현청인 임성아문任城衙門이 있었다. 이곳에서 멀지 않은 곳에 백제의 부흥군이 최후를 맞이했다는 예산 임존성이 있다.

예산 임존성은 《신증동국여지승람新增東國輿地勝覽》에 다음과 같이 실려 있다.

> 백제의 복신福信, 지수신遲受信, 흑치상지黑齒常之 등이 당나라 장수 유인궤劉仁軌에게 항거하던 곳이다. 지금의 본 현 관아 서쪽 13리 지점에 쌓은 석성으로, 그 둘레가 5194척이며 안에 세 개의 우물이 있는 것으로 보아 이 성이 임존성이 아닌가 한다.

이 성에서 공주와 부여가 80리쯤 떨어져 있으므로 백제가 수도를 웅진과 사비로 천도한 뒤부터 수도 방어의 중요한 역할을 했던 것으로 추정하고 있다. 예산 임존성은 높이 480.9미터의 봉수산 정상에 축조된 테뫼식山頂式 산성으로, 일명 봉수산성이라고도 부른다. 성벽 구조는 돌을 다듬어 차곡차곡 쌓은 석축 산성으로 안으로는 흙을 파내서 다지고, 밖으로는 축대를 쌓는 방식으로 성을 쌓는 내탁외축內托外築이다. 둘레는 약 2450미터로 백제 때 축조된 산성으로는 최대 규모에 이른다. 세계에서 유일한 수정식 산성으로, 가장 높은 곳에 우물을 파서 성안에 물을 모아 두었다가 적이 공격할 때 물꼬를 터뜨려 곤경에 빠뜨리도록 특별히 고안되었다. 현재 성문과 수구문 그리고 우물지와 건물지가 남아 있다.

산성의 서쪽 산꼭대기와 동쪽 작은 봉우리로 이어지는 잘록한 허리 부분에는 남북으로 통하는 길이 있고 이 통로가 만나는 북벽에 너비 6미터의 북문지가 있다. 남문지는 조금 서쪽으로 치우쳐서 성 밖으로 갈라지는 언덕과 성벽이 연결되는 지점에 있다. 산의 주봉에는 약간 넓은 평지가 있어 건물이 있었던 곳으로 여겨지는데, 시계가 확 트여서 전망이 좋다. 남쪽 성벽 안에도 넓은 평지가 지형에 따라 형성되어 있으며 백제시대 토기 조각과 기와 조각이 많이 출토되고 있다.

예산 임존성은 주류성으로 추정되는 한산의 건지산성과 함께 백제 부흥군의 거점으로 잘 알려져 있다. 백제가 멸망한 뒤 주류성을 근거지로 한 사비성 탈환 작전이 실패로 돌아가자 최후의 거점인 이 성에서 흑치상지 등을 중심으로 전열을 재정비하고 신라군의 군량 수송로를 차단하여 나당 연합군을 괴롭히는 한편, 백제의 부흥을 꾀했다. 백제 부흥군은 흑치상지 장군을 중심으로 하여 3만 명쯤의 병력을 거느린 채 이곳 임존성에 진을 쳤다. 7만이 넘는 당나라 군대는 백제군의 용감한 기상에 놀라 일단 물러났으나 그 이듬해에 유인궤를 앞세워 다시 공략해 왔다.

그 무렵 무왕의 조카인 복신이 도침을 죽이고 왕자 풍이 복신을 죽이는 내분이 일어나 백제군의 사기는 크게 꺾였으며, 결국 흑치상지는 유인궤에게 투항했다. 비운의 성 예산 임존성은 그 뒤 후삼국이 쟁투를 벌이던 때도 결전장이 되었다. 고려 태조 왕건이 후백제의 관할에 있던 임존성을 공격하여 장군 형적 등 3000여 명을 죽이고 사로잡았다는 기록이 남아 있다.

추사 김정희와 윤봉길 의사의 고향

예산은 김정희金正喜의 고향이기도 하다. 김정희의 본관은 경주이며, 자는 원춘元春, 호는 완당阮堂·추사秋史·예당禮堂 등이다. 서예에서 독특한 추사체를 완성했는데, 특히 예서와 행서에서 새 경지를 열었다. 대여섯 살 때부터 글씨로 이름을 날렸던 그는 당시 대학자인 박제가朴齊家의 문하생이 되었다. 24세 때 중국 연경(북경의 옛 이름)에 가서 대유학자인 완원, 옹방강, 조강 등과 교류하면서 경학, 금석학, 서화 등에서 많은 영향을 받았다. 특히 옹방강은 추사의 솜씨를 가리켜 경술經術과 문장이 해동 제일이라고 칭찬했다. 헌종 6년(1840) 윤상도의 옥사에 연루되어 제주도로 유배되었다가 9년 만인 헌종 14년에 풀려났지만, 3년 뒤인 철종 2년(1851) 헌종의 묘천廟遷 문제로 다시 북청으로 귀양을 갔다가 이듬해에 풀려났다.

추사는 〈실사구시설實事求是說〉을 저술하여 근거 없는 지식이나 선입견으로 학문을 해서는 안 된다고 주장했다. 금석학과 고증학에 관심이 많았던 그는 함흥 황초령에 있는 신라 진흥왕 순수비를 고석考釋하고, 순조 16년(1816)에는 북한산 비봉에 있는 석비石碑가 조선 건국 시 무학대사가 세운 것이 아니라 진흥왕 순수비이며 '진흥'이란 칭호도 왕의 생전에 사용한 것임을 밝혀냈다. 종교에도 심취해 북경에서 돌아오는 길에 불경 400여 권과 불상 등을 가져와서 마곡사에 기증하기도 했다. 70세에는 과천 관악산 기슭에 있는 아버지의 묘 옆에 가옥을 지어 기거하며 수도에 힘쓰고, 광주 봉은사를 오가며 여생을 보내다가 71세가 되던 철종 7년

(1856)에 세상을 떠났다. 문집으로 《완당집》과 《완당척독》 등이 있고, 〈세한도歲寒圖〉와 〈부작란도不作蘭圖〉 등의 그림이 있으며, '김정희 선생 고택'(충청남도 유형문화재)이 있는 예산군 신암면 용궁리 '김정희 선생 유적'은 충청남도 시도기념물로 지정되었다.

예산이 낳은 또 다른 인물이 윤봉길 의사다. 충청남도 예산군 덕산면 시량리에서 태어난 그는 1918년 덕산보통학교에 입학했으나 3·1 운동이 일어나자 민족의 비운을 느끼고 자퇴한 후 성주록이 개설한 오치서숙烏峙書塾에서 한학을 공부했다. 1929년 부흥원과 월진회를 조직하는 등 농촌 계몽 운동에 앞장서기도 했다. 그러나 이 같은 활동으로 일제의 탄압을 받게 되자 1930년 2월 만주로 망명했으며, 다시 상해로 갔다. 1931년 상해에서 세탁소 회계원과 모직 공장 직공 등을 전전하며 백범 김구가 주도하는 한인 애국단에 가입하여 활동했다.

1932년 4월 29일 윤봉길은 김구의 지시를 받고 일본 일왕 생일 겸 전승 축하 기념식이 열리는 홍구공원에 들어가 폭탄을 던져, 일본 상해 파견군 대장과 상해 일본 거류민 단장 등을 즉사시키고 여러 일본인에게 중상을 입혔다. 거사 직후 현장에서 체포된 윤봉길은 11월 20일 오사카로 이송되었고 12월 18일 가나자와 형무소로 옮겨져 19일 총살되었다. 그 외에도 질곡 많은 우리나라 현대사에서 빼놓을 수 없는 유명한 사회주의자 박헌영과 이강국의 고향이 예산군이기도 하다.

예산군 덕산면 사천리 덕숭산 자락에는 수덕사修德寺가 있다. 현존하는 유일의 백제 사찰이기도 한 수덕사는 대한제국 말에 법력이 높았던 경허鏡虛와 제자 만공滿空이 크게 일으켜 불교계 4대 총림의 하나인 덕숭

© 유철상

예산 수덕사 황하루

수덕사는 덕숭산에 자리 잡은 사찰로 기록에는 백제 후기 숭제법사가 처음 짓고
고려 공민왕 때 나옹이 다시 고쳤다고 전하기도 하고
또 다른 기록에는 백제 법왕 때 지명법사가 짓고 원효가 다시 고쳤다고도 한다.

예산 수덕사 대웅전

수덕사 대웅전은 백제 계통의 목조 건축 양식을 이은 고려시대 건물이다.
건립 연대가 분명하고 형태미가 뛰어나 매우 중요한 문화재로 평가받고 있다.

총림德崇叢林으로 지정되었다. 충렬왕 34년(1308) 세워진 대웅전은 안동 봉정사의 극락전, 부석사의 무량수전에 이어 세 번째로 오래된 건물이며 국보로 지정되었다.

수덕사에 이름을 남긴 만공은 고종 8년(1871) 전라북도 정읍에서 태어났다. 《화엄경》의 중심 사상인 "일체유심조一切唯心造", 즉 '모든 것은 오직 마음이 만드는 것이다'라는 게송을 읊다가 문득 깨달음을 얻었다. 경허에게서 전법계를 받았다. 수덕사에 금선대를 짓고 후학들을 가르쳤던 만공의 "최후설最後說"은 지금도 서릿발처럼 매섭게 가슴을 파고든다.

> 내가 이 산중에 들어와 납자衲子들을 가르친 지 40여 년인데 그간에 선지식善知識을 찾아왔다 하고 나를 찾아온 이가 적지 않았지만 찾아와서는 다만 내가 사는 집인 이 육체의 모양만 보고 갔을 뿐이요, 정말 나의 참모습을 보지 못했다. 나를 못 보았다는 것이 문제가 아니라 나를 못 보는 것이 곧 자기를 못 본 것이니 그게 문제인 것이다. 자기를 못 보므로 자기의 부모, 형제, 처자와 일체 사람들을 다 보지 못하고 헛되게 돌아다니는 정신병자들뿐이니 이 세계를 어찌 암흑세계라 하지 아니 할 것인가.

"나는 너를 여의지 않았고, 너는 나를 떠나지 않았다"라고 갈파한 만공의 제자로 일엽一葉이 있다. 출가 전 신여성이자 문필가로 이름을 날렸던 일엽은 수덕사 환희대에서 수도하다 열반했다.

이 수덕사를 두고 〈수덕사의 여승〉이라는 대중가요가 만들어지기도 했다.

인적 없는 수덕사에 밤은 깊은데
흐느끼는 여승의 외로운 그림자
속세에 두고 온 임 잊을 길 없어
법당에 촛불 켜고 홀로 울적에
아, 수덕사의 쇠북이 운다

노랫말 속 인적 없는 수덕사는 이제 수많은 사람이 들고 나는 절이 되었다.

용봉산 자락 암벽에 새긴 불심

덕숭산 아래가 충청남도 도청이 있는 내포 신도시고 그 뒤편이 용봉산이다. 이 홍성군 홍북면 신경리 용봉산에 용봉사龍鳳寺가 있다. 용봉사 입구에는 경주 남산의 불곡 마애여래좌상처럼 바위 면에 감실을 파고 불상을 조각한 용봉사 마애불이 자리하고 있다. 높이 2.3미터의 마애불은 얼굴이 긴 타원형으로 풍만한 편이며 눈을 가늘게 뜨고 입 좌우가 움푹 들어가 수줍게 웃는 듯한 표정에 비해 신체는 밋밋하게 조각되었다. 특기할 점은 이 불상 오른쪽 어깨 옆 바위 면에 3행 31자로 불상 조성기가 새겨져 있어 그 연대를 추정할 수 있다는 것이다. 조성기에 의하면 이 마애불은 통일신라 소성왕 원년(799) 4월에 장전대사가 발원하여 원오법사가 세웠음을 알 수 있다. 입술에 빨갛게 루주를 칠한 듯한 마애불을 뒤로하고 조금 오르면 작고 아담한 규모의 용봉사가 나타난다.

절 뒤편에 병풍을 두른 듯한 암벽과 암봉을 배경 삼아 자리 잡은 대웅전 안에서 '지장보살 지장보살'을 간절히 부르는 독경 소리가 흘러나오고 배롱나무 아래 우물가에는 자그마한 부처님이 앉아 물을 마시는 사람들을 굽어보고 있다. 겨울 햇살 아래 한가한 모습으로 사람들을 맞고 있는 용봉사의 정확한 창건 연대와 중수 시기는 알 수 없다. 현존하는 유물로 볼 때 백제 말기에 창건된 사찰로 추정되는 용봉사는 원래 현재의 자리 서쪽 높은 곳에 있었다고 한다. 용봉사 터가 명당임을 알게 된 평양 조씨 일가가 절을 황폐화하고 그 자리에 묘를 썼으나 그 후손들이 쇠락하여 지금은 제사조차 못 지낼 형편이라고 한다.

용봉사는 그 뒤 1906년쯤에 다시 세운 것으로 현존하는 건물은 대웅전과 요사채뿐이다. 그러나 옛터에는 보물로 지정된 홍성 신경리 마애여래입상을 비롯해 석조와 절구, 맷돌들이 남아 번성했던 옛 시절을 알려 주고 있다. 높이가 4미터에 이르는 홍성 신경리 마애여래입상은 이 지역 사람들이 노각시바위라고 부르는 바위 표면을 불상의 윤곽을 따라 타원형의 감실 모양으로 파내고 부조한 불상이다. 불신에 비하면 머리가 크고 넓적하며 민머리 위 상투 모양의 머리묶음이 큼직하다. 크고 비대한 얼굴에 비하여 눈과 입은 가늘고 작게 묘사되었지만, 눈과 입가에 미소가 어려 풍만한 얼굴과 함께 퍽 온화한 인상을 준다. 귀가 길게 어깨까지 내려오고 목은 매우 짧아 삼도三道가 목 아래까지 내려왔다. 신체는 직선적이고 좁은 어깨너비가 발까지 이어져 머리보다 매우 약화되어 불균형을 이루고 있다. 옷 주름의 조각선은 얕게 음각되었고 좌우대칭으로 묘사되어 힘이 없어 보이며 머리 부분이 깊게 새겨져 얼굴은 매우 풍만한 편이나 아래쪽으로 내려갈수록 조각이 소홀해지고 각선미도 약해지고 있다. 머리 위에 방형의 별석別石을 얹어 놓은 이 마애불상은 전체적으로 우람한 편이지만 고려시대 큰 불상에서 보이는 괴체화塊體化는 보이지 않는다.

이 불상은 넓게 조성된 공터에서 우러러보는 맛도 일품이지만 불상의 위치에서 내려다보는 맛이 더없이 좋다. 멀리 펼쳐진 홍성 읍내를 내려다보다가 병풍바위 쪽으로 발길을 옮긴다. 용바위를 지나 병풍바위 아래 홍성의 아득히 펼쳐진 들녘에서는 여기저기서 연기가 오르고 다시 바라보는 용봉산은 비석바위, 악귀봉 등 수많은 비석 형태의 바위들이 우뚝우뚝 솟아 있다.

겨울 나무숲 사이로 민가와 다름없는 작은 암자가 나타나고 그 뒤로 거대한 몸체의 홍성 상하리 미륵불이 우람하게 모습을 드러내고 있다. 전체 높이 7미터에 이르는 홍성 상하리 미륵불은 부여 대조사 석조미륵보살입상이나 논산 관촉사 석조미륵보살입상과 흡사하지만 그보다 더 서민적으로 보인다. 위압적인 모습을 띠기보다는 누구든지 다가가면 다정하게 이야기를 들려줄 듯싶다.

벙글벙글 웃고 있는 듯한 홍성 상하리 미륵불을 바라보는 사이 문득 겨울나무를 스치고 지나가는 바람 소리에 어느덧 봄이 왔음을 깨닫는다. 이곳 홍북면 상하리에 있는 용봉산 자락에서는 매년 용봉 산신제를, 서부면 남당리에서는 당산제를 올린다. 용봉 산신제나 남당 당산제를 잘못 지내면 호랑이가 내려와 주민을 해한다는 말이 전해 오고 제를 지내지 않으면 마을에 홍역이 돌아 사람이 죽는다는 말이 전해 와서 얼마 전까지만 해도 제祭를 성대하게 지냈다고 한다.

발을 걷으니 구름이 산봉우리에서 나오고

《여지도서》에 "토지가 비옥하며 어업과 염업에 종사한다. 효자와 열녀가 많다"라고 실려 있는 당진唐津의 백제 때 이름은 벌수지伐首只 또는 부지夫只이다. 《세종실록지리지》에 "땅이 기름지고 메마른 것이 반반이다"라고 기록되어 있으며, 신라 때부터 당진이라 불렀고 1914년 행정 구역 개편 때 당진군이 되었다. 조선 전기 문신 노숙동盧叔仝이 "발을 걷으니 구름이 산봉우리에서 나오고, 휘장을 열어젖히니 물이 하늘과 연했구나"라고 노래하고, 조선 세조 때 문신 이승소李承召가 "편편한 산등성이 끊어진 언덕에는 길도 높고 낮은데, 미끄러운 푸른 진흙 속으로 말굽이 푹푹 빠진다. 그늘졌던 구렁에 눈이 녹으니 시냇물이 불고, 양지쪽 언덕에 햇볕이 따뜻하게 쬐니 보리 싹이 가지런하다"라고 당진을 노래한 바 있다.

이곳 당진의 명물로 당진란唐津卵이 있었다. 당진 해안에서 서식하는 숭어의 알로 만드는 어란을 말하는데 그 맛이 전국 최고였다. 당진란은 일제 강점기부터 생산되기 시작했으나 전량 일본으로 반출되어 지역 어민들조차 맛보기 힘들었다고 한다. 또한 당진시 순성면의 순성밤은 맛이 뛰어나 임금에게 진상되었다. 여러 문헌에 순성면 갈산리를 '동율림東栗林'이라고 불렀다고 기록되어 있다. 이곳에서 나는 밤은 일찍 영글면서 껍

군자성

당진군 면천면에 있는 군자지 君子池 한가운데 자리 잡고 있다.
고려 공민왕 때 조성했다고 하며, 지금의 정자는 1994년에 복원한 것이다.

질에 윤기가 돌고 수분이 알맞으며 알이 굵은 것이 특징이다. 특히 1년 이상 저장해도 싹 트거나 썩지 않는 것이 다른 지방 밤과 다른 점이었다. 그러나 1960년대 이후 해충 피해와 품종 개발로 원래의 순성밤은 그 맥이 끊어진 지 이미 오래다. 그뿐만 아니라 고급 안주와 반찬으로 주목받았던 당진란도 삽교천을 비롯해 당진만이 개발되면서 볼 수 없게 되었다.

이 지역의 서북쪽에 있는 고산高山에서 많은 내川, 즉 지류가 흘러내리고 있어 '내가 흘러 가득하다'는 뜻에서 유래했다는 면천沔川은 조선시대에 군이었다가 1914년 당진군(현 당진시)에 편입되었다. 《여지도서》에 따르면 면천의 풍속은 "고을 백성들은 농사를 지으며 부지런하다. 이익이 생길 기회가 많아서 재물을 좋아한다. 겉만 번지르르하고 실속은 적다" 했고, 형승은 "남쪽으로는 가야산을 잡아당기고 북쪽으로는 대진大津을 두르고 있다" 했다. 면천은 서해안 고속 도로와 당진-상주 간 고속 도로가 뚫리면서 교통의 요지가 되었다. 고려 후기 문신 유원순兪元淳은 면천을 다스리던 시절 다음과 같은 시를 남겼다.

재차 지나며 밤길을 번거롭게 하니
관솔불 양쪽에 밝혀 길을 인도해 간다
비창 든 저들은 새로 생긴 익위翼衛인가
요검 찬 병사들은 옛날의 안행들
함께 추운 해의 솜을 얻은 들
누가 능히 흉년 곡식을 분양해 주리
민심은 수습할 조그마한 은택도 없으니

매양 농사 힘쓰라 권장한 내가 부끄럽다

흉년이 되어도 백성들에게 내어 줄 곡식이 없는데 백성들에게 농사를 잘 지으라고 권한 자신이 부끄럽다는 유원순의 시다. 오늘날 자치단체장들이 자신들의 잘못으로 국가 재정이 줄줄이 새어 나가도 제 탓이 아니라고 강변하는 것과 얼마나 대조적인가.

면천에는 이곳 군수로 재직했던 연암燕巖 박지원朴趾源의 행적이 곳곳에 남아 있다. 박지원의 아들 박종채朴宗采는 다음과 같은 글(《나의 아버지 박지원》, 박희명 옮김)을 남겼다.

> 면천군 남쪽에 '양제羊堤'라는 제방이 있었는데, 고을로 흘러드는 물을 가두어 모아 두는 곳으로 그 물을 사용하는 농토가 매우 넓었다. 그래서 군민들을 동원해서 매년 둑을 손보았지만 장마를 겪으면 곧 허물어져 백성들이 피해를 보았다. 아버지는 부임하신 초기에 그곳에 가 이리저리 살펴보신 후 봇물이 터지는 원래의 수로를 막고 따로 제방 왼쪽의 바위가 많은 곳을 뚫어 물을 가두고 내보내는 수문으로 삼게 하였다. 이후로 제방이 무너질 염려가 아주 없어졌는데, 백성들이 지금도 이 일을 칭송한다고 한다.

박지원은 정조 21년(1797) 면천 군수가 되어 3년간 재직했다. 당시 공주 판관 김응지金應之(김기응金箕應의 자가 응지다)가 조언의 편지를 보내자 박지원은 다음과 같은 답신을 보낸다.

우리나라 속담에 이런 말이 있습니다.

'삼정승을 사귀지 말고 제 몸을 깨끗이 삼가라.' 이는 스스로를 힘쓰라는 말입니다.

'네 집 쇠뿔이 아니면 어찌 우리 집 담장이 무너지겠느냐?' 이는 남을 탓하는 말입니다.

'밤에는 흰 것을 밟지 마라. 물 아니면 돌이다.' 이는 어두운 길을 걸어가는 사람에게 주의를 주는 말입니다.

'나가며 고개 숙이고 들어가며 고개 숙인다고 문을 공경해서 그러겠느냐?' 이는 남과 부딪치게 되는 것을 타이르는 말입니다.

'주인집에 장醬 떨어지자 나그네가 국을 마다고 한다.' 이는 주인과 나그네가 함께 편안해 한다는 이야깁니다.

형이 내게 충고하려는 것이 이 중 어느 경우에 해당하는지 모르겠습니다. 오늘날의 계책으로는 깨끗하게 하는 것이 최선입니다. 뒤끝을 깨끗하게 하려면 머물고 떠나는 것을 잘해야 합니다. 오래 머물 것인지 빨리 떠날 것인지는 내가 감히 공자처럼 그때그때 꼭 알맞게 할 수는 없겠지요. 그러나 어찌 다급하게 처신해서 남에게 더 비웃음거리가 되겠습니까?

연암은 면천 군수로 부임하기 전에 왕의 명으로 〈서이방익사書李邦翼事〉를 지었다. 제주도에 사는 이방익 일행이 해상에서 표류한 끝에 중국 각지를 떠돌다가 극적으로 돌아온 사건을 서술한 글인데, 이 글로 정조의 칭찬을 받았다고 한다. 연암은 또한 농업을 장려하기 위해 널리 농서를 구한다는 윤음을 받들어 《과농소초課農小抄》를 지어 진상했고, 정조는 그 책에 대해 좋은 경륜문자經綸文字를 얻었다고 칭찬을 아끼지 않았다. 그 뒤에 정조는 장차 연암에게 농서대전農書大全의 편찬을 맡기겠다고 했으며, 규장각의 문신들도 연암에 대한 칭송이 자자했다고 한다.

당진시 신평면에 자리 잡은 망객산은 해발 68미터의 자그마한 산이다. 이 산에는 토정土亭 이지함李之菡과 율곡栗谷 이이李珥 그리고 천인인 김복선金福善에 얽힌 일화가 서려 있다. 김복선이 이 산에 숨어 살고 있을 때 세상 사람들은 모두 그를 업신여겼다. 하지만 이이와 이지함은 그에게 높은 학식과 숨은 재주가 있음을 알고 있어 그 먼 거리를 찾아와 세상일을 상의하고는 했는데, 앞으로 이 나라에 큰 변란이 일어날 것을 걱정했다. 그러자 김복선이 두 사람을 번갈아 보면서 "인신년寅申年 상사喪事에 어찌하여 임진년壬辰年 걱정을 하십니까?"라고 했다. 그들은 서로 한탄하다가 작별했다. 그때 김복선이 이 산에 올라와서 두 사람이 돌아가는 것을 멀리 바라보았으므로 손바라기 또는 객망산客望山 또는 망객산望客山이라 했다. 그런데 이지함이나 이이는 임진왜란이 일어나기 전에 세상을 떠났다.

순조 21년(1821) 당진시 우강면 송산리(솔뫼성지)에 태를 묻은 사람이 김대건金大建 신부다. 그는 열다섯 살에 프랑스 신부 모방에게 세례를 받았다. 그 뒤 박해를 무릅쓰고 교세를 펼치려 애를 쓰던 중 황해도로 가서 중국 배에 서한과 지도를 전달하고 돌아오다가 포졸들에게 붙잡혔다. 황해 감사에게 심문을 받은 그는 천주교 선교를 위해 귀국했다고 말한 뒤 옥에 갇혔다. 옥중에서 페레올 신부에게 보낸 편지를 보자.

저희의 손과 발에는 쇠사슬이 채워져 있사옵고 목에는 칼이 채워져 있사오며 뒤를 보러 갈 적에는 긴 밧줄을 쇠사슬에 매어서 세 사람이 그 끝을 쥐고 있사옵니다. 어떠한 곤경에 시달리고 있는지는 짐작에 맡기옵나이다.

김대건은 서울로 압송되어 사형을 선고받았고 옥중에서 교우들에게 마지막 편지를 보냈다. "천주의 영광을 위하여 박해를 힘차게 참아 사람들의 영혼을 구해 주는 일을 계속하십시오." 헌종 12년(1846) 그의 나이 스물여섯, 푸르고 푸른 젊은 나이에 새남터에서 순교했다.

또 한 명 당진에서 기억해야 할 인물이 당진시 송악읍 부곡리에서 태어난 소설가 심훈이다. 《동아일보》에서 기자로 일하던 심훈은 '철필구락부 사건'으로 기자 노릇을 그만두고 고향에 내려와 집필에 전념한다. 이때 박동혁과 채영신의 이야기를 그린 소설 《상록수》가 탄생했다. '공동 경작회'를 조직하여 농촌 계몽 운동에 앞장선 심재영과 경기도 수원군 반월면 샘골(현 안산시 상록구 본오동)에서 농촌 계몽 운동을 벌인 최영신을 모티브로 한 소설이다. 《동일일보》에 연재된 이 작품을 쓸 당시 "내가 죽으면 이 책을 제상 위에 놓아라"라고 말했던 심훈은 책을 쓰고 나서 미처 교정도 보지 못하고 서른여섯의 나이로 세상을 떠나고 말았다.

당진시 송악읍 한진리에 있는 한진나루(한진포구)는 일명 대진 또는 나루머리라고도 부른다. 한진나루는 조선시대에 당진, 서산, 태안, 보령, 서천 등지에서 서울로 통하는 유일한 기항지였다. 아산만에서 서해로 통하는 큰 포구였으므로 늘 사람들로 붐볐다. 경기도 평택시 포승읍 만호리로 가는 배가 오가던 한진나루의 '한진漢津'이라는 지명은 중국 한나라와 교역하던 항구라 이름 지었다는 설이 있다. 또한 '당진'이라는 지명 역시 당나라와 교역하던 항구라서 붙여진 이름이라는 설이 있다.

"일자나 한자 들고 봐/일월 송송 해송송 (···) 장자나 한자 들고 보오/장원에 광대 박광대/광대 중에도 제일이라" 당진의 〈장타령〉을 부르며 바다를 따라 서쪽으로 내려간 곳에 서산시가 있다.

서산 해미읍성의 빛과 그늘

예로부터 서산에 전해 오는 말이 있다. '한 해 농사지어서 세 해 먹고 살 수 있는 땅이다.' 이 말은 그만큼 서산의 땅이 기름지고 물산이 넉넉해서 사람이 살 만한 곳이라는 이야기다. 고려 말 문신 이색李穡의 시에 묘사된 서산은 이렇다.

우연히 아름다운 곳 만나니 나그네 가슴 절로 열려
시냇가에 말 세우고 푸른 이끼 위에 앉았노라
비 바다 한쪽에 뿌리니 흰 줄기 지나가고
구름 낀 산 첩첩한 것 푸른빛 보내오네
기구한 세상길 이 몸은 두루 걸었으리
선비의 관 영락零落하였어도 뜻은 돌이키지 않았노라
우문禹門 세 층 물결에 용으로 화한다면
다른 해에 반드시 우렛소리 타고 달리리라

당진시 서쪽에 자리한 서산瑞山은 백제 때는 기군基郡이었는데, 고려 충렬왕 때 이 지역 사람 정인경鄭仁卿이 공을 세워 서산이라는 이름을 얻었다. 정인경의 본관은 서산, 자는 춘수春叟다. 중국 송나라가 멸망하자 고려로 망명한 정신보鄭臣保의 장남이다. 부석면 간월도리에서 태어난 그는 고종 41년(1254) 과거에 급제했다. 원종 10년(1269) 호위무관 겸 통역관으로 세자 심(훗날의 충렬왕)을 수행하여 원나라에 갔다 돌아오는 길에 임연의 모반으로 원종이 폐위되었다는 소식을 접하고 인주(현 의주) 태수이던 아버지에게 이를 알려 세자를 다시 원나라로 되돌아가게 했다. 이 공으로 충렬왕 원년(1274) 시종 일등공신에 올랐으며, 그의 고향인 부성현富城縣이 서산군으로 승격되었다. 이후 문신과 무신으로 여러 관직을 거치면서 공을 세워 왕에게서 서산을 본관으로 제수받았다. 서산 정씨 대종회에서는 아버지 정신보를 원조, 정인경을 시조라 칭한다. 충청남도 서산시 성연면 오사리 산95번지에 묘역과 신도비가 있고, 간월도에는 정인경이 초당을 짓고 살았다는 옛터가 남아 있다.

1914년에 태안과 해미가 서산으로 통합되었고 1989년에 시로 승격되었다. 조선 전기 문신 신숙주申叔舟는 서산을 일컬어 "산세가 둘러싸고" 있다 했고, 같은 시기 문신 박원형朴元亨은 "바다가 삼면을 둘러 있다" 했다. 가야산, 팔봉산, 백화산 등이 솟아 있으며, 만리포와 학암포, 연포, 천리포, 몽산포 등의 해수욕장은 리아스식 해안을 이루고 있다.

1914년 서산에 편입된 해미면의 산수리에 있던 안흥정安興亭은 고려 문종 때부터 오랜 세월에 걸쳐 송나라 사신을 맞아들이고 보내던 곳이라고 한다. 《대명일통지大明一統志》에는 "나라 중간에 있는 목장지로서 옛날에 객관이 있었는데, 안흥정이라 일컬었다"라는 글이 실려 있고, 《신증동국여지승람》에는 다음과 같이 기록되어 있다.

본현 동쪽 11리 지점에 있다. 고려 문종 31년(1077)에 나주도 제고사 태부소경 이당감李唐鑑이 아뢰기를 "중국 조정의 사신이 왕래하는 고만도高巒島의 정자는 수로가 약간 막혀 있어 정박이 불편하오니, 청하건대 홍주洪州 관할하 정해현(현 서산) 땅에 한 정자를 창건하여 맞이하고 보내는 장소로 삼도록 하소서"라고 하니 제서를 내려 그 말을 따랐다.

해미면 반양리의 구해미라는 마을은 옛날 정해현의 현청이 있었던 곳이다.

2001년 서해안 고속 도로가 전 구간 개통되면서 사통팔달의 고장이 된 해미海美의 형승을 두고 조선 전기 지평을 지낸 정충기鄭忠基는 〈동헌기〉에서 "땅이 큰 바닷가에 임해 있다" 했다. 이 해미에 사적으로 지정된 서산 해미읍성이 있다. 해미읍성은 음식 축제로 소문난 순천 낙안읍성과 성밟기 풍속으로 사람들에게 널리 회자되고 있는 고창읍성과 더불어 옛 모습이 거의 완전한 형태로 보존된 읍성이다.

해미면 한가운데에 있는 해미읍성으로 덕산에 있던 병마절도사의 병영을 옮기고자 태종 17년(1417)부터 쌓기 시작해 성종 22년(1491)에 성벽이 완성되었다. 그 뒤 효종 3년(1652)에 청주로 병영을 옮기면서 해미영이 설치되었다. 해미영은 충청도의 다섯 개 영營 중 하나로 호서 좌영이라고도 불렸다. 청주로 병마절도사영이 옮겨가기 전까지 서해안 방어

서산 해미읍성 동헌

해미읍성은 고려 말부터 국정이 혼란한 틈을 타 왜구가 해안 지방에 출몰하자
이를 효과적으로 제압하기 위해 축성되었다. 이 읍성에는 동헌을 비롯하여
아사衙舍 및 작청作廳 등의 건물들이 빼곡히 있었다.

서산 해미읍성 진남문과 비석군

진남문은 해미읍성의 정문이자 남문이다.
밖으로 왼쪽에 조선 후기의 비석 2기가 세워져 있다.

의 요충지 역할을 했던 해미읍성에서 임진왜란의 영웅 이순신 장군이 병사영의 군관으로 열 달 정도 근무했다. 숙종 때는 온양에 있던 충청도 좌영을 이곳으로 옮겼으며, 다산 정약용이 열흘 동안 유배 생활을 하기도 했다.

해미현의 염조포 부근에 안국산 봉수가 있어서 서산의 북산 봉수를 받아 면천의 창택산 봉수와 연결되었다. 성 둘레에 탱자나무 울타리를 둘렀다고 하여 '탱자나무성'이라고도 하던 해미읍성을 두고 조선 전기 문신 서거정徐居正은 이렇게 표현했다.

백마가 힘차게 세류영細柳營에서 우는데
웅장한 번진藩鎭의 절도사가 장성長城을 이루었네
늦가을 하늘 높이 세워진 큰 기의 그림자가 한가롭게 보이고
진종일 투호하는 소리마저 자세히 들려온다
아낙네의 소라 같은 쪽 찐 머리가 떠오르는 듯 산이 둘러싸 있으며
바다는 고래 물결로 동하지 아니하고 맑고 깨끗하다
서녘 바람이 한없이 불어제쳐 얇은 솜옷을 펄럭이니
먼 길손 만리타향의 외로운 정을 견디기 어렵다

해미읍성을 둘러싼 가야산의 맑고 고요한 모습과 규율이 엄격한 군대의 주둔지를 묘사한 듯한 시다. 이 성은 둘레가 6630척, 높이가 13척이었고 옹성이 둘, 우물이 여섯 개 있었다. 불과 몇십 년 전만 해도 이 성안에 행정 관청과 학교를 비롯한 민가 160여 채가 남아 있었다. 그러나 사적으

로 지정되면서 성 밖으로 옮겨져 사람이 사는 순천 낙안읍성과 분위기가 사뭇 다르다. 고종 3년(1866) 병인양요가 있은 후 해미읍성에서 내포의 천주교인 1000여 명이 처형되었다. 천주교인들은 해미영으로 끌려와 감옥에 갇히기도 하고 지금도 서 있는 회화나무에 묶여 고문을 당하고 목을 매단 채 죽기도 했다.

마애불이 전하는 백제의 미소

서산시 운산면 용현리에는 백제의 분위기를 가장 거리낌 없이 표현하여 '백제의 미소'로 알려진 서산 용현리 마애여래삼존상이 있다. 운산면 일대 사람들에겐 잘 알려진 마애여래삼존상이 일반에도 알려지게 된 것은 1959년이다. 당시 부여박물관의 홍사준 관장은 보원사지의 유물을 조사하러 이 마을에 와 있었다. 주민들에게서 마애불에 관한 얘기를 들은 그는 국보고적보존위원회의 김상기, 이홍직에게 보고했다. 그 후 현장 조사와 연구를 거쳐 1962년 마애불은 국보로 지정되었다.

세 부처는 가운데에 있는 것이 본존인 석가여래입상이고, 그 왼쪽이 제화갈라보살, 오른쪽이 미륵보살이라고 본다. 그러나 당시에 성행했던 신앙에 따르면 석가세존을 중심으로 관음보살과 미륵보살이 협시하고 있다고 보기도 한다. 석가여래불의 옷맵시에서는 중국풍이 연상되기도 하지만, 크게 뜬 눈과 활짝 웃는 미소는 고전적 양식이면서도 틀림없는 백제의 미소라 할 수 있다. 그 미소가 '신비한 미소'라고 불리는 것은 부처의

서산 용현리 마애여래삼존상

'백제의 미소'로 널리 알려진 이 마애불은
백제 때 중국으로 통하는 교통로의 중심지인 태안반도에서 부여로 가는 길목에 있어
당시 활발했던 중국과의 문화 교류를 엿볼 수 있는 유물이다.

서산 보원사지 오층석탑

보원사 터 서쪽 금당 터 앞에 세워진 고려 초기 석탑이다.
높이는 약 9미터에 이르며 보물로 지정되었다.

표정이 빛에 따라서 천차만별로 달라지기 때문이다. 양쪽의 협시 보살들도 얼굴 가득 웃음을 띤 여자다운 모습이라서 '살짝 토라진 본부인에 의기양양해진 첩 부처'라는 장난스러운 이야기도 전해지지만, 분명한 것은 누구나 편안하게 만드는 너그러운 이런 웃음이 고구려의 미소를 백제화한 한국 불상의 독특한 형태로 자리매김했다는 것이다.

그 건너편에 있는 바위가 인암印巖이다. 사면이 돌로 되어 있고 이끼가 끼어 있는 이 바위에 석가모니의 인장이 숨겨져 있었다고 한다. 예전에 해미 고을 원님이 인장을 꺼내기 위해 석공을 시켜 바위를 떨어내려고 하자 별안간 천둥과 번개가 치더니 소나기가 퍼부으며 큰 산이 흔들리고 움직여서 가까운 거리도 알아볼 수 없게 되었다. 원님은 두려움에 몸을 떨며 이 바위는 귀신이 돌봐 주는 것으로 생각하여 할 수 없이 일을 중지했다고 한다. 근처에 있던 무릉대武陵臺는 민간에 전하기를, 석가모니를 장사 지낸 곳이라고 한다.

서산 용현리 마애여래삼존상이나 태안 동문리 마애삼존불입상, 서산 보원사지 등의 불교 유적이 서산 일대에 산재한 이유는 6세기 말 백제의 정치사와 밀접한 연관이 있다. 그 무렵 백제는 한강 유역을 차지하고 있었고 고구려와 사이가 좋았던 시절이어서 육로를 통해 중국과 교역하고 있었다. 그러나 고구려 장수왕이 남하 정책을 펴고 신라에 한강 유역을 빼앗긴 뒤에는 중국으로 가는 길을 바다에서밖에 찾을 수 없었다. 그때 당진과 태안 지역이 중국의 산둥반도와 가장 가까운 곳이었기에 서산 일대가 교역항이 되었을 것이다. 이곳에서 당시 백제의 수도였던 공주와 부여로 가는 길이 태안에서 서산을 거쳐 예산의 가야산에 이르는 길이므로 그들의 안녕과 평안을 비는 큰 절, 즉 보원사나 개심사 같은 절과 마애불 등이 만들어졌을 것이다.

서산 용현리 마애여래삼존상에서 시냇물 소리를 들으며 거슬러 올라가면 보원사지에 이른다. 사적으로 지정된 보원사지는 충청남도 서산시 운산면 용현리에 있는 절터다. 통일신라 때 만든 화엄 10찰 중 한 곳인 보원사지가 언제 폐사되었는지는 정확하지 않다. 다만 이 일대에 아흔아홉 개의 절이 있었는데, 백암사라는 절이 들어서자 모두 불이 나서 폐사가 되었다는 이야기만 전해 올 뿐이다.

신라 말에서 고려 초 사이 용현리 상왕산象王山 북쪽에 있던 이 절은 강당사講堂寺라고도 불렸다. 현재 남은 건물은 없고 아주 넓은 절터에 보물로 지정된 몇 점의 문화재만 남아 있다. 보물로 지정된 서산 보원사지 석조石槽와 당간 지주가 시내 북쪽에 자리 잡고 있다. 시내 남쪽에는 서산 보원사지 오층석탑과 법인국사탑, 법인국사탑비 등의 보물이 남아 있다. 특히 법인국사탑비의 비문은 고려 전기 문신 김정언金廷彦이 짓고 서예가 한윤韓允이 썼다.

마음을 열고 가는 개심사

《신증동국여지승람》에는 개심사가 있는 상왕산이 여미현 동쪽 4리 지점에 있다고 기록되어 있고, 가야산은 현의 동쪽 11리 지점에 있으며 상왕산과 서로 연해 있었다고 한다. 그러나 《신증동국여지승람》에 실린 절들 중 문수산에 있었다는 문수사文殊寺나 가야산에 있었다는 안흥사安興寺, 일악사日岳寺, 수도사修道寺 등은 없고, 일악사만이 일락사日樂寺로 이름이 바뀐 채 해미면 황락리에 남아 있다. 물론 당시 조선은 불교를 배척하고 유교를 국교로 했기 때문에 사찰에 대한 제대로 된 조사를 하지 않았을 수도 있다.

'마음을 여는 절'로 알려진 개심사開心寺를 찾아가는 길에 만나는 풍경은 이국적이다. 지난 제3공화국 시절 박정희에 이어 이인자였던 김종필이 조성한 거대한 삼화목장(현 서산 한우목장)은 조선시대 12진산의 하나였던 상왕산의 울창했던 소나무를 베어 내고 만든 목장이다. 제5공화국이 들어서면서 국립종축목장으로 바뀌었다. 목장을 지나 신창저수지를 돌아가면 건널 수 없는 다리가 나오고 포장도로를 따라가면 개심사 입구 주차장에 이른다. 나라 안에서 소나무숲이 가장 아름다운 절 몇 개를 꼽으라면 청도 운문사와 합천 해인사 그다음이 개심사일 것이다. 세심동洗心洞이라 쓰인 표석을 지나 산길로 접어든다. 지금의 것은 별로 없고 옛것만 고스란히 남은 듯한 이 길은 언제 가더라도 항상 고즈넉하다. 소나무숲길을 따라 한참을 올라가면 만나는 연못에서 나무다리를 건너 돌계단을 오르면 안양루가 보이고, 근대의 명필로 이름을 남긴 해강海岡 김규진金圭鎭이 해서체로 쓴 '상왕산 개심사象王山開心寺'라는 현판이 한눈에 들어온다. 근래 건축가들에게서 건물에 비해 글씨가 너무 크다는 평가를 받기도 한다. 안양루를 돌아서면 개심사 대웅보전에 눈길이 멎는다.

개심사는 가야산의 한 줄기가 북쪽으로 뻗어 내려 만들어진 상왕산의 남쪽 기슭에 세워진 전형적인 산지 가람으로, 백제 의자왕 14년(654)에

혜감慧鑑이 창건했다고 한다. 본래 이름은 개원사開元寺였으며 고려 충정왕 2년(1350)에 중창하면서 개심사로 불리기 시작했다. 1941년 대웅보전 해체·수리 과정 발견된 묵서명에 따르면 조선 성종 15년(1484)에 중창되었음을 알 수 있는데, 그 뒤에도 17세기와 18세기에 한 차례씩 손을 보았다.

개심사는 임진왜란 때 전화를 입지 않았다. 그러한 연유로 조선시대 건축사 연구에 귀중한 자료가 되는 건물들이 여러 채 전한다. 보물로 지정된 대웅보전은 수덕사의 대웅전을 축소해 놓은 듯한 모습으로 정면 3칸, 측면 3칸의 주심포식 맞배지붕 건물인데, 우리나라 건축이 천축식에서 다포집으로 이행하는 과도기적 양식을 보여 주는 중요한 위치를 차지하고 있다. 그보다 더욱 이 절의 아름다움을 널리 알리고 있는 건물은 심검당尋劍堂이라는 이름의 요사채다. 대웅보전과 같은 시기에 지어지고 부엌 채만 다시 지은 것으로 추정되는 이 요사채는 나무의 자연스러움을 한껏 살린 건물 중 나라 안에서 손꼽힐 만큼 아름답다. 1962년 심검당을 해체·수리할 때 발견된 상량문에 따르면 성종 8년(1477)에 3중창되었고 영조 때까지 6중창을 거쳤으며, 시주자들의 이름과 목수였던 박시동朴時同의 이름까지 들어 있어 사료로서 가치가 매우 높다. 그뿐만 아니라 순천 송광사 하사당과 경산 환성사 심검당과 함께 조선 초기 요사채의 모습을 보여 주는 귀중한 건축물이다. 안양루의 너른 창문 사이로 내다보이는 종루의 기둥들 또한 휘어질 대로 휘어져서 보는 사람들의 눈을 놀라움으로 가득 채운다. 실제 규모는 크지 않지만 유서 깊은 사찰인 개심사를 두고 "자연의 흐름을 한 치도 거스르지 않으면서 마음껏 멋을 부린 옛 선인

개심사 대웅보전과 오층석탑

1941년 대웅전 해체·수리 시 발견된 묵서명에 의하면 1484년에 중창했다고 한다.
조선 초기 다포계 목조 건물 양식을 보여 주는 귀중한 자료다.

개심사 심검당

심검당은 '지혜의 칼을 찾는 집'이라는 뜻으로, 요사채로 사용하는 공간이다. 정확한 건축 연대는 알 수 없으나 조선 성종 때 다시 지은 것으로 추정한다.

들의 지혜로운 마음이 제대로 표현된 절"이라고 누군가는 말했다.

무학이 달을 보고 깨달음을 얻은 간월도

서산시의 끝자락인 부석면에 간월도라는 섬이 있다. 이 섬에서 이름난 것이 '간월도어리굴젓'과 '간월암'이다. 간월암은 간월도에 있는 암자로, 조선을 건국한 태조 이성계의 왕사였던 무학대사가 창건했다고 한다. 썰물 때는 길이 열리고 밀물 때는 섬이 되는 간월도의 간월암과 무학대사에 얽힌 이야기가 재미있다.

고려 충숙왕 14년(1327) 경상남도 합천에서 태어난 무학대사의 성은 박씨이며 법명은 자초自超, 호는 무학無學, 당호는 계월헌溪月軒이다. 열여덟 살에 출가하여 소지에게서 구족계를 받고, 혜명에게서 불법을 배웠다. 진주 길상사와 묘향산 금강굴 등에서 수도하던 그는 공민왕 2년(1353) 원元나라 연경으로 유학을 갔다. 그때 원나라에 와 있던 혜근과 인도 승 지공에게서 가르침을 받았다.

공민왕 5년(1356)에 귀국한 무학은 공민왕 22년에 왕사가 된 혜근의 법을 이어받았다. 하지만 그는 혜근의 법을 따르지 않고 퇴락해 가는 불교를 비판하던 중 이성계를 만나 새로운 나라를 열고 왕이 될 것이라 예견했다. 공양왕 4년(1392) 이성계가 역성혁명으로 조선을 개국하자 왕사가 되어 회암사에서 지냈다.

무학은 태조와 함께 계룡산과 한양을 오가며 도읍지를 물색하고 천도

간월암

간월암은 섬 자체가 절인 작은 암자로, 조선시대 억불 정책으로 폐사되었다가 1941년 만공선사가 중건하여 오늘에 이르고 있다.

하는 데 찬성했다. 무학은 조선 건국 초기 나라를 안정시키는 데 헌신하다 태종 5년(1405) 78세에 금강산 금장암金藏庵에서 입적했다.

무학이 어머니 배 속에 있을 때의 일이다. 아버지가 나라에 진 빚을 갚지 못해 쫓겨 다니고 있었다. 포졸들이 아버지 대신 어머니를 붙잡아서 고개를 넘어가는데 갑자기 산기가 있었다. 그때 온 산천이 눈으로 덮여 있었으나 둘러보니 한 곳만 눈이 없어 그곳에서 해산하고 아기를 옷가지로 덮어 놓은 뒤 태안 현청으로 끌려갔다. 그 사실을 전해 들은 현감이 어머니를 풀어 주어 다시 그곳으로 가 보니 큰 학이 두 날개를 펴고서 아기를 감싸 안고 있었다. 그것을 보고 크게 감격한 어머니가 아이의 이름을 '무학舞鶴'(후에 無學)이라고 지었으며, 그 고개를 '학이 돌본 고개'라 하여 '학돌재'라고 하게 되었다. 그 후 출가한 무학이 이곳 간월도에 암자를 짓고 수행하던 중 어느 날 문득 '달을 보고 깨달음을 얻었다' 하여 이 암자 이름을 간월암看月庵이라 했다. 간월도에 절이 사라지고 터만 남아 있던 것을 안면 면장 박동래와 만공선사가 암자를 세워 오늘에 이르고 있다.

간월도의 특산물은 어리굴젓이다. 간월도 굴은 자연산 토화와 양식 석화 두 종류가 있다. 이곳의 굴은 다른 지역의 굴과 비교해 볼 때 빛깔이 가무스름하고 알은 작지만 물날개(굴에 나 있는 미세한 털)가 잔잔하고 그 수가 많아 고춧가루 양념이 속살까지 배어들면 맛이 아주 뛰어나다. 간월도는 가야산에서 흘러내려 온 민물과 서해의 바닷물이 만나는 곳이라 굴 양식에 최적이다. 이곳 어리굴젓이 알려진 것은 조선 초부터라고 한다. 이곳에서 수행하던 무학대사가 이성계에게 보낸 어리굴젓이 궁중의 진상품이 되었다는 이야기다.

한적하고 고즈넉한 간월암으로 가기 위해선 배를 타야 했다. 그러나 서산지구 간척지가 조성되면서 물이 빠진 뒤면 너른 갯벌이 드러나 배를 타지 않고도 건너갈 수 있게 되었다. 그것 또한 그리 오래전 일이 아니다.

나무숲이 아름다운 태안

서산의 서쪽에 자리한 태안泰安을 두고 서해를 향해 삿대질하려 내닫는 형국이라고 한다. 신숙주는 태안을 "비옥한 지대로 호칭한다"라고 했다. 오래전부터 태안과 서산 일대에서는 수산업이 발달했는데, 조선 전기 학자 남수문南秀文은 기문記文에서 다음과 같이 평했다.

> 태안군은 신라의 소태현蘇泰縣이었다. 토지가 비옥하여 오곡을 재배하기에 알맞고, 또 어물과 소금을 생산하는 이익이 있어 백성이 모두 즐겨 이 땅에서 살아왔다. 그러나 이 고을의 읍내가 멀리 바닷가에 있으니, 이는 곧 해상의 구적寇賊들이 왕래 출몰하는 요충이다.

신숙주는 기문에 이렇게 썼다.

> 태안군이 충청도에 있어 해변의 요충지가 되어 국가에서 순성진蓴城鎭을 설치하고 지군사知郡事로 하여금 이를 지휘, 관할하게 하고 있다. 군내의 토지가 비옥하여 화마禾麻가 풍부하며 어염魚鹽의 이익이 있어 옥구沃丘로 일

켤어 왔다.

태안군 근흥면 정죽리에는 인천과 군산항의 중계지인 안흥항이 있다. 안흥항에서 신진도로 가는 바닷목은 물결이 하도 험해서 배들이 잘 파선되므로 난행목(난행량難行梁이라고도 부름)이라 했다. 그 이름이 좋지 않다고 하여 안전하게 일어나라는 뜻으로 '안흥량安興梁'이라고 한 이곳은 조세로 징수한 미곡과 면포 등을 해상으로 운송하는 항로 중에서 가장 물살이 세어 험난한 곳이었다. 이를 방지하기 위해 고려 인종 때 굴포 해안에 창고를 짓기 시작하여 태종 22년(1412)에 완성했지만, 굴포에 선박 출입이 어렵게 되자 육지에 창고를 설치하여 운송하자는 안이 채택되기도 했다. 그러나 안흥량에서 가장 가까운 곳에 있는 안흥항이 일찍부터 항구로 발달하여 오늘날까지 이르게 되었다. 안흥항은 특히 중국 산둥반도와 가까워서 백제 때부터 조선 후기까지 중국과의 무역이 활발했던 곳이다. 지금도 안흥항은 서산시에서 가장 큰 항구다.

안흥항에서 바로 눈앞에 보이는 신진도의 복판에 있는 후망봉堠望峯은 안흥팔경의 하나로, '후봉낙조堠峯落照'로 유명한 곳이다. 고려 때 송나라에 사신으로 갈 때는 먼저 이곳에서 산제를 올리고 일기가 청명하기를 기다렸다가 떠났다고 한다. 신진도에는 지금도 중국 성씨인 동씨가 많이 살고 있는데, 이로 보아 중국 사람들이 많이 드나들었다는 것을 알 수 있다.

이곳 안흥진에 있는 안흥진성은 선조 11년(1583)에 쌓은 것으로 추정되는데, 전체 길이가 약 1.71킬로미터의 석축 산성으로 2020년에 국가

사적으로 지정되었다. 전해 오는 이야기로 태조 이성계는 이 항구를 드나드는 명나라 사람들에게 잘 보이기 위해 보기 좋은 성을 쌓은 뒤 그 안에 호화로운 주택 300여 채를 지었다고 한다. 명나라 사람들이 배에서 내려 이곳에 첫발을 들여놓았을 때 이성계의 치적을 알리기 위한 전시 행정이었다. 어쨌든 이성계의 뜻대로 안흥진성이 널리 알려져 중국에는 '조선에 가거든 안흥진성을 보고 오라'라는 말이 생겼을 정도였다고 한다.

안흥진성은 10년이 넘게 걸려 돌로 쌓은 것으로 소근 포수군첨 절제사가 군사를 나누어 지켰다. 조선왕조 500년 동안 영화를 누렸으나 1894년 동학 농민 혁명 당시 성이 크게 무너졌고 그 뒤 집들도 대부분 다 뜯기고 말았다. 지금은 성안에 민가 40여 채가 옛날의 영화는 아랑곳없이 성을 지키고 있을 뿐이다. 해상의 절경을 조망하고 해구海寇의 출몰까지 감시하던 망해루望海樓도 함께 사라지고 지금은 성벽과 서문의 수홍루만 남아 있다.

태안군 근흥면의 안흥진성 안에는 태국사泰國寺라는 절이 있다. 창건연대는 미상이나, 어느 노인의 현몽으로 계시를 받은 혜명慧明이 백제 무왕 34년(633)에 창건했다고 한다. 또 일설에 따르면 세종 때 태안 부사가 꿈에서 본 대로 안흥항에서 3척 금불상이 들어 있는 상자 하나를 주웠는데, 금불상을 싼 보자기에 '기원태평국운祈願泰平國運'이라 쓰여 있어서 이 사실을 조정에 보고했다. 그 뒤 왕이 태국사라고 특명을 내려 금불상을 안치했다고 한다. 왜구가 침략하거나 외적이 침입하면 이 절의 주승은 수막대장守幕大將의 지시를 받아 수군이 있는 18개 읍의 사찰 승군을 지휘하는 권한을 가졌고 이때의 군사적 직권은 첨절제사僉節制使

안흥항

백제시대부터 당나라 무역항으로 사용된 유서 깊은 안흥항은
지금도 연근해 어업 활동의 근거지 역할을 하고 있다.

태안 안흥진성

둘레가 1.71킬로미터인 안흥진성은 석축 산성으로
태안 지역에 분포해 있는 성 중 규모가 가장 크다. 성벽 구조와 축성 방법을
파악할 수 있는 실마리가 남아 있어 역사적 · 학술적 가치가 높다.

와 같았다고 한다. 절의 규모가 매우 컸으나 안흥성이 폐성이 된 뒤에 화재로 소실되었다.

태안군 원북면 신두리에는 오랜 세월 동안 모래가 바람에 실려 해안으로 운반되면서 퇴적된 사구 지대가 있다. 탁 트인 해안에 해당화와 소나무숲이 우거진 신두리 해안 사구의 소나무숲을 걸으면 "솔바람 산골물이 속된 생각을 씻어 준다/솔바람 소리 멀리서 들려오고 밤중의 비바람 오경에 부니 학의 꿈을 깨운다"라는 정동주 시인의 시구가 절로 떠오른다.

왕실의 숲이었던 안면도

태안군은 백화산 자락에 자리 잡은 태안읍을 중심으로 서해안을 따라가면 안면도安眠島로 이어진다. 우리나라에서 여섯 번째로 큰 섬인 안면도는 태안반도 중간에서 남쪽으로 뻗은 남면반도의 남쪽 끝에 위치한다. 안면도는 원래 육지였다가 섬이 된 곳이다. 그렇게 된 연유가 《신증동국여지승람》에는 다음과 같이 실려 있다.

고려 인종이, 안흥정 아래 물길이 여러 물과 충격하는 곳이 되어 있고 또 암석 때문에 위험한 곳이 있으므로 가끔 배가 뒤집히는 사고가 있으니, 소태현 경계로부터 도랑을 파서 이를 통하게 하면 배가 다니는 데 장애가 없을 것이다 하여, 정습명을 보내 인근 군과 읍 사람 수천 명을 징발하여 팠으나 마침내 이

꽃지 할미할아비바위

태안군 안면읍 승언리 꽃지해수욕장에 있는 '꽃지 할미할아비바위'는
물이 차면 바다 위 섬이 되고 물이 빠지면 육지와 연결된다.

루지 못하고 말았는데, (…) 조선 세조 때 건의하는 자가 혹은 팔 만하다 하고 혹은 팔 수 없다 하여 세조가 안철손을 보내 시험하였는데 공을 이룰 수 없다 하여 대신에게 명하여 자세히 살피게 하였으나 논의가 일치하지 않아서 중지하고 말았다.

그 뒤 인조 16년(1638)에 삼남 지역의 세곡을 실어 나르는 것이 불편하여 충청 감사 김육이 지금의 남면과 안면도 사이의 바닷길을 파서 안면도는 섬이 되었다. 섬이 되면서 안면도를 싸고도는 뱃길보다 200여 리가 단축되었다. 이것이 우리나라 운하의 효시가 되었으며, 이름을 백사수도白沙水道라고 불렀다. 그러나 1970년 나라 안에서 세 번째로 섬과 육지를 잇는 연륙교가 생기면서 배를 타지 않고도 육지로 나올 수 있게 되었다. 유독 겨울에 눈이 많이 내리는 이곳에서 유명한 것이 바로 세계꽃박람회와 꽃지해수욕장 그리고 안면도 소나무숲이다.

고려 때까지만 해도 안면도에는 사람들이 살았다. 그런데 이 지역이 제주도처럼 말을 기르는 목장이 되면서 사람들이 쫓겨나고 말았다. 그 후 다시 사람들이 들어오게 된 것은 재목으로 쓸 나무를 심고 관리하기 위해서였다. 조선시대에 안면도는 섬 전체가 '왕실의 숲'으로 지정되어 온통 소나무숲이었다. 조선 조정은 왕실의 관을 짜는 데만 쓰기 위해 소나무를 비롯해 여러 종류의 나무를 심어 '황월장봉산黃月長封山'이라 하고 산지기 70여 명을 살게 했다. 그 뒤 자연스레 숨어 살아야 하는 사람들이나 천재지변으로 땅을 잃은 사람들이 들어오면서 마을이 조성되었다. 나무숲이 울창하고 기름진 땅이 많아서 태안 지역에서는 도끼 하나만 있으면

잘살 수 있다는 말이 생기기도 했다. 조선 후기 경복궁을 중건할 때도 안면송이 많이 쓰였고, 광복 이후에도 이런저런 이유로 많은 나무가 벌채되었다.

소나무숲길이 울울창창한 안면읍 승언리 일대의 야산에는 키가 20미터쯤 되는 소나무들이 늘어서 있다. 수령이 100년은 넘은 소나무들이다. 2001년에는 이 소나무숲을 '생명의 숲 국민운동본부'에서 보전해야 할 아름다운 숲으로 지정하기도 했다. 예로부터 우리나라 사람들이 가장 좋아하는 나무 중의 하나인 소나무를 사명당泗溟堂 유정惟政은 다음과 같이 예찬했다.

소나무 푸르구나
초목의 군자로다
눈서리 이겨내고
이슬 내린다 해도 웃음을 숨기는구나
슬플 때나 즐거울 때나 변함이 없구나
겨울에도 여름처럼 항상 푸르구나
푸르구나 소나무여
달이 오르면 잎 사이로 금모래를 체질하고
바람 불면 거문고 소리 청아하구나

안면읍 황도리는 적돌강積乭江(갈마리 앞바다) 가운데 있는 섬이다. 산과 논이 없고 오직 밭만 있어서 보리가 익으면 온 섬이 노란색으로 변한다. 이 섬에서 매년 정월 초이틀날과 초사흘에 황도 붕기 풍어제를 올렸다. "칠산 앞바다에/조기도 많고/우리네 주머니 돈도 많다/순풍에 돛 달고 만경 창파로 따나세/돈 실러 가세 연평 바다로/에헤 어허쿵, 에헤 어허쿵" 하며 〈풍어타령〉을 부르는 뱃사람들의 노랫소리가 끊이지 않던 안면도는 북쪽에 솟은 국사봉을 제외한 대부분 지역이 해발 100미터 이하의 낮은 언덕과 평지로 이루어져 있다. 안면도는 해안선이 복잡하고 조수간만의 차가 크므로 썰물 때는 간석지가 넓게 펼쳐진다. 이곳 태안에 이름난 해수욕장이 여러 곳 있는데 일리포, 백리포, 천리포, 만리포 해수욕장과 학암포, 몽산포, 연포, 구룡포 해수욕장이 저마다 아름다움을 자랑하고 있다. 이 일대와 안면도를 묶어서 태안해안국립공원이라고 한다. 천리포해수욕장 근처에는 귀화한 칼 페리스 밀러Carl Ferris Miller(민병갈)가 2만여 평의 땅을 사서 만들어 놓은 천리포수목원이 있다. 이 수목원에는 국내외에서 들여온 나무 6500여 종과 신기한 풀 500여 포기가 자라고 있어 수많은 사람이 찾고 있다.

호서의 거읍 홍주

《신증동국여지승람》에 "호서의 거읍巨邑이다. 그 땅이 기름지고 넓으며 그 백성이 번성하고 많아서 난치難治의 고을로 일컬어 왔다"라고 기록된 홍주洪州는 1914년 결성과 이름을 합하여 홍성이 되었다. 이곳에 홍주읍성이 있다.

부안 변산의 개암사 일대와 더불어 백제 부흥 운동의 주요 거점이었던 주류성으로 추정되는 홍성 홍주읍성은 풍수지리학적으로 천둥이 땅에 떨어지는 형세라고 한다. 그래서 그런지 이 지역에선 싸움이 빈번했다. 열여섯 차례에 걸쳐 왜구들이 침입했고 고려 중기의 문신 최향의 반란과 조선 중기 이몽학의 난, 동학 농민 혁명과 의병 전쟁으로 일컬어지는 수많은 전란을 거치면서 1772미터였던 성벽은 810미터 정도만 남았으며, 이외에 홍주아문洪州衙門과 조양문朝陽門 등이 남아 있다.

조양문은 홍주읍성의 동문이다. 고종 31년(1894) 10월 28일 이곳에서 박인호朴寅浩가 거느린 동학 농민군이 일본군과 관군, 유림을 중심으로 하는 연합군과 큰 싸움을 벌였다. 《주한일본공사관기록》에는 일본이 이 전투에 관해 보고한 내용이 나온다.

> 적의 한 부대가 동문 전방 약 600미터에 있는 숲속으로 들어가 서서히 전진해 왔다. (…) 성 밖 100미터 앞으로 가까이 다가와 연달아 맹렬히 진격해 오므로 응원대를 동문으로 증파하여 응전했다. 적은 밤이 되자 야음을 틈타 대포를 동문 앞 40미터 지점으로 끌고 와 동문을 마구 쏘았다.

싸움에 임한 농민군의 수를 3만 명으로 보았다. 30여 시간의 싸움 끝에 농민군은 해미 쪽으로 퇴각했고, 그들의 시체가 동문 거리를 메웠다. 우선봉장 이두황李斗璜은 《양호우선봉일기兩湖右先鋒日記》에 이렇게 기록했다.

홍성 홍주읍성

홍성군에 있는 성으로 현재 돌로 쌓은 성벽 800미터만 남아 있다.
처음 지어진 연대는 확실히 알 수 없으나《세종실록지리지》에 성의 둘레와
여름과 겨울에도 마르지 않는 샘이 하나 있다는 기록이 있다.

조양문

홍주읍성의 동문으로 1870년 목사 한응필이 성을 대대적으로 수리할 때
세운 문루다. 동문은 조양문, 서문은 경의문, 북문은 망화문이라 하고 남문은 문루가 없다.

군사를 이끌고 동문을 나와 보니 좌우의 민가는 불에 깡그리 타 버려 그 참혹함에 볼 수가 없었는데, 길 가는 사람에게 물으니 동학도들이 성을 에워싸고 접전할 적에 그네들이 불을 질러 이 지경이 되었다고 한다. 100여 보를 걸어 나오니 적의 시체가 길가에 가로세로로 산이나 숲처럼 쌓여 있었다.

농민군은 서산 해안 지방으로 흩어졌고 박인호는 부하 몇 사람만을 데리고 금오산의 토굴로 들어가 새우젓 장사로 위장한 홍종식을 만나게 된다. 광천읍 옹암리에 있는 토굴에서 익힌 광천새우젓은 이처럼 동학 농민혁명과 관계가 있다. 의병 운동의 격전지였던 홍주읍성 근처 대교리에서 1949년 한 농부가 900여 구에 이르는 유골을 찾아냈는데, 동학을 연구하는 사람들은 이 유골들이 의병이 아닌 동학 농민군의 것이라고 보고 있다.

훌륭한 인물들의 고향 홍성

결성結城은 1914년에 홍성군으로 편입되었다. 현이었던 이곳을 두고 고려 말 조선 초 문신 이첨李詹과 조선 전기 문신 이안우李安愚는 다음과 같은 시를 남겼다.

풍진 일어 일찍이 싸움하던 땅에

성보 쌓아 다시 인가의 연기 오른다

수자리의 저 피리는 성루 위에서 부는데

오서산에서 본 홍성 일대

예부터 까마귀와 까치가 많아서 오서산이라 불렸던
산의 정상에 서면 서해가 한눈에 내려다보인다.

고기잡이하던 배는 언덕 가에 버려 두었구나

나그네 길 어언 삼월도 중순
난립한 산봉우리 앞의 석보石堡를 찾았다
울타리 가의 복사꽃은 비 맞아 더욱 아름답고
교외의 빈터에는 꽃다운 풀들이 연기처럼 덮여 있네
해는 수많은 섬 밖으로 잠기고
새는 끊어진 구름 속으로 날아 없어진다
백 년간 흥하고 망한 이 성에
올라보고 개연한 한숨을 절로 지었다

역시 조선 전기 문신 전백영全伯英은 "외로운 성에는 일월도 한가한데, 창망한 바다는 운연으로 막혔구나" 했다. 전백영이 왔을 무렵 결성읍성에는 여섯 개의 우물이 있었다고 한다. 이 일대 고을은 모두 오서산 북쪽에 있다. 예부터 까마귀와 까치가 많아서 오서산烏棲山이라 불렸던 산의 정상에 서면 서해가 한눈에 내려다보인다. 이곳에서 빼어난 자취를 남긴 인물들이 많이 태어났다. "황금 보기를 돌같이 하라"라는 말로 널리 알려진 고려 후기 장군이자 정치가였던 최영崔瑩과 사육신으로 널리 알려진 성삼문이 홍북읍 노은리에서 태어났고, 고려 후기 고승 보우普愚가 홍성에서 태어났다. 청산리 전투로 독립운동사에 길이 남은 김좌진이 갈산면 행산리에서 태어났고, 시인 한용운은 결성면 성곡리에서 태어났다.

어느 해던가 육당 최남선과 만해 한용운이 파고다 공원에서 마주쳤다.

최남선이 한용운에게 반갑게 인사를 건넸다. "만해, 오랜만이올시다." 그러자 한용운은 "당신은 누구시오?" 하고 쌀쌀맞게 되물었다. "나 육당이올시다" 하자 한용운이 "육당이 누구시던가?" 하고 물었다. 최남선이 "나, 육당 최남선이오. 그새 잊으셨습니까?"라고 하자, 그 말을 들은 한용운은 "내가 아는 육당은 벌써 죽어서 장례를 치른 지 오래올시다" 하며 표표히 지나갔다. 이렇듯 불의에 타협한 사람들에게 그 자신이 정한 원칙을 고수해 나갔던 사람이 시인이자 승려이자 독립운동가였던 만해 한용운이다.

고종 16년(1879) 결성면 성곡리에서 태어난 한용운은 여섯 살에 마을 서당에서 한문 교육을 받았다. 한용운은 어려서부터 한번 본 것을 잊어버리지 않아서 천재로 소문이 자자했다. 본명은 정옥, 아명은 유천, 법명은 용운, 법호는 만해다. 한용운이 열여섯 살이 되던 해 동학 농민 혁명이 일어났는데, 이에 가담한 아버지와 형이 죽고 말았다. 함께 가담했던 한용운은 설악산 오세암으로 들어가 4~5년간 머물면서 불경과 서양의 여러 사상을 공부한 후 백담사에서 불문에 들었다.

동학 농민 혁명이 실패로 돌아가자 1896년 여름, 나이 열여덟에 한용운은 부모님과 아내에게 아무런 말도 남기지 않은 채 집을 떠났다. 그 상황이 "나는 왜 중이 되었나"라는 글에 남아 있다.

> 그래서 좌우간 이 모양으로 산속에 파묻힐 때 아니라는 생각으로 하로는 담뱃대 하나만 들고 그야말로 폐포파립敝袍破笠으로 나는 표연히 집을 나와 '서울'이 있다는 서남 방향으로 향하야 걷기 시작하였으니 부모에게 알리지도 않

고 노자도 한 푼 지닌 것이 없는 몸이어서 한양을 가고나 말는지 심히 당황한 걸음이었으나, 그때는 어쩐지 태연하였다. 그래서 좌우간 길 떠난 몸이매 해지기까지 남들이 가르쳐 주는 서울 길을 향하여 걸음을 재촉하였다.

그러나 날은 이미 기울고 오장의 굶주림이 대단하게 되자 한 술막집에 들어가 팔베개를 하고 그 하룻밤을 자려니 그제야 무모한 이 걸음에 대한 여러 가지 의구가 일어났다.

한용운은 서울로 가던 길에 어떤 사람에게서 설악산 백담사에 법력 높은 도사가 있다는 얘기를 듣고 강원도로 발길을 옮겼다. 하지만 백담사에서 도사는 만나지 못하고 오세암에 머물며 불목하니 노릇을 하게 되었다. 그러던 어느 날 중국 근대의 사상가이자 교육가인 양계초梁啓超의 책을 읽던 중에 세계 일주를 해야겠다는 생각이 들었고 한용운은 곧바로 실행에 옮겼다. 그때 그가 세운 계획이 《조선일보》에 연재했던 "북대륙의 하룻밤"에 잘 나타나 있다.

경성에 와서 보니 기대하였던 지리와 사정에 대하여 이야기를 들을 곳이 넓지 못하여 실로 세계적 체험을 가진 사람의 적었던 것이다. 그리하여 나는 지도와 문자상으로 본 것을 기초 삼아 진로를 스스로 결정하였는데 가까운 러시아로 먼저 가서 중구中歐를 거쳐 미국으로 가기로 하였으므로 원산으로 가서 배를 타고 블라디보스토크에 상륙하기로 하였던 것이다.

곧바로 실천에 옮겼으나 그의 꿈은 블라디보스토크에 도착하며 깨어지고 말았고, 고은 시인은《한용운 평전》에서 다음과 같은 애석한 글을 남겼다.

만약 이 여행의 첫걸음이 이런 좌절로 끝나지 않고, 그의 모험심대로 시베리아 횡단이 실현되고, 중구, 서구를 지나서 대서양을 횡단, 미주로 건너갈 수 있었다면 그의 운명은 전혀 다른 표현으로 확대되었을 것이다. 그의 여행은 그 여행에서 반드시 돌아온다는 보장이 확정되어 있지 않은 탐구의 기행이었다.

아마도 그는 제정 러시아가 혁명 소비에트로 바뀌어질 때까지 모스크바에 체류하였더라면 조선공산주의 지도자가 되었을 것이고, 그가 파리에 있었다면 아주 세계적인 근대 철학을 갖추었을 것이다. 또한 그가 미국에 건너갔다면 이승만 이상의 국부적國父的 독립운동가가 되어서 극동의 한 정치지도자로서 성장했을 것이다.

그러나 역사는 가정이 없는 것이라서 한용운의 세계 일주는 좌절되었고, 그 좌절은 민족 시인이자 독립운동가의 탄생을 예고했다.

사랑하는 나의 님은 갔습니다

여러 해에 걸친 방황을 끝내고《조선불교유신론》과《불교대전》등을 펴낸 한용운은 1919년 3·1 운동 때 민족 대표 33명 중 하나로 독립 선언서에 "최후의 일인까지, 최후의 일각까지 민족의 정당한 의사를 쾌히 발표하라" 등의 단호한 결의를 밝힌 공약 3장을 덧붙였다. 경찰에 체포되어 3년 형을 선고받아 옥중에서 갖은 고초를 겪었지만 굴복하지 않고 《조선독립의 서》를 집필하여 상해로 보냈다.

감옥에서 나온 한용운은 강연 등의 활동을 하면서 1926년에 한국 문학사에 길이 남을 시집 《님의 침묵》을 펴냈다.

님은 갔습니다. 아아 사랑하는 나의 님은 갔습니다.

푸른 산빛을 깨치고 단풍나무 숲을 향하여 난 작은 길을 걸어서 차마 떨치고 갔습니다.

황금의 꽃같이 굳고 빛나던 옛 맹서는 차디찬 티끌이 되어서 한숨의 미풍에 날아갔습니다.

날카로운 첫 키스의 추억은 나의 운명의 지침을 돌려놓고 뒷걸음쳐서 사라졌습니다.

나는 향기로운 님의 말소리에 귀먹고 꽃다운 님의 얼굴에 눈멀었습니다.

사랑도 사람의 일이라 만날 때에 미리 떠날 것을 염려하고 경계하지 아니한 것은 아니지만, 이별은 뜻밖의 일이 되고 놀란 가슴은 새로운 슬픔에 터집니다.

그러나 이별을 쓸데없는 눈물의 원천을 만들고 마는 것은 스스로 사랑을 깨치는 것인 줄 아는 까닭에 걷잡을 수 없는 슬픔의 힘을 옮겨서 새 희망의 정수박이에 들어부었습니다.

우리는 만날 때에 떠날 것을 염려하는 것과 같이 떠날 때에 다시 만날 것을 믿습니다.

아아 님은 갔지마는 나는 님을 보내지 아니하였습니다.

한용운 생가

시인 한용운은 1879년 결성면 성곡리에서 태어났다.
이곳 생가는 1991년부터 주변 지역이 정비·복원되어 사적화되었다.

제 곡조를 못 이기는 사랑의 노래는 님의 침묵을 휩싸고 돕니다.

'시 문학사상 가장 넓고 높으며 깊은 인간성을 표현한 진실한 시'라는 호평을 받은 〈님의 침묵〉과 〈알 수 없어요〉 등의 빼어난 시를 남긴 한용운에 얽힌 일화가 하나 더 있다. 1911년 불교계의 통제 권한을 조선총독부가 갖는 '사찰령'이 반포되면서 조선 불교는 어용화의 길을 걷게 된다. 태고사 대법당에서 주지 대회의가 열렸고, 그 자리에 강연자로 초대받은 한용운은 전국에서 모인 승려들에게 물었다. "세상에서 제일 더러운 것이 무엇인지 아십니까?" 그 물음에 누구 하나 대답하지 않자, "세상에서 제일 더러운 것은 똥입니다. 그런데 똥보다 더 더러운 것이 무엇이겠습니까?" 이번에도 승려들이 얼어붙은 듯 침묵을 지키고 있었다. "내 경험으로는 송장 썩는 것이 똥보다 더 더럽더군요. 똥 옆에서는 음식을 먹을 수 있어도 송장 썩는 옆에서는 역하여 차마 먹을 수 없기 때문입니다."

한용운의 카랑카랑한 목소리에 그곳에 모인 승려들은 무언가 불길함을 느끼고 있었다. 그러나 누구 하나 자리를 털고 일어날 엄두를 내지 못하고 있을 때 "송장보다 더 더러운 것이 있으니 그것이 무엇이겠습니까?" 하고 한용운이 다시 물었다. 그 물음에 승려들이 여전히 아무런 대답을 하지 않자 한용운은 상을 주먹으로 두들기며 뇌성벽력과 같은 소리를 내질렀다. "그것은 바로 여기 앉아 있는 31본산 주지 네 놈들이다." 그렇게 말한 한용운은 뒤도 돌아보지 않고 법당을 나가 버렸다. 일제 강점기 어용화 정책을 수용하는 대가로 수많은 재산을 챙긴 주지들이 한용운에게 꼼짝없이 당한 것이다.

그 후 한용운은 불교 관계 항일 비밀 결사 단체인 만당卍黨을 조직하여 활동하다가 1944년 예순여섯의 나이로 생을 마감했다. 일찍이 《임꺽정》을 지은 벽초 홍명희가 "조선의 7000 승려를 다 합해도 만해 한 사람은 당해내지 못한다"라고 말했던 것처럼 한용운은 우리 민족의 선각자이자 뛰어난 시인이었다.

결성의 만해 생가와 멀지 않은 곳에서 태어난 김좌진은 청산리 전투로 독립운동사에 길이 남았다. 그는 고종 26년(1889) 갈산면 상촌리에서 태어났다. 세 살 때 아버지를 여의고 편모슬하에서 자란 김좌진은 어려서부터 영민했고 공부보다는 전쟁놀이와 말타기를 즐겼다. 열여섯 살이 되던 1904년에 대대로 내려오던 노복 30여 명을 모아 놓고 그들의 종문서를 불태운 뒤 농사를 지어 먹고살 만한 논밭을 골고루 나누어 주었다. 1905년 서울로 올라온 김좌진은 육군무관학교에 입학했다. 1907년 고향에 돌아와서 호명학교를 세운 다음 가산을 정리하여 학교 운영에 충당하게 하고 90여 칸에 이르는 자신의 집을 학교 건물로 쓰라고 내놓았다.

홍성에 대한협회와 기호흥학회의 지부를 결성하여 애국 계몽 운동에 참여한 김좌진은 한성신보 이사를 거쳐 안창호, 이갑 등과 서북학회를 세우고 오성학교를 설립했다. 군자금을 전달했던 족질 김종근을 찾아간 것이 화근이 되어 2년 6개월간 서대문 형무소에 투옥되었다. 1916년에는 광복단에 가담했고, 1918년 만주로 건너가서 대종교에 입교했으며, 3·1 독립 선언의 전주곡이 되는 '무오 독립 선언서'에 38명의 민족 지도자와 함께 서명했다.

대한정의단의 사령관을 맡았던 1919년 대한민국임시정부의 권고를 받아들여 북로군정서로 개창한 다음 무장 독립군의 총사령관이 되어 독립군 편성에 주력했다. 왕청현 십리평에 사관 연성소를 설치한 김좌진은 스스로 소장이 되어 엄격한 훈련을 시키는 한편, 무기 입수에 심혈을 기울였다. 1920년 10월 일본군 대부대가 독립군 대토벌을 위해 만주로 출병하자 그의 독립군도 장백산으로 이동하기 시작했다. 그러다가 청산리에서 일본군을 만나 전투를 전개했다. 3일간 계속된 이 전투에서 독립군은 일본군 3000여 명을 사살하여 우리 독립운동사상 길이 남을 최대의 전과를 올렸다. 김좌진은 그 뒤로도 많은 활동을 벌이다가 1930년 1월 24일 산시역 앞 자택에서 200미터 거리에 있는 정미소에서 공산주의자인 박상실의 총탄에 맞아 순국했다.

정약용의 홍주 오죽헌

홍성에는 다산茶山 정약용丁若鏞의 자취가 남아 있다. 정조 19년(1795) 4월 주문모 신부의 밀입국 사건이 일어나자 정약용은 공서파의 비방으로 홍주목 금정도 찰방으로 좌천되고 말았다. 임지로 가던 7월 26일에 다산은 동작나루에서 〈금정도 찰방에 보임한다는 엄명을 받들고 저녁에 동작나루를 건너면서〉라는 시 한 수를 지었다.

해 지는 동작나루 물결 꽃 출렁이고

멀어지는 종남산 그리운 옛 동산

수양버들 돌다리에 가을비 쏟아지고

황혼녘 대궐은 안개 속에 잠겨 있네

(…)

이중환이 김천도 찰방을 지냈던 것처럼 정약용도 바빴던 생활을 접고 종일 한가롭게 무료한 나날을 보내기 일쑤였다. 그때 남긴 시가 〈취가행醉歌行〉이다.

긴긴 여름날 종일 한 동이 술에

두 사람 마주 앉아 미친 듯 취해 있네

마시면 취하고 취하면 더 마셔

돈 모으면 더 많은 돈 탐나는 꼴이라네

그대에게 묻노니 왜 그다지 취하는가

(…)

네가 만일 미쳤다면 진실로 나의 벗이거늘

함께 백 잔 천 잔을 마셔 보겠는가

실의에 빠져 보내던 그 시절 정약용의 마음을 달래 주는 것은 술술 들어가는 술뿐이었으리라. 그는 충청도 시골 한적한 고을의 찰방직으로 좌천되어 갔던 그때의 심정을 〈오죽헌기梧竹軒記〉에서 이렇게 토로했다.

찰방은 7품직이다. 을묘년(정조 19) 가을 나는 승지로 있다가 금정 찰방으로 좌천되었으니, 조정의 진신대부들이 글을 보내어 위로하는 자가 많았다. 그러나 찰방의 직책에는 즐거운 것이 세 가지 있으니, 밖에 나가면 빠른 말을 탈 수 있는 것이 첫 번째 즐거움이다. 모든 속역屬驛이 있는 지역의 산수를 유람할 때면 가는 곳마다 식량이 준비되어 있으니 이것이 두 번째 즐거움이다. 항상 공무가 적어서 쌀과 소금을 처리하는 일과 송사와 장부를 기록하는 등의 번거로움이 전혀 없으니 이것이 세 번째 즐거움이다. 고향 사우士友들은 와서 보고 이러한 이유를 들어 축하하지만, 나는 아니라고 대답을 하였다. 저 진신대부들이 나를 위로하는 것이나 고향 사우들이 나를 축하하는 것은 모두 내 뜻이 아니다. 대저 벼슬이라는 것은 갑자기 올라가면 쉽게 넘어지게 되고, 총애가 항상 융성하면 쉽게 쇠하게 된다. 내가 3품에서 7품으로 옮겨진 것은 복이니 슬퍼할 것이 없다. 그러나 찰방직은 백성의 고통을 살피고 병폐를 찾아내는 것이다. 말이 병들어 색이 누렇게 뜨면 찰방의 죄다. 역부驛夫의 노역이 고르지 않아 원망하게 되면 찰방의 죄다. 사명을 받은 신하가 법을 어기고 제멋대로 하여 사람과 말을 고달프게 할 때 규례에 따라 흔들림 없이 집행하지 못한다면 역시 찰방의 죄다.

정약용은 고통 속에서도 자신의 역할을 다하고자 마음을 다졌고, 자신의 관사를 오죽헌이라고 이름했다. 그가 머물던 관사의 뜰 앞에 오동나무 한 그루와 참대 여러 그루가 있었기 때문이다.

ⓒ 유철상

광천새우젓

옹암포 토굴에서 익힌 광천새우젓은 맛과 빛깔이 좋아 전국적으로 유명하다.
온도를 일정하게 유지하는 토굴에서 젓갈은 그 맛이 깊어진다.

사금이 많고 시장이 컸던 광천

하늘에 빛나는 별 같은 인물들이 살다 간 고장 홍성의 명물은 광천새우젓이다. 광천읍을 가로지르는 광천廣川에는 한때 사금이 많이 나와서 사금을 캐는 사람이 많았다. 광천읍에는 알부자가 많이 살아서 '관청 많은 홍성에 가서 아는 체하지 말고, 알부자 많은 광천에 가서 돈 있는 체하지 마라'라는 말이 유행했다.

광천의 관문인 옹암포甕巖浦 또는 옹암항은 서해안 섬들의 유일한 통로였다. 보령시 원산도와 안면도를 비롯한 서해안 섬사람들이 여러 가지 해산물과 어패류를 가지고 보령시의 오천항을 거쳐 옹암포에 들어와 광천장에서 그것들을 판 뒤에 생필품으로 바꿔서 저녁 무렵에 다시 돌아갔다. 그래서 광천장이 서는 4일과 9일에는 150여 척의 장배가 드나들 정도로 크게 번성했다. 그러나 산사태로 흘러들어 온 흙 때문에 선창이 매몰되고 내륙 교통이 발달하면서 광천장은 침체 일로를 걷다가 현재 광천새우젓으로 재기의 발판을 마련하고 있다.

광천새우젓은 옹암포 토굴에서 익힌 새우젓을 말한다. 전국 새우젓 생산량의 약 60퍼센트를 차지한 적도 있었는데, 광천새우젓이 그처럼 유명해진 것은 이곳이 바다와 인접해 있어 새우젓을 저장하기에 알맞으며 이곳 사람들이 간을 맞추는 솜씨가 뛰어나 맛과 빛깔이 좋기 때문이다. 또한 이 마을 한복판에 새우젓을 익히고 보관하는 토굴이 있다. 한글 지명인 '독바위개' 또는 '독배'라고도 불리는 옹암포에는 약 50~60개의 새우젓 굴이 있다. 토굴 하나에 보통 약 1500~2000개의 드럼통이 들어간다. 원래 폐금광의 갱이었던 이 토굴은 섭씨 15도에서 17도의 온도를 유지하므로 젓갈 맛이 은근하게 깊이 들어 다른 지방에서 흉내를 낼 수가 없다. 마을 사람들은 대부분 새우젓 가공과 저장을 생업으로 삼고 있는데, 잘사는 사람이 많아서 〈홍타령〉에 "광천 독배로 시집 못 간 요 내 팔자야"라는 구절이 들어 있을 정도다.

2

청양에서 서천에 이르는 길

지천구곡이 간직한 오랜 숨결

바람 맑고 달 맑은 청양

홍성 남쪽에 있는 청양靑陽의 백제 때 이름은 고량부리古良夫里다. 《여지도서》에 따르면 형승은 "세 방면이 높고 가파른 고개이며, 서쪽이 조금 평평"하며, "순박하고 조심성이 많은 것을 높이 여기는 풍속이다. 지역이 외지며 토지는 메마르다." 《택리지》에는 "청양, 정산 두 고을은 땅에 장기瘴氣가 있어 살 만한 곳이 못 된다" 했다. 조선 전기 문신 권진權軫이 시에서 "낯 위에 스치는 바람 멀리서 불어오고, 마루 앞 마주 뜬 달 한없이 맑구나. 두 가지 맑은 천고의 이 땅, 취하여 쓴들 그 누가 다투리오"라고 노래했다.

콩밭 매는 아낙네야/베적삼이 흠뻑 젖는다

무슨 설움 그리 많아/포기마다 눈물 심느냐

홀어머니 두고 시집가던 날/칠갑산 산마루에

울어주던 산새 소리가/어린 가슴속을 태웠오

〈칠갑산〉의 구성진 가락이 산자락에 울려 퍼질 것 같은 청양은 부여의 북쪽에 있으며, 진강(금강)을 사이에 두고 공주와 맞닿아 있다. 청양은 산과 골이 깊어 한국전쟁 때도 그 영향이 미치지 않았다. 지금은 청양 구기자로 유명한 이곳에 아름답고 고즈넉한 절 장곡사長谷寺가 있다. 예로부터 공주 마곡사, 예산 안곡사, 청양 운곡사와 함께 '사곡사四谷寺'의 하나로 널리 알려진 장곡사는 청양군뿐만 아니라 충청도 일원에서도 유명할 만큼 값진 문화재들이 산재해 있는 속이 꽉 찬 절이다. 칠갑산 깊은 골짜기에 있는 장곡사는 긴 골짜기라는 뜻을 지닌 장곡리에서도 한참을 올라간 곳에 있다. 신라 문성왕 때 보조 선사 체징이 창건한 뒤로 오늘에 이르기까지 여러 차례 중수를 거듭했다고 하나 정확한 기록은 없다.

경사가 급한 곳에 터를 닦아 지은 장곡사에는 특이하게도 대웅전이 두 채나 있다. 운학루는 몇 년 전 모습과는 달리 식당 및 요사채로 쓰이고, 그 자리를 지키던 2미터가 넘는 큰 북과 목어, 통나무 그릇은 제각각 제자리로 돌아갔다. 밥통 대신 사용했을 것이라고도 하고 콩나물을 길렀을 것이라고도 하는 나무 그릇은 길이가 7미터에 폭 1미터, 두께가 10센티미터 이상이나 되어 오늘날 작고 쓰임새 있는 그릇들만 봤던 사람들의 눈에는 신기하기가 이를 데 없을 것이다.

운학루에서 보이는 하대웅전(국가지정문화재 보물)은 조선 중기에 지어진 정면 3칸에 측면 2칸의 단층 건물이다. 지붕은 맞배지붕이다. 쇠붙이 하나 쓰지 않은 순수한 목조 건물로 복잡하지만 규칙적인 장식물들이 정교하다. 하대웅전의 주불主佛은 장곡사 금동약사여래좌상(국가지정문화재 보물)이다. 이 약사여래불은 불상의 복장(불상을 조성하면서 배 안에 봉안하는 사리 및 유물)을 조사할 당시 먹으로 쓰인 발원문이 발견되어 고려 충목왕 2년(1346)이라는 조성 연대가 밝혀진 고려 후기 대표 금동불상 중 하나다. 갸름한 타원형 얼굴에 반달 모양 눈썹, 가늘면서도 적정한 눈, 단정하면서도 오뚝한 코, 작고 예쁜 입, 적당한 크기의 귀 등이 다소 둥글지만 시원한 어깨선과 당당한 가슴, 비교적 균형 잡힌 체구와 어울려 고려 불상의 특징을 유감없이 드러내고 있다.

하대웅전을 지나 50여 개의 계단을 올라가면 장곡사 상대웅전(국가지정문화재 보물) 앞에 이른다. 상대웅전은 고려 때 건물 양식을 지닌 정면 3칸에 측면 2칸의 단층 건물이다. 지붕은 맞배지붕으로 안으로 들어서면 바닥에 소박한 연꽃무늬가 새겨진 전돌이 드문드문 깔렸다. 상대웅전의 불상은 3좌가 남아 있는데, 정조 원년(1777)의 '상대웅전 중수기'에 따르면 당시에는 석불 2좌, 금불 3좌와 중국 오도자의 그림이라고 전하는 벽화가 있었다. 불상 5좌라면 비로자나불을 주불로 하고 노자나불, 석가불, 아미타불, 약사불을 모신 화엄종의 불전이나 밀교 계통의 불전이었겠지만, 현재는 비로자나불과 약사불의 철불 2좌와 아미타여래소조불만 남아 있을 뿐이다.

법당 안 중심에 있는 불상이 보물로 지정된 장곡사 철조비로자나불좌상이지만 철 위에 호분을 입히고 그 위에 금을 씌워서 옛 느낌이 많이 사라졌다. 그 오른쪽으로 좀 더 규모가 큰 불상이 철조약사여래좌상이다. 이 불상 역시 금을 입혀서 철불의 느낌을 잃었지만 광배, 대좌와 함께 국보로 지정되었다. 국보로 지정된 데는 아래에 놓인 석조대좌의 공이 크다. 3단 형태의 대좌로 하대에 엎어 놓은 연꽃무늬를 새기고 각 모서리에

청양 장곡사

칠갑산 자락에 자리 잡은 장곡사는 절이 상·하 두 부분으로
나누어져 있는 것이 특징이며 그 아담한 건축 양식도 볼거리다.

청양 장곡사 상대웅전

하대웅전보다 훨씬 높은 곳에 자리 잡은 상대웅전은
청양 장곡사 철조약사여래좌상 및 석조대좌와 청양 장곡사 철조비로자나불좌상 및
석조대좌 등 귀중한 문화재를 간직하고 있다.

는 귀꽃을 조각했으며, 중대에는 눈 모양의 안상眼象을 새기고, 상대에는 활짝 핀 연꽃무늬를 조각했다. 대좌가 불상보다 훨씬 장엄한 모습이다. 불상의 등 뒤에는 고려시대 석물의 장엄함과 아름다움을 유감없이 보여주는 불꽃 모양의 화려한 나무 광배가 뒤를 받치고 있다. 원래는 석조 광배였으나 파손되자 목조 광배로 대체했을 것이다. 이 불상은 신라 후기나 고려 전기의 양식을 잘 나타내는 대표 철불 좌상으로 평가받고 있으며, 변란이 일어날 때마다 땀을 흘리는 영험함으로도 소문이 자자하다.

이몽학의 난

청남면 아산리 남쪽에 있는 들이 이몽학李夢鶴이 선조 29년(1596) 7월 난을 일으켜 홍산, 정산, 청양을 함락시킬 때 진을 치고 군대를 훈련했다는 곳이다. 원촌 방죽 바로 위에는 그의 집터가 있다. 이몽학의 본관은 전주다. 본래 왕실의 서얼 출신으로 서울에서 살았으나 성품이 불량하고 행실이 좋지 않아서 아버지에게 쫓겨나 충청도와 전라도 등지를 전전했다. 임진왜란 중에 장교가 되어 모속관募粟官 한현의 휘하에서 활동했다. 당시 백성들은 임진왜란 발발 이후 계속되는 흉년과 관리들의 침탈에 이루 말할 수 없는 곤란을 겪고 있었다. 이긍익李肯翊의 《연려실기술燃藜室記述》에 따르면 이몽학을 따르는 자가 마치 바람 앞에 풀이 쓰러지듯 하여 난리가 일어난 지 며칠 만에 군사가 수만에 이르렀다.

반란을 일으키기 얼마 전부터 이몽학은 한현과 함께 홍산(부여 지역의 옛 지명) 무량사無量寺에서 모의를 하고 조련하면서 동갑계회同甲契會라는 비밀 결사를 조직하여 친목회를 가장한 반란군 규합에 열중했다. 한현은 선봉장 권인룡, 김시약 등과 함께 어사 이시발의 휘하에 있으면서 호서 지방의 조련을 관리하라는 명령을 받았다. 이몽학은 선조 29년 7월 6일 승속군僧俗軍이라는 이름을 내걸고 야음을 틈타 홍산을 습격했으며, 이어서 임천군, 정산현, 청양현, 대흥군을 차례로 습격하여 여섯 고을을 함락했다. 수령들은 싸워 보지도 못하고 패하여 항복하거나 도주하고 이민들도 모두 반군에게 복종하니 그 무리가 수만 명에 달했다고 한다.

이몽학의 군사가 홍주를 포위하자 홍주 목사 홍가신洪可臣이 성을 굳게 지키고 대항했다. 이몽학이 "한현이 만약 왔으면 목사의 머리는 마땅히 깃대 끝에 달았을 것이다"라고 했으나 백성들은 동요하지 않았다. 이몽학은 여세를 몰아 서울로 쳐들어가겠다고 말을 퍼뜨렸는데 그 말을 들은 성안 백성들의 인심은 흉흉하기만 했고 진위와 수원의 백성들은 짐을 싸 놓고 이제나저제나 떠날 날을 기다리고 있었다. 그러나 홍주읍성 함락은 쉽지 않았다. 수사 최호가 군사를 이끌고 입성하여 홍주읍성의 수성 계획이 완전히 갖추어져 있었다. 반란군과 맞서 싸우는 동안 충청 병사 이시언이 홍주로 향하여 무량사에 이르렀고, 어사 이시발은 유구에, 중군中軍 이간은 청양에 포진하여 장차 홍주로 향하려는 위세를 떨쳤다. 성을 함락하기 어렵다는 것을 알게 된 이몽학이 11일 새벽에 무리를 이끌고 덕산을 향해 달아나자 반란군 중에 도망자가 속출했다.

그보다 앞서 이몽학이 난을 일으킬 때 자신을 따르는 사람들에게 "김덕령이 나와 같이하기로 약속되어 있고, 도원수와 병사, 수사도 모두 비밀히 통하고 있으므로 반드시 우리에게 호응할 것이다"라고 하기에 그렇게 믿었는데, 홍주에 이르러 수사가 군사를 거느리고 성에 들어가 대치하는 것을 보며 속았음을 알아챘다. 이때를 이용하여 반란군 진영에 무사를 보내 교란하면서 이몽학의 목을 베는 자는 반란에 가담했더라도 큰 상을 내리겠다고 했다. 홍산 현감으로 있던 중 이몽학의 군대에 포로로 잡혔던 윤영현이 탈출하면서 "도적들이 무너져 흩어지고 있으니 추격하라" 하고 말하자 반란군 가운데 이몽학의 목을 베려는 자가 속출했다. 결국 반란군 중 이몽학의 부하였던 임억명과 김경창이 이몽학의 목을 베어 바쳤다. 이때 한현은 반군 수천 명을 이끌고 홍주에 주둔하고 있었으나 홍가신의 진군으로 달아나다 사로잡혔고 서울로 압송되어 목이 잘렸다. 서울로 압송되어 처형된 사람은 33명이며 외방에서 처형된 사람이 100여 명이나 되었다. 연좌율을 적용하면 그 수가 너무 많아 특별한 경우에만 적용하여 희생자를 가급적 줄였다고 하는데, 처형된 사람의 처자는 종으로 삼았고 재산을 몰수했다.

홍주와 홍산을 비롯해 충청도 일대는 한동안 조정에서 내려온 벼슬아치들로 와글거렸다. 이들은 감사, 병사 등의 이름을 내걸고 죄인을 붙잡는다며 마구잡이로 돈을 뜯어냈다. 한 벼슬아치는 정산에서 80명을 혐의자로 잡아 임의로 처형하는 어처구니없는 일도 벌였다. 그즈음 유희서가 민심을 안정시키기 위해 현지에 내려갔는데 백성에게서 들은 이야기가 실록에 다음과 같이 기록되어 있다.

역적의 변이 난 뒤부터 감사, 병사, 수사의 군관이라고 하며 역적을 잡는다

이몽학의 집터

이몽학은 임진왜란 중에 김경창, 이구 등과 함께 승속군 600~700명을 거느리고
충청도에서 난을 일으켰다가 실패했다. 그의 생가는
파괴되고 집터는 후손이 살지 못하도록 연못으로 만들었다.

는 핑계로 촌가에 돌입하여 남정들을 결박하므로 노약자들은 모두 두려워하였습니다. 산골짜기로 숨게 되었고, 집에 있는 잡물을 역적의 장물이라 하며 있는 대로 모두 거두어 가므로 마을이 텅텅 비었습니다.

이몽학의 반란이 끝난 뒤 홍산현은 강등되어 부여에 속하게 되었다. 도천사는 반역의 소굴로 지목되어 불태워졌다. 당시 반란군들이 한음漢陰 이덕형李德馨과 임진왜란 때 의병장 김덕령金德齡 등이 자신들을 돕고 있다고 소문을 냈다. 이덕형은 거적을 깔고 엎드려 40일 동안 그 처분을 기다리다 살아났고 김덕령은 국문을 받고 죽었다.

이몽학의 죽음을 안타까워하던 사람들이 만들어 낸 전설이 있다. 이몽학이 혁명을 시도하여 홍성 지방까지 점령했으나 결국 관군에게 진압되고 만 것은 그보다 지모가 뛰어난 누이의 말을 듣지 않았기 때문이라는 이야기다. 태봉에서 누이는 북을 치고 올라갔다가 내려오는데 이몽학은 올라가기만 했다. 결국 누이가 더 뛰어났다는 말이고 이몽학이 그런 누이의 말을 듣지 않아 혁명에 실패했다는 전설이다.

청양군 장평면 적곡리의 목빈고개는 돌말에서 소사천으로 넘어가는 고개다. 이몽학의 조상 묘가 이곳에 있었다고 한다. 그런데 이몽학이 붙잡혀 죽은 뒤 묘의 목이 되는 이곳을 잘랐다고 한다. 바로 근처 칠갑산 주봉 아래에 도림사지가 있다. 이곳에 도림사지 삼층석탑이 있다. 칠갑산 줄기인 마재고개는 대치면 광대리로 넘어가는 길이다.

조선 전기 충청도 관찰사를 지낸 권극화權克和는 정산을 두고 시에 "천길 동쪽 봉에 옛 성이 있으니, 쳐다보니 산야정山野情의 그리움이 절로 난다. 삼 년을 오가도 마침내 혜정惠政 없었으니, 주민들이 내 이름을 아는 것이 부끄럽구나" 했다.

대가람의 옛터 성주사지

청양 서남쪽으로는 서해와 연한 보령시가 자리 잡고 있다. 이중환은 충청도에서 보령의 산천이 가장 훌륭하다고 했는데, 《택리지》를 쓰던 무렵 보령의 서쪽에는 수군절도사의 수영水營이 있었으며 그 안에 영보정永保亭이 있었다. 중종 5년(1510) 수영의 오천성鰲川城(현 보령 충청수영성)을 쌓았다. 성안에는 옹성 다섯 개, 문 네 개, 우물 네 개, 연못 한 개가 있었다고 한다. 이 안에 있던 영보정은 호수와 산의 경치가 아름답고 전망이 활짝 트여 있어서 명승이라 불렀다. 수영과 함께 지어졌다고 하는 이 정자를 두고 연산군 연간의 학자이자 시인이었던 박은朴誾은 긴 시를 한 수 남겼는데 일부를 보면 다음과 같다.

> 땅의 형세는 탁탁 치며 곧 날아오르려는 날개와 같고
>
> 누정의 모양은 한들한들 매여 있지 않은 돛대와도 같다
>
> 북녘으로 구름에 쌓인 산을 바라보고 있으니 어디로 향하려는 것이냐
>
> 남방으로 오면 둘러싸인 산천 이곳이 가장 웅장하구나
>
> 바다 기운은 안개를 빚어 비를 이루고
>
> 파도의 기세는 하늘을 뒤집을 듯 스스로 바람을 일으킨다

어두운 속에서도 새들이 서로 울부짖는 소리를 듣는 듯하여
앉아 있는 사이에 지경이 함께 비어 있음을 완전히 깨달았노라

한 선비가 먼 타향에 와서 느끼는 고독과 외로움을 주변에 펼쳐진 풍경을 통해 노래했던 그 감상을 700여 년의 세월이 흐른 뒤 다시 찾는 나그네들은 또 어떤 마음으로 오천항을 굽어보고 있을까? 박은이 눈시울을 적시며 바라보았던 포구는 흔적도 없이 사라져 버린 보령을 두고 세종 때 현감으로 부임한 정대鄭帶는 "땅이 협소하고 서해 가장자리에 있다"라고 기문에 남겼다.

보령保寧의 백제 때 이름은 신촌新村이다. 1914년 남포군, 오천군, 결성군, 홍산군 등의 일부 면들을 통합하여 보령군으로 개편했다. '대천 바다도 짚어 보고 건너라'라는 말이 있을 만큼 바다가 얕고 고른 대천해수욕장은 머드 축제로도 유명하다. 또 보령에는 모세의 기적처럼 매년 4월 초쯤 바닷길이 열리는 무창포해수욕장도 있다.

오서산 앞쪽에서 나온 한 맥이 남쪽으로 가서 성주산이 되었고 그 산자락 아래 성주사지가 있다. 구산선문九山禪門 중 하나인 성주산문의 중심 사찰이었던 성주사聖住寺는 보령시 성주면 성주리 성주산 아래에 있었다. 《삼국사기》에 기록되어 있는 백제 법왕 때 창건된 오합사烏合寺가 바로 성주사라는 사실이 1960년에 출토된 기와 조각에서 확인되었다. 백제가 멸망하기 직전에 적마赤馬가 나타나 밤낮으로 이 절을 돌아다니면서 백제의 멸망을 예시했다고 전한다. 신라 문성왕 때 당나라에서 귀국한 무염국사가 대신 김양金陽의 전교에 따라 이 절을 중창하고 주지

무창포

무창포는 웅천해수욕장이라고도 한다. 대천해수욕장이 이웃해 있고,
신비의 바닷길이 열리는 곳으로 유명하다. 석대도를 비롯한 섬과 갯바위가 많고
물결이 잔잔해 해수욕장으로서 좋은 조건을 갖추고 있다.

보령 성주사지 대낭혜화상탑비각

최치원이 글을 짓고 그의 사촌인 최인곤이 글씨를 쓴 비문에는 낭혜화상의 업적이 자세히 적혀 있는데, 진골이던 낭혜화상의 가문이 아버지 대에 이르러 6두품의 신분으로 낮아지는 대목도 있어 당시 신라 골품 제도의 연구 자료로서 중요한 가치를 지닌다.

보령 성주사지 석탑

성주사지에서 금당 터로 보이는 곳의 뒤쪽으로 나란히 서 있는 3기의 석탑은 서로 서 있는 위치만 다를 뿐 만든 솜씨는 비슷하다. 성주사는 17세기까지 사찰의 명맥을 이어오다가 조선 후기에 폐사한 것으로 추정한다.

가 되면서 이름이 널리 알려지자 왕이 성주사라는 이름을 내렸다. 성주사의 규모는《숭암산 성주사 사적崇巖山聖住寺事蹟》에 불전 80칸, 행랑채 800여 칸, 수각水閣 7칸, 고사庫舍 50여 칸으로 기록되어 있으므로 전체는 1000여 칸에 이르렀을 것으로 추정한다. 성주산문의 총본산으로 크게 발전했던 이 절에서 한때 2500명가량의 승려가 도를 닦았다고 하는데, 임진왜란 때 불에 탄 뒤 중건하지 못하여 폐사지만이 사적으로 지정되었다. 성주사가 번창했을 때는 절에서 쌀 씻은 물이 성주천을 따라 10리나 흘렀다고 하지만 오늘날 절은 간데없고 석조물만이 절터를 지키고 있을 뿐이다.

성주사지에는 최치원崔致遠의 사산비문四山碑文의 하나로 국보로 지정된 낭혜화상탑비郎慧和尙塔碑가 있다. 낭혜화상의 깨달음은 깊고도 깊었다고 한다. 당시 당나라 여만선사는 "내가 많은 사람을 만나 보았지만 이와 같은 신라 사람을 만나 본 적이 없다. 뒷날 중국이 선풍禪風을 잃어버리는 날에는 중국 사람들이 신라로 가서 선법을 물어야 할 것이다"라며 낭혜화상을 크게 칭찬했다고 한다.

낭혜화상 무염無染의 탑비는 신라 진성여왕 4년(890)에 세워졌다. 이 탑비는 전체 높이가 4.5미터에 달하는 거대한 외형에 듬직하고 아름다운 조각 솜씨를 발휘하여 신라시대 석비를 대표한다. 이 비는 귀부 일부에 손상이 있을 뿐 거의 온전한 형태로 남아 있다. 비신은 남포오석으로 되어 있으며, 낭혜화상의 행적이 모두 5000여 자에 달하는 긴 문장으로 적혀 있다. 최치원이 글을 짓고 그의 사촌인 최인곤崔仁滾이 글씨를 쓴 것으로 고어 연구에 귀중한 자료가 되고 있다. 사산비명의 나머지는 하동

쌍계사 진감선사탑비, 경주 초월산 대숭복사비, 문경 봉암사 지증대사탑비다. 성주사지에는 낭혜화상탑비 외에도 통일신라 후기에 제작된 것으로 추정되는 4기의 석탑이 있다. 성주사지 오층석탑과 성주사지 중앙 삼층석탑, 성주사지 서 삼층석탑, 성주사지 동 삼층석탑이 모두 보물로 지정되었다. 성주사지 강당지 북동쪽에 자리 잡고 있는 석불입상도 볼 수 있는데, 심하게 훼손된 얼굴에서도 인자함이 그대로 묻어난다.

성주사지에서 물길을 따라 조금 내려간 보령시 성주면 개화리는 성주산의 목단이 이곳에 와서 개화한다는 뜻에서 개화開花 또는 개화내川라 부르던 지역이다. 한때 수많은 사람의 삶의 터전이던 성주탄광이 있었던 곳으로 세월의 흐름과 함께 지금은 개화초등학교, 개화예술공원 등이 들어서 있다.

청라에서 태어난 천재들

《택리지》에 "충청도에서는 보령의 청라, 홍주의 광천, 해미의 무릉, 남포의 화계에 대대로 내려오는 부자들이 많다. (…) 깊은 산이나 큰 골짜기는 없으나 바다 모퉁이 궁벽한 지역이므로 난리가 애초에 들어오지 않아 가장 좋은 땅으로 일컬어진다"라고 했다. 이 중 보령 청라靑蘿는 오서산과 성주산 사이에 있는데, 바로 이곳에서 《토정비결土亭秘訣》로 널리 알려진 이지함과 조선 중기의 문신 이산보李山甫, 이산해李山海 등이 태어났다. 이지번李之蕃의 아들인 이산해는 다섯 살 때부터 신동으로 이름이 났다. 겨우 포대기를 떼었을 때 이미 글자와 발음을 이해했다. 이웃 하나가 '집 우宇' 자 형태로 귤을 벗겨 주며 "이것이 무엇이냐?" 하고 묻자, 대답하기를 "황黃 자입니다"라고 했고, 또 농부가 농기구를 가지고 지나가는 것을 보고는 "산山 자입니다" 했다.

작은아버지인 이지함이 태극도 한마디를 가르치니, 문득 천지 음양의 이치를 깨닫고 그림을 가리키며 설명할 수 있었다. 일찍이 글을 읽으면 밥 먹는 것도 잊어버렸다. 이지함이 몸을 상할까 걱정하여 독서를 중지하게 하고 먹기를 기다리니 이산해는 이렇게 시를 지었다.

배 주리는 것도 가엾거늘 하물며 마음이 주림이랴
먹기를 더디 하는 것도 가엾거늘 하물며 공부가 더딤이랴
가난한 집안에 마음을 다스리는 약이 있으니
모름지기 마음靈臺에 달이 떠오를 때를 기다리소서

이산해는 유모에게 안겨 벽에 걸린 동해옹東海翁의 초서를 흘깃 보고 손가락으로 써냈다. 여섯 살에 서까래처럼 큰 붓으로 큰 글씨를 썼는데, 마치 용과 호랑이가 서로 붙잡고 다투는 것과 같았다. 이산해의 글씨를 구하려고 온 이름난 인물들로 집 안이 북적대 마룻바닥이 눌려 휠 정도였다. 이황과 임형수林亨秀가 동호에 있는 독서당에서 배를 타고 동작진으로와 이산해에게 글씨를 부탁했다. 그때 '東胡讀書堂 道家蓬萊山'(동호독서당 도가봉래산)이라는 연자를 받아 가 독서당의 유서 깊은 사연이 되고 있다. 열한 살 때 향시에서 장원을 차지했는데, 시험관들이 서로 답안

이지함 묘역

보령시 주교면 고정리 이지함 묘역에는 이지함을 비롯해
부모, 형제, 자손 등 14기의 묘가 있다. 이지함 묘역은 그의 학문과 전해지는
여러 일화로 인해 명당으로 여겨지는 곳이다.

지를 칼로 베어 나누어 가지고 갔다고 한다. 명종 13년(1558)에 스무 살의 나이로 생원시와 진사시에 합격했다.

이산해가 이조판서로 있을 때 윤대輪對에 참석한 한 관리가 그를 나무란 적이 있었다. 선조가 화를 내며 "너는 이조판서가 나와 사직을 위하는 신하라는 말을 듣지 못했는가?"라고 말하고는 몸소 승정원에 내려보낸 비망기가 《여지도서》에 다음과 같이 전한다.

> 말은 입으로 나오지 않는 듯하고 몸은 옷을 걸치지 않은 듯하다. 한 덩어리의 바르고 참된 기운이 온전하게 마음속에 가득 쌓여 한 점의 겉치레나 궤변도 없는 모습이다. 사나운 자라도 공손하고 예쁘게 만들기에 충분하고, 거짓된 자라도 참되고 옳게 만들기에 충분하다. 이는 바로 아주 오랜 옛날에나 있었던 인물이지 우리 조선의 인물이 아니다. 내 일찍이 그가 왕에게 존경스러운 마음을 일으키지 않는 것을 본 적이 없다. 치우치지 않는 마음으로 말하지 않고, 움직이지 않는 가운데 자연을 벗 삼아 유유자적하며 암암리에 교화되니 진실로 군자 중의 군자라고 할 만하다.

창망한 바다와 면한 남포

보령의 남포藍浦를 조선 전기 문신 고득종高得宗은 "땅이 다함에 창망한 바다와 면하였고, 마루 창을 여니 푸른 산과 마주 본다"라고 노래했다. 이안우도 남포를 두고 시를 한 수 남겼는데 "북녘을 돌아보니 구름이 깊은 구렁에서 생겨 나오고, 남쪽을 굽어보니 바다 물결이 하늘과 접했구나. 좋은 바람 때마침 이르니, 마음도 쾌하여 변방의 일을 주획籌劃하는 누각에 앉아 있네" 했다. 이승소는 또한 "만고에 외로운 옛 성이 있는데, 바깥 바다와 안의 산이 웅장하도다. 산 아지랑이 깊어 항상 비를 지어 내고, 바다가 가까우니 바람 많은 것이 괴롭구나. 소금 굽는 가마에서는 불 때는 연기 하얗게 오르고, 어부의 마을은 반조返照로 붉게 물들었다. 대나무숲을 뚫고 지나가니, 푸른 눈 조각이 분분히 길 가운데 흩어지네" 했다. 다음은 서거정이 이곳 남포를 노래한 시다.

남쪽 바닷가에 자리 잡은 옛 고을
강산이며 땅의 형세 뛰어나구나
섬에서 피어오르는 연기 비도 잘 지어 내고
강가에 선 나무 바람도 쉬이 만들어 내네
포도에 물들어 푸른 물
연꽃을 찌어 불그레한 안개
누런 대나무숲길에 깔린 흰 모래
한 폭의 그림에 빠진 이내 몸

고려 후기 문신이자 학자였던 백문절白文節의 고향이 이곳 남포다. 고종 때 벼슬에 합격하여 여러 벼슬을 거쳐 국학대사성에 이르렀는데, 글솜씨가 훌륭하여 붓만 대면 순식간에 문장을 이루어서 당대의 추앙을 받았다고 한다.

남포의 특산물로는 남포오석과 남포은어가 있다. 남포오석은 나라에서 첫손에 꼽히는 비석 재료로, 성주사지에 있는 낭혜화상탑비와 탑골공원의 3·1 독립선언비, 동작동 국립묘지에 있는 박정희 전 대통령의 무덤에 세워진 비가 그것으로 만든 것이다. 남포오석이 지금도 명맥을 잇고 있는 것과 달리 남포은어는 이 지역의 냇가에서 사라진 지 오래다.

지금의 남포가 그 옛날의 남포와 같지 않듯, 이곳을 오가는 사람들도 옛날의 그 사람들이 아니다. 보령이 시가 되면서 한산 이씨의 500년 세거지였던 관촌마을은 대관동으로 바뀌었고, 그 마을에서 서로 미운 정 고운 정 나누며 살던 이웃들은 저마다의 길로 흩어져 갔다. 대천大川이라는 이름을 낳은 한내도 도시 계획에 따라 물줄기가 바뀌고 말았다. 나날이 변하는 보령 갈머리 관촌마을의 옛이야기를 담은 연작 소설이 이문구의 《관촌수필》이다. 다음은 《관촌수필》 중 유년 시절 고향 친구를 만난 이야기를 그린 〈관산추정〉의 일부다.

> 세월은 지난 것을 말하지 않는다. 다만 새로 이룬 것을 보여 줄 뿐이다. 나는 날로 새로워진 것을 볼 때마다 내가 그만큼 낡아졌음을 터득하고 때로는 서글퍼지기도 했으나 무엇이 얼마만큼 변했는가는 크게 여기지 않는다. 무엇이 왜 안 변했는가를 알아내는 것이 더 중요하겠기 때문이다. 그리고 그것은 관촌부락을 방문할 때마다 더욱 절실하게 느껴졌다.

사람과 사람 사이의 인정, 친구와 친구 사이의 우정도 세월의 흐름 속에 자꾸만 사라져 간다. 《관촌수필》의 〈공산토월〉은 성실하게 살다 37세의 나이로 요절한 어느 석공의 이야기인데 다음과 같은 글이 나온다.

> 더러 예외가 없을 수 없겠지만, 나는 누구보다도 아무 타산 없이 자기 천성으로 나를 좋아한 사람을 좋아한다. 애초 이렇다 할 인연도 없었고, 재산 권세 이해득실 따위를 개떡으로 알면서 그냥 그저 그렇게 명목 없이 좋아할 수 있던 사람. 다행스럽게도 나는 그런 사람을 많이 알고 있었다.

대천항에서 푸른 파도를 헤치며 원산도, 삽시도를 거쳐 두 시간쯤 가면 도착하는 섬이 있다. 육지에서 하도 멀리 떨어져 있어 연기에 가린 듯 까마득하게 보인다고 해서 외연도라는 이름이 붙은 섬인데, 대천항에서도 53킬로미터쯤 떨어져 있다. 이 섬은 1914년 횡견도리를 병합하여 보령시 오천면 외연도리에 속하게 되었다. 서해 복판에 있으며 동쪽 끝에는 봉화산, 서쪽 끝에는 망재산이 솟아 있고 가운데는 평지로 이루어져 있다. 중국과 가까워 중국에서 우는 닭 울음소리까지 들린다는 우스갯소리가 전해 오는 이 섬은 푸른 바다와 상록수림이 조화를 이루어 여름철 피서지로 유명하다. 섬 중앙에 있는 외연도 상록수림에는 후박나무, 치자나무, 동백나무, 식나무 등이 울창하게 우거져 있어서 천연기념물로 지정되었다. 이 섬은 1300여 년 전에 중국 제齊나라가 망하자 전횡이라는 장군이 그를 따르는 제나라 사람 500여 명을 데리고 들어와 정착한 곳이라고 한다. 그런 연유로 섬사람들은 전횡 장군을 추모하는 제사를 지내고 있다. 지금도 뱃길에서 풍랑을 만나거나 아기를 낳을 때면 전횡 장군의 도움을 받아야 탈이 없다고 믿고 있다.

대천항

보령시 신흑동에 있는 대천항은 백제시대부터 서해 방어의 요새였다.
현재에도 주요한 어업 전진 기지로서 역할을 하고 있으며
인근 섬들을 왕래하는 선박이 출항한다.

외연도

대천항에서 두 시간쯤 가면 외연도에 도착한다.
육지에서 멀리 떨어져 있어 연기에 가린 듯 까마득하게 보인다고 해서
외연도라는 이름이 붙었다.

원산도에서 가까운 곳에 있는 삽시도는 〈홍길동전〉의 홍길동이 훈련을 한 곳이라 하고, 그곳에서 그리 멀지 않은 장고도는 홍길동이 부하들을 데리고 풍악을 울리며 잔치를 열었다는 곳이다. 망망하게 펼쳐진 바다를 바라보며 남포의 남쪽으로 내려가면 서천이다.

세모시가 아름다운 서천의 한산

백제 때 설림군舌林郡 또는 남양南陽이라고 불리던 서천舒川이 비인군과 한산군을 합쳐서 하나의 군이 된 것은 1914년이다. 서천군 장항읍은 일제 강점기인 1930년에 만들어진 장항제련소로 널리 알려졌으며, 비단강으로 불리는 금강을 가운데 두고 군산과 마주 보고 있다. 이승소가 "산 열리고 들 넓으니 푸른 하늘 나지막한데, 말 놓고 돌아오니 낮닭 우는 소리 들린다. 맑은 시냇물 흰 비단 펼쳐 놓은 듯 멀리 별포로 통해 흐르고, 밭두둑 수놓은 듯 착잡하여 긴 방죽에 둘렀구나"라고 노래했듯이 서천평야는 충청남도의 대표 평야다. 이 서천에 1914년까지 군이었던 한산면이 있다.

조선 전기 문신 이파李坡의 취읍정翠挹亭 기문에 "산이 기이하고 물이 고와 기린봉은 북쪽에 진산이 되어 있고, 웅포는 그 남쪽을 감싸고 흐른다" 했던 한산의 명물은 뭐니뭐니 해도 한산세모시다. 이 지역 땅이 모시 가꾸기에 좋아서 모시로 얻는 이익이 전국에서 첫째라고 알려진 것처럼, 한산의 세모시가 서천의 명물로 자리 잡은 지는 오래되었다.

모시로 지은 옷은 통풍이 잘되고 시원하다. 가볍고 깔깔하고 산뜻한 맛은 무명이나 삼베가 따르지 못한다. 모시 원단은 선이 곱고 우아하여 고전미 넘치는 전통 한복과 다양한 디자인의 생활한복뿐만 아니라 양장, 그 밖의 생활 소품으로 사용되는 등 그 쓰임새가 다양하다. 탄성이 좋지 않아 잘 구겨지는 단점이 있어 입는 것이 귀찮기도 하지만 고운 모시옷을 입고 조심하는 버릇이 몸에 배면 더욱 우아한 자태를 풍길 수 있다. 그 옛날 먹고살기도 힘들었던 시절 모시를 짜던 아낙네들의 피와 땀이 오늘날 우리가 누리는 모시옷에 깃들어 있다.

모시는 한자로 저苧(紵), 저포苧佈, 저마포苧麻佈 등으로 불린다.《삼국사기》에 신라에서는 삼십승저삼단三十升紵衫段을 당나라에 보낸 기록이 있는데, 직물 폭간에 경사가 정경整經되어 제작된 삼십승이 '모시'를 가리킨다.《삼국사기》에 따르면 모시옷은 삼국시대부터 우리나라 사람들이 즐겨 입었던 옷이다. 고려 때 원나라에서도 모시 직물을 선호하여 수출을 요구해 온 기록도 남아 있는 것을 보면 고려 때가 모시 직물 제작의 전성기였음을 알 수 있다. 고려 인종 원년(1123)에 사신으로 왔던 송나라 서긍徐兢의 견문록인《고려도경高麗圖經》에도 "고려는 모시와 삼麻을 스스로 심어, 사람들이 베옷을 많이 입는다. 제일 좋은 것을 시絁라 하는데, 깨끗하고 희기가 옥과 같고 폭이 좁다. 그것은 왕과 귀신貴臣들이 다 입는다"와 같은 기록이 보인다.

삼베가 전국에서 고르게 생산되는 것과 달리 모시의 생산 지역은 충청도 부여를 비롯한 서천, 정산, 홍산, 비인, 임천, 남포를 이르는 저산 팔읍과 전라도 일부였다. 그중에서도 충청도의 여덟 고을은 모시가 많이 나고 모시 거래가 활발한 곳이라서 저산 팔읍이라는 이름이 붙었다. 모시 중에서 고급 옷감은 한산 지역에서 나는 가는 모시(세모시)를 들 수 있다. 《택리지》에서도 조선 제일의 산지로 진안의 담배밭, 전주의 생강밭, 임천과 한산의 모시밭, 안동과 예안의 왕골자리밭을 꼽고 있는데, 여기에도 한산 모시가 들어가 있다. 한산모시는 신라 때 한 노인이 산에 약초를 캐러 갔다가 유달리 깨끗한 풀이 있어 껍질을 벗겨 보니 그 껍질이 늘씬하고 보들보들하여 이것으로 실을 뽑아 베를 짠 데서 시작되었다고 한다. 한산모시의 오랜 역사와 전통을 알려 주는 이야기다. 한산모시는 품질이 우수하고 섬세하기로 유명하여 '밥그릇 하나에 모시 한 필이 다 들어간다'라는 말이 생길 만큼 결이 가늘고 고운 것이 특징이다. 특히 모시를 곱솔 바느질한 깨끼저고리의 정갈한 맵시는 다른 나라에서 찾아볼 수 없는 아름다움을 지니고 있다. 이 저고리에 폭 28센티미터의 12폭 치마를 만들어 입었는데 빨고 풀 먹이고 만지고 다림질하는 여인의 특별한 솜씨가 깃들어야 한다. "여름이면 읍내 유지나 되어야 풀 먹이고 다림질 잘한 모시옷을 입었을 뿐이었다"라는 김원일의 소설 《노을》 속 문장처럼 모시옷만큼 여름에 시원한 의복도 없었지만, 손이 많이 가는 옷감이라 아무나 쉽게 해 입을 수 있는 옷감은 아니었다.

한산면 건지산에는 서천 건지산성乾至山城이 있다. 고창의 고창읍성(모양성)이나 전남의 낙안읍성, 서산의 해미읍성처럼 잘 정돈된 성은 아니다. 하지만 역사적으로는 중요한 가치를 지닌 성으로 백제 부흥 운동의 중요한 거점으로 보기도 한다. 《신증동국여지승람》에 따르면 둘레가 4070척(약 12.3킬로미터)에 일곱 개의 우물과 한 개의 못이 있었으며 군창

한산모시관

한산모시의 우수성을 널리 알리기 위해 한산모시를 처음 생산했던
건지산 기슭에 세운 모시 박물관이다.

이 있었다고 한다. 건지산성은 백제 후기에서 통일신라 초기에 쌓은 것으로 추정된다. 역사학자 이병도는 이 성을 임존성과 함께 백제가 망한 뒤에 의자왕의 아들 풍豊과 백제의 장군 복신 그리고 도침 등이 백제 부흥운동을 벌였던 주류성이라고 추측한다. 그러나 백제 연구자 이도학은 오히려 부안의 우금산성禹金山城에 더 후한 점수를 준다.

건지산 계곡에서 흐르는 맑은 물로 빚는 청주인 한산소곡주는 진도홍주, 선산약주, 서산두견주, 안동소주, 동래산성막걸리와 함께 왕에게 올린 진상주였다. 종일 앉아서 마시다가 다음 날 봇짐까지 잃었다고 하여 앉은뱅이 술이라고 불릴 만큼 감칠맛 나는 소곡주를 빚으며 "방아야 방아야 소곡주 방아야, 이 소곡주 먹고서 노래나 불러 보세"라고 노래했다고 한다.

마량리 푸른 바다와 붉은 동백

오늘날의 비인면, 종천면, 판교면, 서면에 해당하는 비인庇仁은《여지도서》에 그 형승이 "어슴푸레 펼쳐진 큰 바다, 은은하게 비치는 작은 섬"이라 되어 있고, 풍속은 "토지는 메마르고 백성들은 검소하다. 고기잡이와 농사에 힘을 다한다"라고 실려 있다. 비인을 두고 이승소는 다음과 같은 시를 남겼다.

한 조각 높은 성이 바닷가를 굽어보고 있는데

푸른 하늘은 물과 같고 물은 하늘과 같구나

바람 불어오니 밀려오는 조수 소리 장하고

해 뜨면 청홍빛 신기와 연한다

작은 섬에 뜬구름은 암담暗淡한 연기요

큰 고래 물거품을 희롱하니 눈 더미가 무너지는 듯

금자라 등 위에 신선의 반려들이

홍진 속에 세어 빠진 귀밑털 보고 웃으리라

비인의 백제 때 이름은 비중比衆이었다. 신라 때 지금의 이름으로 고쳤고 서림군의 속현이 되었다가 조선 태종 때 현감을 두었고 1914년 행정 구역 개편 때 서천군에 편입되었다. '잃어버린 왕국'이라 불리는 백제 땅에서 아름다운 백제 탑을 찾기란 쉽지가 않은데 그것은 그만큼 백제 멸망 이후 백제의 문화재들이 수난을 받아 사라졌다는 이야기일 것이다. 남아 있는 것은 부여의 정림사지 오층석탑과 장하리 삼층석탑, 익산의 왕궁리 오층석탑과 미륵사지 석탑, 정읍 은선리 삼층석탑 등 얼마 되지 않는다. 그런 백제 탑을 모방한 고려 초기 탑으로 추정되는 것이 서천군 비인면 성북리 마을 한 귀퉁이에 우뚝 서 있는 서천 성북리 오층석탑(국가지정문화재 보물)이다. 높이가 6.2미터인 이 탑은 백제 탑의 전형인 정림사지 오층석탑의 세부 양식을 가장 충실하게 모방했다는 평가를 받는다. 그러나 기단이 협소하고 이층 이상의 탑신석들이 지나치게 감축되었으며, 각 층의 옥개석들이 지나치게 커서 안정감이 부족하다. 현재 서천 성북리 오층석탑은 마을 귀퉁이에 쓸쓸히 서 있지만 백제의 여인처럼 바라볼수록

서천 성북리 오층석탑

지방색이 강한 고려시대 탑이다. 옛 백제 영토에 지어진 다른 탑들처럼 국보인 부여 정림사지 오층석탑의 양식을 충실히 따르고 있다.

비인면 신성리 갈대밭

파란 하늘과 맞닿을 듯 갈대가 장관을 이루는 이곳은
23만여 제곱미터의 규모를 자랑하는 우리나라 4대 갈대밭 중 하나다.

아름답다.

서면 마량리에는 마량진馬梁鎭 터가 있는데 원래 남포에 있던 것을 효종 6년(1655)에 이곳으로 옮긴 것이다. 당시 첨사 한 명, 전선 한 척, 방어선 한 척, 복물선(물건을 운반하는 배) 한 척, 사후선(적의 동정을 염탐하는 배) 세 척이 있었다고 한다. 마량 포구를 감싸고 있는 해안 언덕에 수령 500여 년이 된 동백나무 80여 그루가 자라는 동백숲이 있고, 이곳에 약 1500년 전에 세운 동백정冬柏亭이 여러 번의 변천 과정을 거치며 그 자리를 지키고 있다. 지금의 정자는 1965년 한산군청의 옛 누각을 뜯어다 지은 것이라고 한다. 동백정에 올라 바다를 바라보면 바위에 부서지는 파도와 조그만 무인도가 하나가 눈에 들어온다. 동백정에서 바라보는 겨울 바다의 운치가 아름다워 날이 추워도 찾는 사람이 많다.

남해안에 자생하는 동백나무가 이곳에서 군락을 이루게 된 내력이 재미있다. 500여 년 전 마량의 수군 첨사가 꿈에 바닷가에 있는 꽃 뭉치를 많이 증식시키면 마을에 항상 웃음꽃이 피고 번영할 것이라는 계시를 받고 바닷가에 가 보니 동백이 있었다. 그것을 증식하여 심었더니 이렇게 멋진 동백나무숲을 이루고 동네에 웃음꽃이 피게 되었다고 한다. 서쪽은 추워서 동백나무가 거의 없고 주로 동쪽 사면으로 남아 방풍림 구실을 하고 있다. 마량리 포구에는 한국 최초의 성경 전래지가 있다.

한말의 정치가이자 독립운동가인 이상재李商在는 철종 2년(1851) 충청남도 서천 한산에서 태어났다. 열일곱 살인 고종 4년(1867)에 과거를 보기 위해 처음으로 서울에 올라왔다. 당시 합격 여부는 금권과 정실에 달려 있을 정도로 관리들의 부패가 극에 달해 있었다. 낙방한 이상재는 현실을 개탄하며 과거에 대한 생각을 버렸다.

그 후 서울에서 박정양朴定陽과 친교를 맺어 10여 년간 그의 집에서 식객 노릇을 했다. 고종 18년(1881) 박정양이 조사 시찰단의 한 사람으로 일본에 갈 때 그의 수행원이 되어 동행했던 홍영식, 김옥균 등과 깊이 사귀었다. 고종 21년 우정국 총판 홍영식의 권유로 우정국 주사가 되어 인천에서 근무하던 중 갑신정변이 일어났고, 실패로 돌아가자 고향으로 낙향했다.

고종 24년(1887) 이상재는 박정양이 초대 주미 공사에 임명되자 그를 따라 미국으로 건너가 1등서기관으로 근무했다. 그러나 청나라의 압력으로 이듬해 사신 일행과 함께 귀국했다. 고종 31년 갑오개혁 후 박정양이 내무독판이 되자 우부승지 겸 경연참찬이 되었다. 그 뒤 학무아문 참의와 학무국장을 겸임하면서 '신교육령'을 반포하여 실시하게 했다.

그 무렵 이상재가 고종과 독대하던 중 매관매직을 일삼던 김홍륙金鴻陸 일파가 왕에게 보자기에 싼 뇌물을 바치는 것을 보았다. 그 광경을 지켜보던 이상재가 "상감 계신 방이 왜 이리 추운가"라고 말한 뒤 그 뇌물을 보자기째 난로에 넣어 태워 버렸다. 그리고 통곡하며 왕 앞에 엎드려 대죄했고 고종은 눈물지으며 이상재의 손목을 잡아 주었다.

고종 32년(1895) 학부 참사관과 법부 참사관 등을 거쳐 이상재는 의정부 총무국장이 되었다. 그 후 서재필徐載弼 등과 함께 독립협회를 조직하여 부회장이 되어 만민공동회를 개최했다. 1898년 독립협회 사건으로 구금되었다가 10일 후 석방된 이상재는 의정부 총무국장을 사임했고, 1902년 개혁당 사건으로 3년간 복역하는 도중에 기독교도가 되었다.

이상재는 재치와 유머가 넘쳤다. 그래서 그런지 그에 대한 일화가 많이 남아 있다. 1921년 조선총독부는 황성기독교청년회에서 '황성'이라는 두 글자를 떼어 내고 조합 교회에 흡수시켜서 지배권을 확보하기 위해 이상재에게 "총독부에서 5만 원을 줄 테니 고향으로 돌아가서 여생을 편안하게 지내면 어떻겠소" 했다. 그러자 이상재는 "이 돈으로 땅을 사라니, 나더러 죽으라는 말이지. 나는 하늘에서 타고나기를 편안하게 일생을 마치지 못하게 되어 있네"라고 했다.

통감부 시대에 조선미술협회 창립 발회식이 성대하게 개최되었다. 그 행사장에 이토 히로부미를 비롯하여 이완용, 송병준 등도 참석했다. 이상재가 갑자기 맞은편에 앉은 이완용과 송병준에게 말을 건넸다. "대감들도 도쿄로 이사를 가면 어떻겠소?" 송병준과 이완용은 그 말이 무슨 뜻인지를 몰라서 이상재에게 "영감, 별안간 그게 무슨 말씀인지요?"라고 물었다. 이상재는 태연하게 대답했다. "대감들은 나라를 망하게 하는 데는 천재니까 도쿄에 가면 일본이 망할 게 아니오." 이 대화를 들은 친일파들은 얼굴이 파랗게 질렸다고 한다.

또 하나 재미있는 일화가 있다. 당시 새로 부임한 사령관 우쓰노미야 다로宇都宮太郎가 명사들을 초청하여 연회를 베풀었다. 그날 우쓰노미야가 감기가 들어서 몸이 불편하다고 했다. 그의 말이 끝나자마자 이상재는 "아니, 감기는 대포로 못 고치오?"라고 했다. 일본의 군국주의를 야유한 것이다.

청년들과 스스럼없이 대화하는 이상재의 행동이 청년들에게 만만하게 보일까 주변 사람들이 걱정했다. 그러자 이상재는 "내가 청년이 되어

야지, 청년들더러 노인이 되라 할 수 있나. 내가 청년이 되어야 청년이 더 청년 노릇을 할 수 있는 것일세"라고 대답했다. 말년에 이상재는 자신을 소개할 때 이름 앞에 '청년'이란 말을 꼭 붙였다고 한다.

이상재는 1905년 의정부 참찬에 임명되었고, 헤이그 만국평화회의 밀사 파견을 준비하며 한규설韓圭卨과 이상설李相卨의 집을 오가던 중 체포되었다. 그러나 2개월 뒤 증거 불충분으로 석방되었고 관직에서 물러났다. 1918년 황성기독교청년회 YMCA의 종교부 총무와 교육부장을 겸임하던 중 3·1 운동에 민족 대표로 참여해 달라는 요청을 받았지만 거절했다. 그 뒤로도 여러 활동을 하다가 1927년 신간회 초대 회장에 추대되었다. 하지만 곧 병사했다. 장례는 한국 최초의 사회장으로 치러졌다. 그 때 서울 인구가 30만 정도 되었는데 사회장에 운집한 인파가 10만 명이 넘었다고 한다. 최남선은 이상재를 그리며 쓴 추모시에서 다음과 같은 한 구절을 남겼다.

터럭이 희올수록 마음 더욱 푸르신 님
젊음의 구원 조선 찾아 품에 드오실 제
앞녘 볼 곳 없는 길에 꽃이 한참 붉어라

서천 서면의 홍원항에서는 그 유명한 전어 축제가 열린다. 전어는 푸른빛이 짙고 누런빛을 띠며 등에는 갈색 반점으로 된 세로줄이 여럿 있다. 옆구리에는 큰 흑색 반점이 있고 배 쪽은 희며, 주둥이는 아래턱 끝보다 조금 나와 있다. 고대 중국의 화폐 모양과 유사하다 하여 전어錢魚라는 이름이 붙었다고 한다. 전어의 참맛은 9월 말부터 11월 초까지가 최고인데, 전어 굽는 냄새에 집 나갔던 며느리가 다시 돌아온다는 속담이 있을 정도로 그 맛이 뛰어나다.

3

시작의 땅 공주와 부여

백제의 도읍 웅진과 사비성

백제의 중흥을 꿈꾸던 공주

이중환은《택리지》에 공주公州를 다음과 같이 기록했다.

> 공주는 면적이 매우 넓어서 금강 남쪽과 북쪽에 걸쳐 있다. 사람들 사이에 전해 오는 말에 "첫째가 유성이고, 둘째가 경천이며, 셋째가 이인이고, 넷째가 유구다"라고 하는데, 이것은 공주 일대의 살 만한 곳을 이르는 것이다.
>
> (…)
>
> 고을 북쪽에 작은 산 하나가 있는데 강가에 서리고 얽힌 그 모양이 '공公' 자와 같아서 공주라는 이름이 여기서부터 유래했다. 산세를 따라서 작은 성을 쌓고 금강을 해자로 삼았는데, 면적은 좁으나 형세는 견고하다.

《신증동국여지승람》에 실린 서거정의 〈취원루기聚遠樓記〉가 그리고 있는 공주의 모습은 이렇다.

차현車峴(차령) 이남에 산천의 맑은 기운이 쌓여서 큰 고을을 이룬 것에는 오직 공주가 제일이다. 장백산의 한 갈래가 바다를 끼고 남쪽으로 달려 계림에 이르러서 원적산이 되고, 서쪽으로 꺾여서 웅진을 만나 움츠려 큰 산악을 이룬 것을 계룡산이라 한다. 물이 용담, 무주 두 고을에서 근원을 발하여 금산에서 합쳐져 영동, 옥천, 청주 세 고을을 지나 공주에 이르러 금강이 되고, 또 꺾여 사비강이 되어서는 더욱 큰물을 이루어 길게 구불구불 바다로 들어가는 것을 웅진이라 하다. 그래서 공주는 계룡산으로 진산을 삼고 웅진으로 금대를 두르고 있으니 그 산천의 아름다움을 알겠도다. (…)

나는 이 정자의 좋은 것이 한둘이 아니나 먼 데 것을 모은 것보다 더 좋은 것이 없다 하였는데, 이는 대개 멀리 있는 모든 좋은 경치를 이 한 누樓로 모아들였다는 뜻이다. 누에 올라 바라보면 좌우와 전후에 강과 산이 두루 비쳐 아래위 수백 리 사이에 저 들판의 광활함과 여염집의 즐비함, 나루터와 다리에 물건 나르는 자의 고생스러움, 역원驛院에 드나드는 나그네의 괴로움, 밭가는 사람, 누에치는 사람, 나무하는 사람, 소와 말을 먹이는 사람, 고기 잡는 어부, 물건 파는 장사치들, 사람들의 생활하며 오가는 것들이 한이 없다. 아침에 해 뜨고 저녁에 그늘져서 사철이 서로 바뀌는 것과 비 내리는 길과 서리 내리고 눈 내리는 시절의 변천과 초목과 화훼花卉가 피었다가 지는 것이며, 스스로 낳고 스스로 울며, 스스로 모양을 이루고 스스로 빛을 내어 형기形氣 속에 담겨 있는 것과 같은 데 이르러서는 그 기상이 다양함을 이 누에서 한번 눈을 들어 보면 모두 알 수 있다.

아, 어쩌면 멀리서 이 누에 모여드는 것이 이와도 같은가. 올라 구경하는 경치를 어찌 이루 다 말할 수 있으리오. 그러나 누각을 세우는 것은 다만 놀고 구

> 경하자는 것만이 아니요, 여기에 오르는 사람에게 들판을 바라보고 농사의 어려움을 생각하게 하고, 여염을 바라볼 때는 백성들의 고통을 알게 하며, 나루터와 다리를 바라볼 때는 어찌하면 내를 잘 건널 수 있을까 하며, 나그네를 바라볼 때는 어찌하면 우리의 길에 나오기를 원하게 할까 하며, 곤궁한 백성들의 생업이 한 가지가 아님을 볼 때는 죽는 이를 살려 주고 추운 사람을 따뜻하게 할 것을 생각하며, 산천초목과 조수鳥獸 어별魚鼈에 이르기까지 화려하게 하기를 생각하지 아니함이 없게 하기 위한 것이다. (…)

조선시대 대제학으로 가장 오래 있었던 문장가인 서거정은 정자에 올라서 즐기며 시문을 짓는 일보다 민중들의 삶과 마음을 헤아리는 일이 더 중요하다고 힘주어 말하고 있다.

역사 속에서 여러 부침을 겪었던 공주는 위례성에 이은 백제의 두 번째 도읍이다. 백제의 개로왕이 궁궐을 새로 짓는 토목 공사를 일으켜 민심은 불안해했다. 그때 마침 고구려 장수왕이 위례성을 침략했고 개로왕은 사로잡혀서 죽임을 당한다. 한강 유역을 빼앗긴 백제는 문주왕 원년(475) 지금의 공주인 웅천熊川으로 도읍을 옮긴다. 그 후 성왕 16년(538) 지금의 부여인 사비성으로 도읍을 옮기기 전까지 60여 년간 공주는 백제의 도읍이었다.

백제를 멸망시킨 당나라는 공주에 웅진 도독부를 설치했고 그들이 물러간 후 신라는 웅천주를 두었다. 고려 때 와서야 다시 공주라는 이름이 되었고, 조선 세종 때 진을 두었다. 갑오년(1894) 동학 농민 혁명 당시 공주에는 충청 감영이 있었으며 호남 지방으로 통하는 관문 역할을 했다.

1932년 충청남도청이 대전으로 옮겨지기 전까지 공주는 도청 소재지로서 충청 지역의 중심이었으나 지금은 한적한 교육 도시로 자리를 지키고 있다.

공주 시내에서 무령왕릉으로 좌회전하기 전 오른쪽 야산에 계곡을 둘러싼 산성이 공산성公山城이다. 산성의 축성 연대는 24대 동성왕 때로 추정된다. 그러나 백제의 21대 개로왕이 죽고 문주왕이 웅진으로 천도하면서 공산성에 궁궐을 축성하고 성을 쌓았다는 이야기도 있으며, 웅진 천도 이전에 이미 성책이 있었다는 견해도 있다. 당시 명칭은 웅진성이었으며 고려시대 이후에는 공산성, 조선시대에는 쌍수산성으로 불리기도 했다. 이 성은 돌로 쌓은 부분이 약 1.8킬로미터, 흙으로 쌓은 성벽은 약 390미터로 전체 성벽의 둘레는 2.2킬로미터에 이르며, 성벽은 이중으로 쌓여 있다. 성으로 들어가는 주문은 북문인 공북루拱北樓와 남문인 진남루鎭南樓가 남아 있으며, 진남루 앞 넓은 터를 궁궐터로 추정하고 있다. 공북루에 못 미쳐 임류각臨流閣 터가 있는데, 《삼국사기》에 동성왕 22년(500) "궁궐 동쪽에 높이 5길의 임류각을 세웠다. 또 연못을 파고 진기한 새들을 길렀다"라는 기록이 보인다.

백제 멸망 직후 의자왕이 공산성에 잠시 거처하기도 했고 이곳을 거점으로 나당 연합군에 대항하는 백제 부흥 운동이 벌어지기도 했다. 또한 신라 헌덕왕 14년(822)에 일어난 김헌창의 난이 공산성에서 평정되었고, 인조 2년(1624)에 일어난 이괄의 난 때는 인조가 이곳을 피난처로 삼았다. 《택리지》에도 공산성이 보이는데 다음과 같다.

공주 공산성

공산성은 금강 변 야산의 계곡을 둘러싸고 있다.
금강의 푸른 줄기가 성곽을 지키는 천혜 해자 역할을 하고 있는 셈이다.
공산성에 올라가면 공주 시내를 한눈에 볼 수 있다.

공북루

공산성의 북문으로 강남과 강북을 오가는 남북 통로다.
공북루에는 송시열이 쓴 기록을 비롯해 여러 글이 걸려 있어 멋스러운 경치를 더해 준다.

명국삼장비

공산성 안에 있는 명나라 장수의 송덕비다. 정유재란 당시 공주 주민들을 왜군의 위협에서 보호한 명나라의 세 장수를 기리기 위해 1598년에 세웠다.

(공산성) 북쪽에 있는 공북루는 대단히 웅장하고 강가에 임하여 경치가 좋은 곳이다. 선조 때 서경西坰 유근柳根이 충청 감사로 와서 이 누각에 올랐다가 시 한 수를 지었다.

소동파는 적벽에서 놀았으나 나는 지금 창벽蒼碧에 놀고
유량은 남루에 올랐지만 나는 여기 북루에 올랐노라

창벽은 금강 상류의 청벽산 아래에 있는 절벽이다.

금강을 따라 흐른 역사

공주를 휘감아 도는 금강의 곰나루 건너편 연미산에서 당나라 장수 유인원劉仁願이 신라의 문무왕과 의자왕의 아들 융隆을 앞에 세우고 하늘에 화친을 맹세하게 했다. 당나라 장수 유인궤가 지은 맹세의 글이 《삼국사기》에 실려 있다.

지난번에 백제의 전 왕이 반역과 순종의 이치에 어두워 이웃과 평화를 두터이 하지 않고 인척과 화목하게 지내지 않으며, 고구려와 결탁하고 왜국과 통하여 함께 잔인 포악한 짓을 했으며, 신라를 침략하여 성을 겁탈하고 백성들을 무찔러 죽이므로 거의 편한 날이 없었다. 천자께서는 물건 하나라도 제자리를 잡지 못하는 것을 민망히 여기시고 죄 없는 백성들을 가엾게 여기시어 자주 사신을 보내어 그들이 사이좋게 지내기를 달래었으나 백제는 지세가 험함에 힘입고 거리가 먼 것을 믿어 천도天道를 오만하게도 업신여겼다. 이에 황제께서 크게 노하시어 삼가 정벌을 단행하였으니, 군사들의 깃발이 나가는 곳마다 한번의 싸움으로 평정되었다. (…)

오랜 세월이 흐른 뒤 후삼국이 들어섰고 후백제의 견훤과 마지막까지 사투를 벌여 승리한 태조 왕건이 〈훈요십조訓要十條〉를 남겼는데, 제8조의 내용은 이러했다.

차현(차령) 남쪽과 공주강(금강) 밖은 산의 모양과 형세가 개경과 반대 방향으로 뻗어서 인심도 그와 같다. 그러므로 그 아래 지역 사람들이 조정에 들어와서 왕후王侯, 국척國戚과 혼인하여 나라의 국정을 잡으면 나라를 어지럽게 하거나 백제 통합의 원망을 품고서 왕을 시해하려 난을 일으킬 것이다. 또 일찍이 관노비나 진津·역驛의 잡역에 속했던 자가 권세가에 기대서 빠져나가려 하거나 왕가에 붙어 간교한 말로 권세를 농락하고 정사를 어지럽혀서 재변을 일으키는 자가 있을 것이니, 비록 양민일지라도 벼슬자리에 있으면서 정사를 보게 해서는 안 된다.

이는 풍수지리의 대가 도선국사의 주장을 지표로 삼아 작성한 것이라고 하지만 한편에서는 이에 의문을 제기하기도 한다. 어쨌든 이후 고려시대에 호남 사람들은 벼슬길에 나아가지 못했다. 조선 건국 이후에는 전주를 관향貫鄕으로 한 태조 이성계 덕택에 벼슬길에 오르게 되었으나 조선 선조 때 전주 사람 정여립鄭汝立의 모반 사건으로 인하여 다시 반역의 땅이 되었다. 정여립 모반 사건, 즉 기축옥사 이후 호남 출신 사대부들의 벼슬길이 막히게 되고 그 연장선상에서 고종 31년(1894) 동학 농민 혁명이 일어났다. 황토현 싸움 이후 전주성에 입성한 농민군은 관군과 전주 화약을 맺었으나 그 약조가 지켜지지 않자 같은 해 9월 삼례에서 다시 봉기했다. 논산을 거쳐 북상한 농민군은 무장한 관군 및 일본군과 한판 싸움을 벌였는데, 이것이 바로 우금치 전투다. 동학 농민 혁명을 중심 내용으로 한 신동엽 시인의 대하 서사시 《금강錦江》에 나오는 우금치를 보자.

지금의 공주교육대학 뒤 봉황산 마루에 있던
관官·일日 혼성부대가 농민군의 포위공격에
쫓기어 무기 버리고 성내城內로 도망간 이야기,

그러나 무슨 소용이랴,
역사도 울고
산천초목 울었다.

공주 우금티,
황토흙 속 유독 아카시아가
많은 고개였어,

공주 우금치 전적 동학 혁명군 위령탑

동학의 우금치 전투를 기리는 위령탑이다. 우금치 고개는
1894년 11월 겨울 동학 농민군이 관군과 일본군 연합군을 상대로
최후의 격전을 벌인 장소다.

어느 여름
땀 흘리며 버스로 올라가는
이 고개는 매미 소리뿐이었지.

소만 한 크기의 금이 묻혔다고 해서 우금치牛金峙라고도 하고, 도적이 많아 소를 몰고는 넘지 못한다고 해서 우금牛禁고개라고도 부른다. 지금 이 고개에는 포장도로가 뚫려 공주와 부여를 오가는 자동차들의 행렬이 끊일 날이 없다. 동학 농민군의 최후 결전장인 이 우금치에 동학 혁명군 위령탑이 세워져 있다. 이 탑은 5·16 군사 쿠데타를 일으킨 박정희 전 대통령이 세운 것이다. "5·16 혁명 이래의 신생 조국이 새삼 동학 농민 혁명의 순국 정신을 오늘에 되살리면서 빛나는 유신 과업의 한 돌을 보내게 된 만큼"이라는 구절이 보여 주는 것처럼 그는 자기 자신을 위해 일으켰던 군사 쿠데타를 성스러운 동학 농민 혁명에 비유하고 있다. 그러나 탑의 뒷면에 새겨진 그의 이름은 누군가에 의해 짓이겨져 있다. 또 하나 지워진 이름이 있으니 천도교 교령을 지냈던 최덕신이다. 최덕신은 거창 양민 학살 사건 당시 제11사단장이었다. 5·16 군사 쿠데타 이후 박정희 전 대통령과 밀월 관계를 유지하다가 눈 밖에 나서 망명했다. 훗날 최덕신은 북으로 망명하여 천도교 교령을 지냈다. 그의 부인 류미영은 2000년 북한 이산가족 방문단 단장으로 남한에 와 가족들을 만나기도 했다.

고마나루에는 곰이 없다

공주 금강 곰나루 혹은 고마나루에는 동학 농민 혁명군의 피맺힌 한만이 서려 있는 것이 아니다. '고마'는 곰의 옛말로 한자로 웅진雄津이다. 그러므로 '고마'는 웅진의 한글명이자 나루의 이름인 동시에 공주의 옛 지명이도 하다. 그 이름에서 알 수 있듯이 곰에 얽힌 전설이 전해 온다.

곰나루 건너편 연미산 동굴에 암곰 한 마리가 살고 있었다. 어느 날 암곰은 금강에서 고기를 잡던 어부를 납치하여 같이 살았다. 곰은 먹이를 구하러 나갈 때 큰 돌로 굴 입구를 막았다. 이렇게 여러 해를 사는 동안 새끼도 낳았다. 이제는 도망가지 않으리라 마음을 놓은 암곰이 굴 문을 열어 놓고 먹이를 구하러 간 사이에 어부는 금강을 건너 도망을 쳤다. 암곰은 새끼들을 데리고 쫓아가며 소리쳐 울었지만 어부는 뒤도 돌아보지 않았다. 슬피 울던 곰은 새끼들을 데리고 강물에 빠져 죽고 말았다. 그 뒤부터 금강 나룻배가 뒤집히는 일이 잦아 수많은 사람이 죽고 물고기도 잡히지 않게 되자 사람들은 사당을 짓고 곰상을 모신 뒤 제사를 지냈다고 한다. 《신증동국여지승람》에 따르면 "웅진 남쪽 기슭에 웅진사熊津祠가 있는데 (…) 중사中祀로 정하여 봄가을에 향과 축문을 내려서 제사하게 한다" 했다. 1975년 곰나루 인근에서 곰상이 발견되어 국립공주박물관으로 옮겨졌고 새로 만든 곰상이 웅진사에 놓였다.

오늘날 공주는 곰나루 전설이나 동학 농민 혁명군의 쓰라린 패배로 기억되기보다는 미국 프로야구에서 투수로 빼어난 활약을 한 박찬호와 세계적인 골프 선수 박세리가 태어난 곳으로 더 자랑스럽게 기억되는 듯하다.

이곳 곰나루에서는 우리나라 고고학 사상 가장 획기적인 유물이 발견되었다. 1971년 송산리 고분군에 물이 새어 드는 것을 막기 위해 공사를 벌이다가 무령왕과 그의 왕비가 합장된 무덤을 발견한 것이다. 이 발견은 백제사 연구에 커다란 획을 긋는 대사건이었다. 오랜 세월에 봉분이 깎여 일본인과 도굴꾼의 손길이 미치지 않은 그 무덤에서 4600여 점에 이르는 다량의 유물이 발굴되었다. 이 중 12종목 17건이 국보로 지정되어 국립공주박물관에 고스란히 전시되어 있다. 특히 이 무덤의 주인을 알려 준 지석誌石 두 장은 무령왕릉 매지권買地券(돌 등에 새긴 묘지 매입 문서)으로 그 가치를 인정받아 국보로 지정되었다. 지석에는 다음과 같은 글들이 새겨져 있다.

(지석 제1면) 영동대장군 백제 사마왕斯麻王(무령왕 생전의 호칭)이 62세가 되던 계묘년(523) 5월 7일 임신일에 돌아가셨다. 을사년 8월 12일 갑신일에 대묘에 잘 모시었다.

(지석 제3면) 돈 1만 문文과 은 1건件. 을사년(525) 8월 12일에 영동대장군 백제 사마왕은 돈으로 토왕土王, 토백土佰, 토부모土父母 상하의 여러 2000석 관리에 아뢰어 왕궁 서남쪽 땅을 사서 무덤을 만들었으므로 문권을 만들어 밝히니 율령에 따르지 않는다.

그런데 안타깝게도 무령왕릉 발굴을 너무 서두르는 바람에 유물들을 훼손했다는 평가를 받고 있다.

곰나루

곰과 인간의 사랑 이야기가 전해지는 고마나루(곰나루)는 백제 문주왕이 고구려에게 한강 유역을 빼앗기고 도읍을 웅진으로 옮길 때 교통로로 이용되었다.

갑신정변의 주인공 김옥균

금강 북쪽과 차령(공주에서 천안시 광덕면 원덕리로 넘어가는 해발 190미터의 고개) 남쪽에는 기름진 땅이 많다. 지금은 공주밤으로 유명한데, 그곳에서도 공주 정안면 광정리에서 대한제국 개혁 사상가 김옥균金玉均이 태어났다.

후세 사람들로부터 '대한제국의 풍운아', '비운의 주인공', '미완성의 영도자'라는 평가를 받는 김옥균은 고종 21년(1884)에 일어난 갑신정변의 주인공이다. 갑신정변은 김옥균을 비롯한 급진 개화파가 개화사상을 바탕으로 조선의 자주독립과 근대화를 목표로 일으킨 정변이지만 3일 만에 막을 내려 '삼일천하'라는 말을 회자시키고 역사의 그늘 속으로 사라져 간 사건이다.

구한말 문장가 황현은《매천야록》에 김옥균을 다음과 같이 기록하고 있다.

> 김옥균을 포경사捕鯨使에 임명하였다. 김옥균은 장동 김씨의 변두리 일가로 그의 양아버지 김병기는 음관蔭官으로 부사에 이른 사람이다. 김옥균은 약간 재능이 있었는데, 과거에 오른 지 10여 년이 지나도록 벼슬길이 열리지 않아 서양 학문을 연구하여 부강 정책을 떠벌리며 명예를 구하려고 하였다. 박영교와 그의 동생 박영효, 이도재, 신기선, 서광범, 홍영식 등이 일당이 되어 김옥균을 영수로 추대하였다. 마치 기이한 재주와 능력이 있는 것처럼 고종에게 소문을 퍼뜨렸다. 고종은 그에게 경도되었다. 이때 특별히 포경사를 설치하고

김옥균 생가터

공주시 정안면의 김옥균 생가는 터가 없어지고 감나무만 서 있던 자리에
1989년 생가터를 다듬고 바로 앞에 추모비를 세웠다.

먼저 김옥균을 임명하였다. 서양인들은 고래를 잡아 많은 이익을 얻었고 일본인들도 그러하였다. 그러나 우연히 그렇게 되는 것은 아니었는데, 김옥균이 집 밖을 나오지도 않고 입으로만 고래를 생산하기 때문이었다. 그때 사람들은 그를 비웃었다.

김옥균은 철종 2년(1851) 지금의 공주시 정안면 광정리에서 김병태의 장남으로 태어났다. 3세 무렵 그의 가족은 지금의 천안시 광덕면 원덕리로 이사했고, 그의 아버지는 훈장 노릇을 하며 생계를 이어 나갔다. 7세 때 재종숙인 김병기에게 입양되어 서울에서 성장했다. 11세에 양부가 강릉 부사에 임명되어 양부를 따라 강릉으로 가서 16세 때까지 이이의 사당이 있는 서당에서 이이 학풍의 영향을 받으면서 공부했다. 어려서부터 영특했던 김옥균은 학문뿐만 아니라 문장과 시, 글씨, 그림, 음악 등 여러 분야에서 탁월한 소질을 발휘했다. 갑신정변의 동지였던 박영효가 "김옥균의 장처長處는 교유交遊라고 할 수 있소. 교유가 참 능하오. 글 잘하고, 말 잘하고, 시 잘 쓰고, 글씨 잘 쓰고, 그림도 잘 그리오"라고 한 것을 보면 그가 얼마나 다재다능했는지를 알 수 있다.

김옥균의 주위에는 일찍부터 명문 귀족 출신의 수재들이 모여들었다. 그중 철종의 사위인 금릉위 박영효와 당시 영의정이던 홍순목의 둘째 아들인 홍영식, 고종의 외척이며 여흥 민씨 가문의 총아인 민영익 그리고 서광범, 서재필 등이 김옥균과 교류하던 양반 출신 청년 지식인들이었다. 그들과 함께 김옥균은 1870년대부터 박규수의 사랑방에서 개화사상을 배운다. 그리고 이들이 훗날 갑신정변의 주역이 된다.

그러나 개화파의 중심인물인 김옥균, 박영효, 서광범, 서재필 등 아홉 명이 일본으로 망명하면서 갑신정변은 '삼일천하'로 막을 내리고 말았다. 《고종실록》에는 다음과 같이 쓰여 있다.

> 당시 도성 안의 군민軍民들은 일본인들을 질시하여 만날 때마다 때려서 죽이거나 상처 입히는 일이 많았다. 일본 공사 다케조에 신이치로竹添進一郎는 병사를 거느리고 거류민을 보호하여 도성 밖으로 나갔고, 김옥균, 박영효, 서광범, 서재필 및 생도生徒 10여 인은 모두 일본 공사관에 몸을 숨기고 있다가 머리를 깎고 양복을 입고 몰래 인천항으로 가서 곧바로 일본으로 도망쳤다.

갑신정변의 주역들이 일본으로 떠난 뒤 남은 사람들은 비참한 최후를 맞았다. 김봉균과 이희정, 신중모, 이창규 등은 모반과 대역부도의 죄로 지금의 서울시청 부근인 군기시 앞에서 능지처참되었고, 이윤상과 이점돌은 서소문 밖에서 처형되었으며, 차홍식과 서재창, 남홍철, 고흥종, 최영식은 불고지죄로 서소문 밖에서 목숨을 잃었다.

천안에 살던 김옥균의 동생 김각균은 한강을 건너 서울로 들어오다가 형이 정변을 일으켜 실패하고 도망쳤다는 소문을 들었다. 그날로 경상북도 칠곡으로 도망쳐 숨어 살다가 어사 조병로에게 붙잡혀 대구 감옥에서 옥사했다. 김옥균의 아버지 김병기는 당시 눈병을 얻어 장님이 되었는데, 천안 감옥에서 6~7년간 옥고를 치르다가 연좌제에 따라 효수되었고 어머니 송씨 부인은 누이와 함께 음독자살했다. 김옥균의 처와 젖먹이 딸은 양가파연養家破緣의 처분으로 죽음은 면했지만 관비가 되어 온갖 고생을 하다가 죽었다.

김옥균 가족 중 유일하게 형벌을 받지 않은 사람이 누이동생 김균이다. 갑신정변 당시 기계국 주사였던 남편 송병의와 함께 서울에서 살던 김옥균의 누이동생 김균은 남편과 함께 충청북도 옥천군 청산면으로 몸을 피했다. 궐석 재판에서 사형을 선고받은 김균은 포승에 묶이는 치욕을 당하느니 차라리 죽는 편이 나을 것으로 생각하고 비상을 마셨다. 김균이 독약을 마시고 죽었다는 소문이 인근에 파다하게 퍼졌다. 하지만 김균은 죽지 않고 기적처럼 살아났다. 남편은 아내가 죽었다는 소문이 퍼진 것을 다행으로 여겨 사람들에게 상처했다는 것을 알리고 송장 없는 초상을 치렀다. 정부는 물론이고 일가친척들까지도 김균이 죽었다고 믿었다. 김균은 곧바로 경상북도 영천의 신녕으로 몸을 숨겼다.

1년이 지난 뒤 송병의는 새장가를 들었다. 혼례 날 신부는 짙은 화장을 하고 유난히도 고개를 숙이고 있었다. 혼례를 마치고 송병의는 천안으로 이사했는데 그 누구도 그가 새장가를 든 여인이 김옥균의 동생인 균이라는 것을 눈치채지 못했다. 김균은 충청남도 서천군 동면 판교리에서 60여 년간을 더 살다가 세상을 떠났다. 당시 여성들, 특히 혼인한 여성들이 문밖출입을 삼갔기에 가능한 일이었다. 1918년 박영효가 일본에서 김옥균의 머리카락 몇 올을 가지고 돌아와 김옥균의 무덤을 쓸 때의 일이다. 박영효가 제문을 읽다가 목이 메어 주저앉아 통곡하고 있는데 머리가 하얀 할머니가 무덤 앞으로 다가오더니 무덤을 부여잡고 울기 시작했다. 바로 김옥균의 누이인 김균이었다.

박영효의 형인 박영교와 아버지인 참판 박원양은 자살을 택했다. 박원양은 죽기 전에 열 살 난 손자, 즉 영교의 아들을 먼저 죽였다. 박영효의 둘째 형인 진사 박영호는 변성명을 하고 전라북도 진안의 산중에 숨어 있다가 청일전쟁이 끝난 후 하산하여 죽음을 면했다. 홍영식의 아버지로 임오군란 무렵 영의정을 지냈던 홍순목은 "역적을 지금껏 자식으로 기르면서 몰랐으니 만 번을 죽더라도 어떻게 속죄하겠는가" 하고 탄식한 뒤 홍영식의 열 살이 채 안 된 아들을 보며 "이 종자를 어떻게 남겨 두겠는가" 하고는 독살했다. 그러고 나서 대궐을 향해 머리를 조아려 절한 다음 독약을 마셨다. 홍영식의 처 한씨도 형 홍만식의 권고를 받고 자살했다. 서재필의 아버지인 진사 서광언은 아내와 함께 자결했으며, 서재필의 처와 자식은 독사했다. 형 서재형은 은진 감옥에서 죽었고, 동생인 서창필은 처형되었으며, 서재우는 훗날 사면되었다. 서광범의 아버지인 서상익은 7~8년간 연루된 죄로 유배되었지만 무슨 이유로 벌을 받는지조차 몰랐다. 서광범의 아내 김씨는 끝까지 절개를 지켜 갑오년 이후 광범과 다시 살게 되었다.

유대치는 제자들이 갑신정변을 일으키기 위해 준비하는 것을 보고 시기가 너무 이르다며 만류했다. 그러나 갑신정변이 삼일천하로 막을 내리고 김옥균 등이 도망치자 그들과 함께 두었던 바둑판을 도끼로 쪼개어 아궁이에 밀어 넣은 다음 수표교에 있는 약국에서 행방을 감추었다. 그 후의 행적은 알려지지 않았으나 들리는 말로는 오대산으로 들어가 중이 되었다고 한다. 갑신정변의 행동대장 격이던 신중모는 참형되었고, 윤영관은 보부상들에게 잡혀서 참살되었다. 박제경은 수표교에서, 오감은 관철교 부근에서 민중들에게 붙잡혀 참살되었다. 한 집안에 역적이 나면 삼족이 멸문지화를 당하는 것이 조선시대의 비극적인 형벌이었다. 개화로 인하여 파생한 이러한 비극적인 사태를 목격하고도 당시 사람들은 동정은 고사하고 개화 잡귀들은 씨를 말려야 한다고 비난의 수위를 높였다.

김옥균을 암살한 홍종우

김옥균 등 개화파는 인천항에서 일본 선박을 타고 일본으로의 망명길에 올랐다. 이노우에 가오루井上聲는 그의 전기에서 배의 선장 쓰지가 나가사키에서 김옥균 등과 헤어질 때 "당신들이 일본에서 망명 생활을 하게 되면 조선 이름을 가지고는 살기가 불편할 것이니, 내가 기념으로 이름을 지어 주고 싶다"라고 하고서 김옥균은 이와다, 박영효는 야마자키, 유혁로柳赫魯는 야마다, 신응희申應熙는 히라야마, 정안교는 나카하라라는 이름을 지어 주었다고 한다.

조선 정부에서는 김옥균 등을 암살할 자객들을 일본에 파견했다. 이일직李逸稙, 권동수權東壽, 권재수權在壽, 홍종우洪鍾宇가 그들이었다.

김옥균을 암살한 홍종우는 조선 후기 수구파 정객이다. 1890년 말에 법률을 공부하기 위하여 프랑스에 갔으나 뜻대로 되지 않자 파리의 키메 박물관의 촉탁으로 있으면서 〈춘향전〉, 〈심청전〉 등 한국 고전을 번역하는 일에 종사했다.

고종 30년(1893) 7월 홍종우는 파리를 떠나 귀국하던 도중 도쿄에 머무르면서 친구 김유식金有植을 통해 이일직을 만났다. 이일직은 자신이

김옥균 묘

아산시 영인면에 있는 김옥균 묘는 일본 도쿄 청산외인 묘지에서
1914년 9월 11일 의발衣髮을 이장하여 부인 유씨와 합장한 것이다.

갑신정변에 실패하고 일본에 망명해 있던 김옥균, 박영효를 암살하라는 국왕의 밀명을 받고 일본에 왔다고 털어놓은 뒤 김옥균을 암살하는 일에 가담할 것을 권유했다. 이 제의를 받아들인 홍종우는 개화파 일원으로 가장하여 김옥균에게 접근했다.

이듬해 3월 28일 상하이로 떠나는 김옥균을 따라가서 미국 조계 내의 일본 호텔 동화양행에 투숙했다. 하룻밤을 지낸 김옥균은 오후 1시에 거류지를 구경하자고 하며 통역관 오보인吳葆仁에게 중국 옷을 사 오도록 부탁했고, 그 사이 홍종우는 은행에 갔다. 잠깐 나갔다가 돌아와서 침대에 누운 채로《통감通鑑》을 읽는데 밖에서 돌아온 홍종우가 감춰두었던 권총을 꺼내어 김옥균의 오른쪽 뺨에다 첫 발을 쏘았다. 불의의 총격을 받은 김옥균이 침대에서 일어나자 두 번째 총알이 배를 뚫었고, 세 번째 총알은 등을 관통했다. 김옥균의 나이 44세였다. 홍종우는 곧바로 중국 경찰에 구금되었으나 조선 정부와 청국 정부의 교섭으로 석방되었다. 김옥균은 죽은 다음 날 하인 와다의 손에 입관되었다. 시신은 그가 타고 온 배로 일본으로 돌아갈 예정이었으나 와다가 잠깐 영사관에 간 사이에 청국 관헌에게 인도되어 위원호라는 청국 군함의 호송을 받으며 4월 13일 조선으로 돌아왔다. 그 배에는 김옥균을 암살한 홍종우도 함께 타고 있었다.

조선에 돌아온 김옥균의 시신은 서울 근교 양화진에서 사지가 찢기고 목이 베인 채 '모반대역부도죄인謀叛大逆不道罪人'이란 패가 붙었다. 그때의 상황을 황현은《매천야록》에 이렇게 적었다.

그의 시신을 처형하기 전에 류재현의 아들 아무개는 그의 배를 해부하여 간을 꺼내 씹어 먹었고 이조연의 아들 이탁도 가서 보았다.

그러나 그 밖에 갑신정변 때 죽은 사람의 자제 중 민영선, 민형식, 조동윤, 한인호 등은 가지 않았다. 중궁中宮이 이 소문을 듣고 탄식하기를 "재상의 아들들이 중궁의 양자보다 못하구나!" 했다. 고종은 홍종우를 초청하여 위로해 주고, 그 후 얼마 안 되어 과거를 설치하여 홍종우를 발탁한 즉시 홍문관 교리로 임명하고 서울에다가 집을 하사하였다.

하지만 김옥균을 따르던 사람들이 그의 시신을 몰래 훔쳐서 일본 진정사眞淨寺에 묻었다. 김옥균을 암살한 공으로 홍종우는 1898년 독립협회가 만민공동회를 개최하여 개혁을 주장하자 이기동李基東, 길영수吉泳洙와 함께 황국협회를 조직하고 부보상을 동원하여 독립협회의 활동을 방해했다. 이러한 이력 때문에 개화파들에 의하여 길영수, 박유진朴有鎭과 함께 삼간三奸으로 지목되기도 한 홍종우는 1898년에 독립협회가 해체되자 수구파 내각의 의정부 총국장으로 임명되었다.

금강 변에 들어선 세종특별자치시

불과 20여 년 전에 연기군 금남면과 남면 일대는 금강 가의 넓은 들판이었다. 길게 뻗어 있는 대평제방은 1933년에 쌓기 시작하여 7년 만에 완성되었고 그 뒤 큰 들이 만들어지며 대평리가 되었다. 그러나 1946년 여름 큰 홍수가 360호나 되던 마을 전체를 휩쓸고 말았다. 대평마을은 물에 잠기고 이재민들은 용포리로 이주했으며 여남은 채만 남아 있던 대평리는 구 대평마을이라 불렸다.

연기군 남쪽에 있었던 남면의 나성리는 또 어떤가. 본래 공주군 요당면의 지역으로 나리재라는 높이가 45미터인 작은 산에 토성을 쌓았기 때문에 나리재 또는 나성이라 불렀고, 이 성안에 이름 높았던 임씨들을 배향한 기호서사崎湖書社가 있었다.

남면 양화리와 월산리 뒤에 있는 전월산은 높이가 262미터로 청류부곡清流部曲이 있던 구을촌仇乙村 앞이 되므로 구을달이라고 부르던 것이 한자로 전월산轉月山이 되었다고 한다. 산 정상에 우물이 있는데, 한재가 심할 때 기우제를 지내면 영험이 있다. 우물가에 있는 능수버들은 자라기가 무섭게 반곡리 사람들이 밤을 틈타 베어 버리고는 했다. 이 능수버들이 자라서 금남면 반곡리를 넘어다보게 되면 그 마을 여자들이 바람난다는 전설이 전해져 오기 때문이다.

남면 양화리에서 반곡리로 건너던 나루가 앵청이나루다. 나루 옆 산에 앵소형鶯巢形의 명당이 있다고 하며, 나성에서 대평리로 건너는 나루가 나성나루였다. 이렇게 한갓진 들판 사이 비단결같이 아름다운 금강이 흐르는 곳에 행정 복합 도시 세종특별자치시가 들어섰다.

충청남도 동북부와 충청북도 남서쪽 그리고 대전광역시의 서북쪽에 위치한 특별자치시는 필자가 10대 강 도보답사를 마치고 난 2년 후인 2002년 노무현 전 대통령이 수도권 기능의 분산과 국토의 균형 발전을 위해 수도를 충청권으로 이전할 것을 선거 공약으로 내세우면서 시작되었다. 2005년 5월 '행정중심복합도시 건설을 위한 특별법'을 제정 공포했고, 2006년 행정중심복합도시건설청을 설립한 데 이어 '세종시'로 명칭을 확정했다.

2010년 12월 27일에 공포한 '세종시 설치 등에 관한 특별법'에 따라 종전의 충청남도 연기군 전역과 공주시의 일부(의당면 · 장기면 · 반포면) 그리고 충청북도 청원군의 일부(부용면)를 흡수하여 2012년 7월 1일 광역자치단체로 공식 출범했다. 정부 직할 특별자치시이며, 시 · 군 · 구 등의 기초자치단체를 두지 않는 자치단체이다.

행정 기능을 분산하는 역할을 하는 세종특별자치시는 교육과 문화, 복지 등의 기능이 어우러진 복합 도시다. 지역 균형 발전과 수도권 인구 분산이라는 중심 목표로 추진된 신행정 수도며, 면적은 465.23제곱킬로미터로 서울특별시의 4분의 3 규모이다. 20여 년의 시간 속에 상상도 할 수 없는 상전벽해가 이루어진 이 일대를 보면 인간의 생각이란 얼마나 변화무쌍한지를 실감한다.

세종특별자치시와 공주시의 금강 변에는 사송, 금벽, 독락 등의 정자가 있다. 사송정四松亭은 이중환 가문의 정자이고, 금벽정錦壁亭은 조상서(조석명趙錫命)의 정자다. 세종특별자치시에 있는 독락정獨樂亭은 조선 초기에 양양 부사를 지냈던 임목林穆이 아버지 임난수林蘭秀의 유언에 따라 정자를 짓고 한가롭게 남은 생을 보낸 곳이다. 남수문이 기문을 짓고 서거정이 시를 지어 이곳의 경치를 찬양했다.

금강

공주는 영역이 매우 넓어서 금강 남쪽과 북쪽에 걸쳐 있다.
금강 변에는 이중환 가문의 정자인 사송정 등이 있다.

© 유철상

백제큰길

공주와 부여에 걸친 백제시대의 왕도를 연결하는 도로다.
금강을 따라 백제 문화 유적을 관광할 수 있다.

김구가 숨어 지내던 마곡사

이중환의 고향인 연기면 일대와 구절초 축제로 유명해진 영평사永平寺가 있는 장군면 일대는 세종특별자치시가 되었다. 공주에 대한 《택리지》의 기록을 좀 더 살펴보자.

> 공주 서북쪽에 있는 무성산茂盛山은 차령의 서쪽 줄기 중 맨 끝이다. 산세가 빙 둘러 있으며 그 안에 마곡사와 유구역維鳩驛이 있다. 골짜기에는 물이 많고 논은 기름지며 또 목화, 수수, 조를 재배하기에 적당하다. 사대부와 평민이 한번 이곳에 살면 어느 해든 흉년을 알지 못한다. 살림이 넉넉하여서 떠돌아다니거나 이사해야 하는 근심이 적어서 낙토라고 할 만하다. 지세가 산 위에서 끝을 맺었지만 둔덕이 낮고 평평하여 험하거나 뾰족한 모양이 없으며 산허리 위로는 큰 바위가 한 조각도 없어 살기殺氣가 적다. 그러므로 남사고南師古는 《십승기十勝記》에서 유구와 마곡사 두 골짜기 사이를 병란을 피할 곳이라 하였다.

무성산에는 언제 쌓았는지 알 길이 없는 석성이 있으며, 조선시대 의적 홍길동이 이 산에 웅거하며 탐관오리와 토호를 징치했다고 한다.

마곡사麻谷寺는 충청남도 공주시 사곡면 태화산 남쪽 기슭에 있는 사찰이다. 유구천과 마곡천이 합류하는 사곡면 호계리 일대(현 호계초등학교)는 물과 산의 형세로 볼 때 태극형이다. 《택리지》와 《정감록鄭鑑錄》 등의 여러 비기秘記는 이곳을 전란을 피해 많은 사람이 살 수 있는 십승지 가운데 하나로 꼽는다.

마곡사의 창건과 이름에 대해서는 두 가지 설이 있다. 하나는 선덕여왕 9년(640)에 당나라에서 귀국한 자장이 선덕여왕으로부터 하사받은 전 200결로 통도사, 월정사와 함께 이 절을 창건했는데, 자장의 법문을 듣기 위해서 찾아온 사람들이 '삼과 같이 무성했다' 하여 '삼 마麻' 자를 넣어 마곡사라고 했다는 설이다. 다른 하나는 신라의 승려 무선이 당나라에서 귀국해 이 절을 지을 때 스승이었던 마곡보살을 사모하는 뜻에서 마곡사라 했다는 설이다. 현재 첫 번째 설을 더 많이 따르고 있다. 창건 이후 신라 말부터 고려 초까지 약 200년 동안 폐사된 채 도둑 떼의 소굴로 이용되던 것을 명종 2년(1172)에 보조국사가 제자 수우와 함께 왕명으로 중창했다.

보조국사가 처음 절을 중창하려고 할 때 도둑들에게 물러갈 것을 명했으나 도둑들은 오히려 국사를 해치려 했다. 이에 보조국사가 공중으로 몸을 날리며 신술神術로 많은 호랑이를 만들어 도둑들에게 달려들게 했더니 그제야 혼비백산하여 달아나거나 착한 사람이 되겠다고 맹세를 했다. 도둑들에게서 절을 되찾은 보조국사는 왕에게서 전답 200결을 하사받아 대가람을 이룩했다. 당시 건물은 지금의 배가 넘었으나 임진왜란 때 대부분 소실되었다. 그 뒤 다시 60여 년 동안 폐사가 되었다가 효종 2년(1651)에 각순이 대웅전과 영산전, 대적광전 등을 중수했다. 일제 강점기에 31본산의 하나로 도내 100여 사찰을 관장하게 되었다.

마곡사는 대한민국 건국에 큰 공을 세운 백범 김구와도 인연이 깊다. 김구는 동학 신도였다. 구한말 명성황후 시해 사건에 가담한 일본인 장교를 황해도 안악 치하포나루에서 죽이고 인천 형무소에서 옥살이를 하다가 탈옥한 뒤 승려로 위장한 채 마곡사에서 숨어 살았다. 지금도 대광보전 앞에는 김구가 심은 향나무가 있는데, 그 옆에 "김구는 위명僞名이요, 법명은 원종圓宗이다"라고 쓰인 푯말이 꽂혀 있다.

김구는 3년 동안 이 절에서 사미沙彌로 일했는데, 그때의 상황이 《백범일지》(도진순 옮김)에 다음과 같이 기록되어 있다.

> 하루 종일 걸어서 마곡사 남쪽 산꼭대기에 오르니, 해는 황혼인데 온 산에 단풍잎은 누릇누릇 불긋불긋하였다. 저녁 안개가 산밑에 있는 마곡사를 마치 자물쇠로 채운 듯이 둘러싸고 있는 풍경을 보니, 나같이 온갖 풍진 속에서 오락가락하는 자의 더러운 발은 싫다고 거절하는 듯하였다. 그러나 또 한편으로는, 저녁 정소리가 안개를 헤치고 나와 내 귀에 와서 모든 번뇌煩勞를 해탈하고 입문하라고 권고를 들려주는 듯하였다.
>
> 이서방은 결정적으로 다시 의사를 물었다.
>
> "노형, 어찌 하시려오? 세상사를 다 잊고 중이 되십시다."
>
> "이 자리에서 노형과 결정하면 무슨 필요가 있겠소? 일단 절에 들어가 봐서 중이 되려는 자와 중을 만들 자 사이에 의견이 맞아야 할 것 아니오?"
>
> "그건 그렇겠소."
>
> 곧 몸을 일으켜서 마곡사를 향해 안개를 헤치고 걸음걸음 들어갔다.

김구는 이곳에서 하은에게 계를 받고 출가했다. 그는 득도식을 마친 후 원종이라는 법명을 받고 머리를 깎았다. 그 뒤 부목負木을 맡은 김구는

공주 마곡사 대광보전과 대웅보전

마곡사는 신라 고승 자장율사가 창건한 고찰로
대광보전의 단청이 오래된 절집 분위기를 느끼게 한다.
대광보전과 대웅보전 옆에는 김구가 머물던 백범당과 백범명상길이 있다.

나무도 하고 종노릇까지 했으며, 수도승이 된 다음에는 운수승雲水僧으로 떠돌았다.

유구읍 구계리에는 구치鳩峙라고 불리는 구재가 있는데, 마곡사에서 쓰는 꿀을 유구 쪽에서 옮기는 길이었다고 한다. 유구읍 탑곡리에서 유구천이 발원한다. 유구에서 서쪽으로 고개 하나를 넘으면 청양군 운곡면이고 그곳에서 내포로 이어진다. 내포는 목화를 재배하기에 알맞지 않아 조선시대 내포 사람들은 생선과 소금을 유구의 목화와 바꾸어 갔다. 그래서 이중환은 공주에서도 오직 유구만이 내포의 생선과 소금의 이권을 장악하고 있었으므로 평시에나 난시에나 모두 살 만한 곳으로 보았다. 그러나 산 위에 맺힌 터여서 안산(바로 앞에 있는 작은 산)이 보이지 않아 맑고 밝은 기상이 적은 것이 유성보다 살 만한 곳이 못 되는 이유라고 보았다.

계룡산 계곡물은 쪽빛처럼 푸르고

공주에서 동남쪽으로 약 15킬로미터 되는 곳에 계룡산鷄龍山이 있다. 예로부터 우리나라의 4대 명산으로 일컬어지는 계룡산은 계람산鷄藍山, 옹산翁山, 서악西嶽, 계악鷄嶽 등 여러 이름으로 불렸다. '계룡'이라는 이름은 산의 주봉인 천황봉에서 삼불봉까지의 산세가 용이 닭 볏을 하고 있는 것과 같다 해서 붙여졌다. 통일신라시대 이후에는 신라 5악 중 서악이었다. 조선시대에는 묘향산의 상악단上嶽壇, 지리산의 하악단下嶽壇과 함께 계룡산에 중악단中嶽壇을 설치하여 봄가을에 산신제를 지냈다.

계룡산에도 팔경이 있다. 천황봉 일출, 삼불봉 눈꽃, 연천봉 낙조, 관음봉 구름, 동학사계곡 신록, 갑사계곡 단풍, 은선폭포 운무, 오뉘탑 명월 등이 그것이다. 여덟 경치가 어우러진 계룡산은 풍수지리상으로도 대단한 명산으로 알려져 있다.

일찍이 태조 이성계가 이 산기슭에 도읍을 정하고자 했다. 그 뒤에는 《정감록》이라는 비기가 나왔다. 《정감록》은 정감과 이심의 대화 형식으로 서술되어 있다. 정감이나 이심은 실존 인물이 아니라 전설 속 인물로 보고 있다. 이 《정감록》을 적극 활용한 인물들이 정여립을 비롯한 조선의 혁명가들이다. 《정감록》에서 이심이 "산천의 뭉친 정기가 계룡산에 들어가니 정씨 800년의 땅이다"라고 했기 때문이다. 이를 한양에 도읍한 이조李朝 뒤에는 계룡산에 도읍한 정씨 왕조 800년의 시대가 온다고 해석한 것이다. 정감은 "계룡 개국開國 변卞씨 재상에 배裵씨 장수가 개국공신이고 방씨와 우씨가 수족과 같으리라" 하여 개국까지의 상황을 내다보았다 한다. 이러한 사상에 힘입어 수많은 종교 사상가들이 계룡산에 들어와 자리를 잡았는데, 1970년대에 정화 작업이 있기 전까지 종교 단체 수가 100여 개에 이를 정도였다 한다.

계룡산에 유명한 절 갑사甲寺가 있다. 갑사는 공주시 계룡면에 있는 절로 화엄종의 10대 사찰 중 하나다. 백제 구이신왕 원년(420) 고구려의 아도화상이 창건했고 그 뒤에 신라의 의상대사가 중창했다고 한다. 조선 선조 30년(1597) 정유재란으로 건물이 모두 불타 버린 뒤에 대웅전과 진해당을 중건했다. 갑사에는 대웅전, 강당, 대적전, 천불전 등과 암자가 열 채쯤 들어서 있는데, 원래의 갑사는 지금의 대웅전이 있는 자리가 아니라

ⓒ유철상

공주 갑사 대웅전

대웅전은 임진왜란 직후 중건되어 여러 차례 중수를 거치면서
이어져 온 불전이다. 갑사 경내에는 15동의 불전과 승당, 부속, 전각들이 있으며
주변 산골짝에 산내 암자를 여럿 두고 있다.

갑사 승탑

승탑은 전체 높이가 205센티미터로 고려시대의 것으로 전하며
통일신라시대 양식을 겸비하고 있다. 갑사 뒤편 계룡산에 쓰러져 있었던 것을
1917년 대적전 앞으로 옮겨 세웠다고 한다.

개울 건너 대적전 근처에 있었다. 또한 이 절에는 나라 안에 안성 칠장사와 청주 용두사지에만 있는 철제 당간 지주뿐만 아니라 《월인석보》의 목판을 비롯해 갑사 동종, 갑사 승탑, 석조약사여래입상 등이 남아 있다. 갑사는 또한 '춘마곡春麻谷 추갑사秋甲寺'로 불릴 만큼 가을 경치가 뛰어나게 아름답지만, 굳이 가을이 아니어도 그윽하게 우거진 나무숲이 아름다워 찾는 이들의 감탄사를 자아낸다.

갑사의 계단을 올라가 처음 만나는 건물이 조선 후기에 지어진 갑사 강당講堂이다. 충청남도 유형문화재인 갑사 강당은 정면 3칸에 측면 3칸의 다포식이며 지붕은 맞배지붕이다. 강당의 정면에 대웅전이 있다. 역시 유형문화재로 지정된 갑사 대웅전은 1.8미터의 화강암 기단을 쌓고 그 위에 덤벙 주초(기둥 밑에 받치는 돌)를 놓았다. 정면 5칸에 측면 3칸의 규모로 맞배지붕의 다포집이다. 이곳에는 선조 17년(1584) 국왕의 만수무강을 축원하기 위해 만든 갑사 동종이 있다. 높이 132센티미터, 입지름이 92센티미터의 작은 종이다. 보물로 지정된 갑사 동종은 신라와 고려의 종 양식을 계승하고 있다.

동종을 지나 다리를 건너면 아름다운 갑사 대적전이 있고 그 앞에 보물인 공주 갑사 승탑이 나온다. 구조를 보면 기단부는 물론 탑신부와 상륜부까지 모두 팔각으로 만든 팔각원당형인데, 기단부가 특이하다. 꿈틀거리는 구름무늬 조각 위에 천인天人들이 악기를 타고 있는 모습이다. 이 승탑은 고려시대의 것 중에서도 손꼽을 만하며 조각의 내용이 다채롭기 이를 데 없다.

공주 갑사 승탑에서 대나무숲이 우거진 길로 내려오면 공주 갑사 철당간을 만난다. 석조 지주와 더불어 보물로 지정된 철당간은 원래 28개의 철통이 이어져 있었는데 고종 30년(1893)에 벼락을 맞아 네 개가 부러져 24개만 남아 있다. 그 조각 수법으로 보아서 통일신라 중기에 세워졌을 것이라고 하지만 확실한 기록은 없다.

금강은 동쪽에서 공주의 북쪽으로 흘러오다가 다시 남쪽으로 내려가 공산성을 휘감아 돈 뒤에 곰나루에 이른다. 이곳에서 부여까지를 백마강이라 부르고 그다음을 강경강이라 부른다. 또 그 물은 서쪽으로 굽이져서 진강이 되어 바다로 들어간다.

새벽의 땅 부여

이중환은 《택리지》에서 부여를 두고 땅은 비옥하나 도읍지로는 평양이나 경주에 미치지 못한다고 했다.

> 공주의 서남쪽이 부여인데, 백마강(현 금강) 변이며 백제의 옛 도읍터다. 조룡대, 낙화암, 자온대, 고란사는 모두 백제시대의 고적이며, 강변에 맞닿은 암벽이 기묘하고 경치가 매우 훌륭하다. 또 땅이 기름져서 부유한 자가 많으나, 도읍터로 논한다면 판국이 좀 작고 좁아서 평양이나 경주보다는 훨씬 못하다.

위례성과 웅진에 이어 백제가 마지막으로 도읍지를 옮긴 곳이 사비성, 곧 부여다. 소부리군所夫里郡, 반월半月, 여주餘州라고도 했던 부여는

122년간에 걸쳐 백제의 흥망성쇠를 지켜보았다. 신라와 당나라 연합군에게 백제가 망한 것은 의자왕 20년(660) 7월이었다.

부옇게 밝아 오는 새벽을 닮은 땅 부여의 평온은 나당 연합군의 침략으로 산산이 깨졌다. 《동국여지승람東國輿地勝覽》은 당시 백제 땅의 모습을 "전란을 겪은 나머지 집집이 쇠잔 퇴폐하고, 시체가 수풀과 같이 널려 있었는데"라고 기록했다. 이때 의자왕의 삼천 궁녀가 낙화암에서 몸을 던졌다고 전해져 온다. 부여 정림사지의 오층석탑을 보라. 석탑의 기단부에 '大唐平百濟國碑銘'(대당평백제국비명)이라는 글자가 화인火印처럼 찍혀 천 몇백 년의 세월을 견디고 있다. 사람들은 가끔 옛 추억을 찾아가듯 부소산 낙화암에 올라 요절한 가수 배호의 〈추억의 백마강〉을 부르는 것으로 잃어버린 왕국을 생각하곤 한다.

백마강 달밤에 물새가 울어
잃어버린 옛날이 애달프구나
저어라 사공아 일엽편주 두둥실
낙화암 그늘 아래 울어나 보자
(…)

중종 연간에 문신이었던 홍춘경洪春卿이 낙화암에 올라 부여를 회고한 시가 한 수 남아 있다.

나라가 망하니 산하도 옛 모습을 잃었구나

홀로 남은 강에 달이 몇 번이나 차고 기울었나

낙화암 언덕에는 꽃이 피어 있거니

비바람도 그해에 불어 다하지 못했구나

부여팔경은 어떠할까? 1920년대에 꼽은 부여팔경은 한 편의 시와 같다. 일경은 '백제탑석조百濟塔夕照'로 정림사지 오층석탑 뒤로 내려앉은 석양이다. 이경은 '부소산모우扶蘇山暮雨'로 부소산 저녁 무렵 부슬부슬 내리는 비다. 삼경은 '고란사효종皐蘭寺曉鐘'으로 적막한 고란사에서 듣는 종소리다. 사경은 '낙화암숙견落花巖宿鵑'으로 낙화암에서 애처로이 우는 소쩍새 소리다. 오경은 '구룡평낙안九龍平落鴈'으로 구룡평야에 내려앉은 기러기 떼다. 육경은 '백마강침월百馬江沈月'로 백마강에 고요히 잠긴 달이다. 칠경은 '수북정청람水北亭淸嵐'으로 백마강에 피어오르는 아지랑이다. 팔경은 '규암진귀범窺巖津歸帆'으로 만선의 깃발을 나부끼며 규암나루로 들어오는 배의 모습이다.

부여팔경은 주로 부소산과 낙화암 그리고 그 아래를 흐르는 백마강을 중심으로 해서 이루어진 경치다. 거기에 신동엽 시인의 산문 〈금강잡기錦江雜記〉에 이르면 백마강과 부여 땅에 스민 슬픔이 얼마나 아름다운지를 깨닫게 되는데, 산문의 내용을 대강 살펴보면 이렇다. 초여름 백마강 가 고란사에 세 젊은 여승이 찾아왔다. 회색 승복을 단정히 입은 그들은 이틀을 묵으며 고란사를 찾는 사람들과 그 근처 상인들과 잘 어울렸다. 때로는 보트도 타고 조약돌을 주워 바랑에 넣으며 이틀을 지낸 후 여승들은 조약돌이 가득 담긴 무거운 바랑을 어깨에 걸어서 허리에 꼭 졸라

매고 일렬로 늘어서서 강의 중심을 향해서 걸어 들어갔다. 그것을 본 사람이 있었다. 건넛마을 사공이 날씨를 보러 문밖에 나왔다가 어스름 아침에 강 속으로 걸어 들어가는 세 그림자를 보고 말았다. 놀란 그는 마을 청년들에게 소리를 질렀다. 그러자 그와 때를 같이하여 주먹만 한 소나기 빗발이 온 천지를 덮으면서 난데없는 뇌성벽력이 하늘과 땅을 뒤흔들었다. 소나기와 천둥이 가라앉은 후 마을 사람들과 절간의 승려들이 모든 배를 동원하여 그들을 찾았는데 가장 어린 여승의 시체가 물 위에 떠 올랐다. 스물둘, 스물넷이라던 두 여승은 끝내 사라지고 말았다. 아무 유서도 유언도 없이 그들은 떠 오르지 않기 위해, 발견되지 않기 위해 무거운 자갈 바랑을 몸에 묶고 물속 죽음의 길로 걸어간 것이다.

그들은 이승 저편 피안의 세계에서 무엇을 보았을까? 그들의 죽음에 하늘은 어찌하여 소나기와 뇌성벽력을 조화했을까? 시인은 그날 오후 백마강 가에 나가 죽어서 누워 있는 그 젊은 여승을 보았단다. 너무도 앳된 얼굴, 이 세상 그 어느 것에도 상관이 없다는 듯 평화스러운 얼굴을 바라보고는 시인은 강기슭을 한없이 거닐었다고 한다.

고란사 종소리 사무치는데

아름다운 경관과 나라 잃은 슬픔이 곁들여져 이곳을 찾는 나그네들의 심사를 어지럽히는 백마강 건너로 부소산이 솟아올라 있다. 부소산에는 왕과 신하들이 서산에 지는 달을 바라보며 풍류를 즐겼다는 송월대送月

臺가 있다. 동쪽 산정에는 왕이 매일 올라가서 동편 멀리 계룡산 연천봉에 솟아오르는 아침 해를 맞으며 국태민안國泰民安을 빌었다는 영일루迎日樓가 있으며 군창터가 남아 있어 지금도 불에 탄 곡식을 찾아볼 수 있다.

부소산 낙화암은 삼천 궁녀가 몸을 던졌다는 고사로 유명하지만, 《여지도서》에서는 '삼천'이란 단어를 찾아볼 수 없다.

> 낙화암은 관아의 북쪽 1리에 있다. 의자왕이 당나라 군사에게 패하자, 궁녀들이 급히 달아나 이 바위 위에 올라 스스로 강물에 몸을 던졌다. 이에 꽃이 떨어진 바위라는 뜻으로 낙화암이라고 이름하였다.

낙화암에서 계단을 따라 내려가면 고란사에 이른다. "고란사 종소리 사무치는데/구곡간장 올올이 찢어지는 듯"이라는 노래 가사의 한 구절로도 남아 있는 이 절의 정확한 창건 연대는 그 기록이 남아 있지 않아 알 수 없다. 그러나 백제시대에 왕들이 노닐기 위하여 건립한 정자였다는 설과 궁중의 내불전內佛殿이라는 설이 전해 온다. 그 뒤 백제의 멸망과 함께 소실된 것을 고려시대에 백제의 후예들이 삼천 궁녀를 위로하기 위해서 중창하여 고란사高蘭寺라 했다.

고려 현종 9년(1028)에 중창했고, 인조 7년(1629)과 정조 21년(1797)에 다시 중수한 이 절은 1900년 은산면에 있던 숭각사崇角寺를 옮겨 중건했다. 정면 7칸에 측면 5칸인 법당과 종각인 영종각만 남아 있는 이 절의 뒤편 커다란 바위틈에는 고란초가 자라고 있다. 절벽 밑에서 솟아나는 물을 고란정皐蘭井이라고 부르는데, 백제 왕들의 어용수御用水로 유명하다. 왕이 고란사의 약수를 마실 적에 물 위에 그 잎을 띄웠다는 고란초는 사람들의 손이 미칠 수 없는 곳에만 약간 남아 있다.

산지의 그늘진 틈에서 잘 자라는 고란초는 전국의 여러 곳에서 자라고 있는데, 사람들은 대개 고란사에서만 자란다고 알고 있다. 습기가 많은 강가 절벽이나 바닷가 숲속에서도 자라고 있으며 고란사 경내를 벗어난 곳에서도 고란초가 자라고 있는 것을 볼 수 있다. 갈라진 바위틈과 이끼가 붙은 곳에서 근경根莖이 옆으로 뻗어 가면서 자라는 고란초는 잎이 드문드문 돋아나며 하나의 잎으로 가장자리에 불규칙한 톱니가 있다.

고란사 아래를 흐르는 백마강을 대왕포大王浦라고 부르는데 《삼국사기》에는 이렇게 기록되어 있다.

> 무왕 37년(636) 3월에 왕이 측근 신하들을 거느리고 사비하沙沘河(백마강) 북쪽 포구에서 연회를 베풀고 놀았다. 포구 양쪽 언덕에 기암괴석이 서 있고, 그사이에 기이한 꽃과 풀이 있어 마치 한 폭의 그림과도 같았다. 왕이 술을 마시고 흥이 극도에 이르러 북을 치고 거문고를 뜯으며 스스로 노래를 부르고 신하들을 번갈아 춤을 추게 했다. 당시 사람들이 그곳을 대왕포라 불렀다.

부소산에는 천정대라는 대臺 모양의 바위가 있었다. 백제에서는 재상을 임명할 때 후보자의 이름을 써서 밀봉한 다음 바위 위에 놓아두었다. 그러고 나서 얼마 후에 뜯어 보면 이름 위에 도장이 찍혀져 있어 그 사람을 재상으로 임명했다고 한다. 그런 까닭에 하늘이 관리를 임명하는 바위

고란사

고란사는 바위 절벽 좁은 터에 자리 잡고 있다.
고란사의 창건 연대는 정확히 밝혀지지 않았으나 현존하는 건물은 은산의 숭각사에서
옮겨 지은 것으로 상량문에 따르면 1797년에 중건된 것이다.

라는 뜻으로 '천정대天政臺'라고 불렀으며, '정사대政事臺'라고도 했다.

수심은 얕아졌지만 예나 지금이나 다름없이 흐르고 있는 백마강에는 이런 전설이 전해 오고 있다. 당나라 장수 소정방이 백제성을 공격할 때였다. 소정방은 비바람이 몰아치고 구름과 안개가 자욱하여 도저히 강을 건널 수가 없었다. 소정방이 근방에 사는 사람에게 물으니 "백제 의자왕은 밤에는 용으로 변하고 낮에는 사람으로 변하는데, 왕이 전쟁 중이라서 변하지 않고 있어서 그렇다"라고 말하는 것이었다. 그 말을 들은 소정방이 타고 다니던 백마의 머리를 미끼로 하여 용을 낚아 올리자 금세 날이 갰고, 드디어 당나라 군사가 강을 건너 성을 함락했다. 그때 용을 낚았던 바위를 조룡대라 하고, 강의 이름을 백마강이라 부르게 되었다고 한다.

부여 현감 한원례韓元禮의 초청으로 부여를 찾았던 정약용은 이와 같은 조룡대에 얽힌 이야기를 듣고는 크게 실망하여 〈조룡대기釣龍臺記〉를 지었는데 그 일부가 다음과 같다.

> 아, 우리나라 사람들은 어찌 이리 황당한 이야기를 좋아하는가! 조룡대는 백마강의 남쪽에 있는데, 소정방이 여기에 올랐다면 이미 군사들이 강을 건너온 것이다. 그런데 어찌 눈을 부릅뜨고 용을 낚아 죽일 필요가 있었겠는가. 게다가 조룡대는 백제성(사비성) 북쪽에 있으니 소정방이 이 대에 올랐다면 이미 성은 함락된 후였을 것이다. 당나라 수군이 바다로 와서 백제성 남쪽에 이르렀다면 즉시 상륙했을 터인데 무엇 때문에 강을 수십 리나 거슬러 올라가 이 조룡대 아래에 이르렀겠는가?

어찌 조룡대뿐이겠는가. 나라 곳곳에 명나라 장수 이여송이 혈穴을 박았다는 혈처는 어찌 그리 많으며, 일본인들이 꽂았다는 쇠는 또 어찌 그리도 많은가.

낙화암 낙화암 왜 말이 없느냐

꽃잎처럼 떨어져 죽었다는 삼천 궁녀의 전설이 서린 사비성을 찾았던 춘원 이광수는 백마강 낙화암을 이렇게 노래했다.

사비수 나린 물에 석양이 비낀 제
버들 꽃 나리는데 낙화암 예란다
모르는 아이들은 피리만 불건만
맘 있는 나그네의 창자를 끊노라
낙화암 낙화암 왜 말이 없느냐
(…)

패망의 역사이고 다시 올 리 없는 세월이지만 험난했던 그 역사를 간직한 곳이 부여다. 김부식은 백제가 망하기 전 발생했던 기이한 현상들을 《삼국사기》에 다음과 같이 적고 있다.

의자왕 20년 봄 2월에 서울의 우물물이 핏빛으로 변했다. 서해에 조그만 물고기들이 나와 죽었는데 백성들이 다 먹을 수 없이 많았다. 사비하의 물이 핏빛과 같이 붉었다.

여름 4월에 두꺼비 수만 마리가 나무 꼭대기에 모였다. 성안의 사람들이 까닭도 없이 놀래 누가 잡으려 하기라도 하는 듯이 달아나다가 쓰러져 죽은 자가 100여 명이나 되고 재물을 잃어버린 자는 셀 수도 없었다.

5월에 폭풍우가 몰아치고 천왕사天王寺와 도양사道讓寺의 탑에 벼락이 내렸으며, 또 백석사白石寺 강당에도 벼락이 쳤다. 검은 구름이 공중에서 동서로 나뉘어 서로 부딪쳤다.

6월에 왕흥사의 여러 중이 모두 배의 돛배와 같은 것이 큰물을 따라 절 문간으로 들어오는 것을 보았다. 들사슴 같은 개 한 마리가 서쪽으로부터 사비하 언덕에 와서 왕궁을 향하여 짖더니 잠시 후에 행방이 묘연해졌다. 서울의 뭇 개들이 노상에 모여서 짖거나 울어대다가 하더니 얼마 후에 곧 흩어졌다. 귀신이 대궐 안에 들어와서 "백제가 망한다. 백제가 망한다" 하고 크게 외치다가 곧 땅속으로 들어가므로 왕이 이상하게 생각하여 사람들을 시켜 땅을 파게 했다. 석 자가량 파내려 가니 거북 한 마리가 발견되었다. 그 등에 "백제는 둥근 달과 같고, 신라는 초승달 같다"라는 글이 있었다. 왕이 무당에게 물으니 무당이 말하기를 "둥근 달과 같다는 것은 가득 찬 것이니 가득 차면 기울며, 초승달과 같다는 것은 가득 차지 않은 것이니 가득 차지 않으면 점점 차게 된다"라고 하니 왕이 화를 내고 그를 죽여 버렸다. 어떤 자가 말하기를 "둥근 달과 같다는 것은 왕성하다는 것이요, 초승달과 같다는 것은 미약한 것이니 생각건대 우리나라는 왕성해지고 신라는 차츰 쇠약해 간다는 것인가 합니다" 하니 왕이 기뻐하였다.

대재각

부여 규암면 백강마을에 있는 대재각은 이경여가 낙향하여 거처했던 곳에 손자인 이이명이 세운 정자로 송시열이 준 여덟 자를 바위에 새긴 각석을 보존하고 있다.

역사는 항상 승자의 기록이다. 패자는 악역을 맡아야 한다. 패자가 될 수밖에 없었던 이야기들이 만들어져 사람들의 입에서 입으로 전해져 왔다.

고려 때 문장가 이존오李存吾가 신돈을 탄핵했다가 좌천되어 백마강 근처에 정자를 짓고 살면서 남긴 시에서 "낙화암 아래에는 물결만 출렁대고, 흰 구름 천년 동안 속절없이 유연悠然하다" 했다.

구드래나루에서 서쪽으로 바라다보이는 부산浮山의 중턱에 대재각大哉閣이 있다. 대재각은 숙종 20년(1700) 병자호란으로 청나라에 잡혀갔던 이경여李敬輿가 낙향하여 거처했던 곳에 손자 이이명李頤命이 세운 정자다. 이경여는 병자호란 때 당한 치욕을 보복하고자 효종에게 북벌 계획과 관계되는 상소를 올렸다. 그러자 효종이 비단을 내리며 "성이지통재심 유일모도원의誠以至痛在心 有日暮途遠意"(참으로 지극한 고통이 마음속에 있으니 날은 저물고 길이 멀다)라고 답했다 한다. 그 뒤 송시열이 "지통재심 일모도원至痛在心 日暮途遠"(지극히 원통함이 마음에 있는데, 해는 저물고 갈 길은 멀다)라는 여덟 글자를 이경여의 아들에게 전한 것을 그의 아들 이명이 돌에 새기고 대재각을 세웠다고 한다. 이곳에서 바라보는 금강은 한 폭의 산수화나 다름없다. 대재각이 있는 부산은 해발 107미터에 지나지 않지만 백마강에 외따로 솟아 있어서 마치 물 위에 떠 있는 것처럼 보인다. 이 산에는 부산서원과 청룡사라는 절이 있다. 《삼국유사》에 "부여군에는 세 개의 산이 있으니, 일산日山, 오산吳山, 부산이라고 하였다. 백제 전성기에는 그 산 위에 각각 신이 살았는데 서로 날아다니면서 아침저녁으로 왕래가 끊이지 않았다" 했다. 홍수가 질 때면 강물에 뜬 섬처럼 보인다 하여 '뜬섬'이라고 부르기도 했다.

임천에 있는 가림성

부여군 임천면 성흥산에 자리 잡은 가림성加林城(임천의 옛 이름)은 백제 부여의 산성이다. 성벽의 겉면은 석축으로 하고 안쪽은 호를 파고 흙으로 쌓은 둘레 1400미터의 토석 혼축 산성이다. 산 정상을 중심으로 하여 7~8분 능선을 따라 거의 수평이 되게 한 바퀴 둘러쌓는 테뫼식 산성으로 남·서·북문지와 군창지, 우물터 세 군데 및 토축보루土築堡壘의 방어 시설을 갖추고 있다. 《삼국사기》에 따르면 동성왕 23년(501) "8월에 가림성을 쌓고 위사좌평 백가에게 성을 지키게 했다." 백제시대에 쌓은 성곽 중에서 유일하게 쌓은 연대와 당시의 지명을 알 수 있는 귀중한 유적이다.

동성왕은 가림성을 축조한 뒤 비운의 죽음을 맞는다. 동성왕의 명을 받아 가림성 성주로 부임한 백가는 이 성의 중요성을 고려해 산성을 지키게 한 것임에도 한직으로 보냈다는 생각에 앙심을 품는다. 백가는 그 일을 못마땅하게 여겨서 병이 들었다며 사직하고 말았는데, 동성왕은 이를 허락하지 않았다. 때마침 사냥을 좋아하던 동성왕이 같은 해 11월 사비의 서쪽 벌판에서 사냥하다가 큰 눈이 내려 길이 막히는 바람에 마포촌에서 머물게 되었다. 기회를 엿보던 백가는 이때를 틈타 자객을 보내 왕을 시해했다고 《삼국사기》는 기록하고 있다. 백가의 반란은 무령왕이 즉위하면서 진압되었고 백가는 참형되어 백마강에 버려졌다. 그러한 역사적 사실을 간직한 가림성은 무왕의 아들 성왕이 도읍을 부여로 옮긴 뒤 더욱 중요한 요새로 자리 잡았다.

성흥산 중턱에 대조사가 있다. 대한불교 조계종 제6교구 마곡사의 말사인 대조사는《부여읍지》에 따르면, 인도에 가서 범본梵本을 가지고 백제로 돌아와 백제 불교의 방향을 제시한 고승 겸익謙益이 창건했다고 한다. 하지만〈사적기〉를 참고하여 적은 현판에는 백제 성왕 5년(527) 담혜曇慧가 창건하고, 고려 원종 때 진전장로陳田長老가 중창한 뒤 여러 차례 중수를 거듭하면서 오늘에 이르렀다고 한다. 창건주에 대한 설은 다르지만 6세기 초에 창건되었음은 분명하다.

지금까지 남아 있는 건물로는 용화보전, 요사채, 산신각 등이 있다. 법당 뒤에 있는 대조사 석조미륵보살입상은 보물로 고려시대 것으로 보인다. 양식과 규모로 볼 때 한눈에도 논산 관촉사 석조미륵보살입상이나 논산 개태사지 석조여래삼존입상, 홍성 상하리 미륵불과 닮았다는 것을 알 수 있다. 그러나 관촉사 석조미륵보살입상의 부리부리한 눈과 달리 온화한 눈빛을 하고 있어 부드러운 느낌을 준다. 대조사 석조미륵보살입상은 화강암으로, 높이가 10미터에 이르며 폭이 4.8미터나 되어 몸체가 다소 둔중한 듯하지만 청아하고 차분한 맛이 있다. 머리에는 원통형의 높은 보관寶冠을 쓰고 그 위에 사각형의 보개寶蓋를 두 개 올려놓았는데, 보관 네 귀퉁이에는 동령銅鈴이 달렸다. 석불 옆 바위에는 수령 500년에 가까운 노송老松이 마치 푸른 용이 용틀임하며 올라간 듯한 자세로 석불 쪽으로 가지를 뻗어 우산처럼 가리고 있어 운치도 있으려니와 경건한 기분을 일깨운다.

전설에 따르면 도승 겸익이 수도하는데 큰 새가 한 마리 날아와 바위 위에 앉는 꿈을 계속 꾸었다. 같은 꿈이 계속되자 겸익이 그 바위에 가 보

부여 가림성

부여 가림성은 백제 수도였던 웅진성과 사비성을 지키기 위하여 금강 하류 부근에 쌓은 성이다. 산 정상에서는 강경읍을 비롯한 금강 하류 일대가 한눈에 내려다보인다.

왔더니 바위가 석불로 변해 있었다. 그래서 이 절을 대조사大鳥寺라 부르게 되었다고 한다.

부여군 양화면 암수리와 원당리 경계에 있는 유왕산留王山에는 백제 멸망의 한이 서려 있다. 의자왕 20년(660)에 나당 연합군에 의해 백제의 사직이 무너지고, 의자왕과 대신 93명 그리고 백성 1만 2807명이 소정방에 의해 사비성을 나와 당의 노예로 잡혀가는 길에 금강을 따라 내려갈 때 백제의 남은 백성들이 이 산에 올라가서 왕과 가족들을 머무르게 해달라고 애원했다고 한다. 그로부터 1300여 년 동안 해마다 음력 8월 17일이 되면 인근 고을의 부녀자들이 음식을 장만해서 몰려와 다음과 같은 〈산유화가〉를 부르는 것이 하나의 풍습으로 자리 잡았다고 하는데 백제인들의 슬픔이 느껴진다.

> 산유화야 산유화야 슬픔 많은 산유화야
> 유왕산에 올라가서 하날에게 빌고 빌어
> 이국타향 상감마마 언제 다시 환국할까
> 나라 다시 일 때까지 만수무강 하옵소서
> (…)
> 이별별자 설워마소 만날봉자 다시 있네
> 명년팔월 십칠일에 악수논정 다시 하세

부여 대조사 석조미륵보살입상

미래에 나타나 중생을 구제한다는 미륵보살을 형상화한 것으로 고려 때 유행한 거대한 석조미륵보살의 하나다. 논산 관촉사 석조미륵보살입상과 쌍벽을 이루는 유물이다.

누가 하늘을 보았다 하는가

백제교를 지나 기전나무숲이 울창한 옛 나성 터에 신동엽 시인의 시비가 있다. 민족 시인 신동엽은 부여에서 1930년에 태어났다. 1959년 장시 〈이야기하는 쟁기꾼의 대지〉가 조선일보 신춘문예에 당선되어 등단한 이래 〈진달래 산천〉, 〈산에 언덕에〉, 〈아니오〉, 〈술을 마시고 잔 어젯밤은〉, 〈4월은 갈아엎는 달〉과 같은 절창을 계속해서 발표했다. 서사시 《금강》의 일부를 보자.

백제,
옛부터 이곳은 모여
썩는 곳,
망하고, 대신
거름을 남기는 곳,

금강,
옛부터 이곳은 모여
썩는 곳,
망하고, 대신
정신을 남기는 곳

4·19 혁명이 미완으로 끝날 수밖에 없었던 이유를 분단 이데올로기에

서 찾으며, 완성된 혁명(통일)을 위해서는 "두 가슴과 그곳까지 내놓은 아사달, 아사녀"처럼 반외세, 반봉건의 가장 순수하고 깨끗한 민족정신이 필요함을 역설했다. 신동엽의 시 〈껍데기는 가라〉는 우리 민족사에 길이 남을 명시로, 곧고도 굳은 목소리로 당당한 울림을 주고 있다.

껍데기는 가라.
사월도 알맹이만 남고
껍데기는 가라.

껍데기는 가라.
동학년 곰나루의, 그 아우성만 살고
껍데기는 가라.
(…)

껍데기는 가라.
한라에서 백두까지
향그러운 흙가슴만 남고
그, 모오든 쇠붙이는 가라.

신동엽은 1967년 팬클럽 작가 기금 5만 원을 받아 동학 농민 혁명을 전면에 내세운 《금강》을 발표한다. 《금강》은 오랜 세월 동안 잠들어 있던 100여 년 전의 장엄했던 혁명을 문학과 역사의 중심으로 끌어내는 중요한 역할을 했다. 김수영과 함께 민족 문학의 양축을 형성했던 신동엽은 마흔의 젊은 나이에 타계했다. 사후 7년 만에 발간된 그의 시전집은 제3공화국 시절 긴급 조치 9호 위반으로 판매 금지되는 운명에 처하기도 했다.

시인이 타계한 그 이듬해에 뜻있는 사람들이 모여 시비를 세웠다. 신동엽 시인의 시비에는 쓸쓸한 서정이 묻어나는 〈산에 언덕에〉가 새겨져 있다. 그것을 바라보면 가슴이 절로 뜨거워지는 것은 이곳을 찾는 모든 사람의 숨길 수 없는 마음이리라.

누가 하늘을 보았다 하는가
누가 구름 한 송이 없이 맑은
하늘을 보았다 하는가.

네가 본 건, 먹구름
그걸 하늘로 알고
일생을 살아갔다.
(…)

신동엽 시인의 〈누가 하늘을 보았다 하는가〉가 들릴 것 같은 옛 나성터를 휘돌아 금강은 논산으로 흐른다.

소설가 유현종은 《들불》에서 "금강을 이용해서 왜인들이 쌀을 가져가고 그로 인해 백성들은 피폐해져 아사 직전까지 이르게 하였다. 그뿐만 아니라 권력자들도 금강을 타고 오르며 뇌물을 거두어들이기에 정신이

신동엽 생가

1985년 복원한 신동엽 생가는 방 두 개와 마당이 전부다.
방문 위에는 부인 인병선 여사가 쓴 〈생가〉의 시틀 목판이 걸려 있다.

부여 정림사지 오층석탑

익산 미륵사지탑과 더불어 백제탑의 전형을 보여 주는 정림사지 오층석탑은 당초의 모습을 고스란히 간직하고 있다. 백제 수도 부여에서 1400년 동안 큰 훼손 없이 원래의 자리를 묵묵히 지키고 있는 터줏대감이다.

부여 궁남지

백제 무왕 때 만들어진 것으로 보이는 별궁 연못이다.
"궁궐의 남쪽에 연못을 팠다"는 《삼국사기》의 기록을 근거로 궁남지라 부른다.

없고 백성들은 점점 어려워만 진다"라고 하여 금강이 백성을 수탈하는 길로 이용되었음을 보여 주었다.

백제의 도읍지로서 123년간 그 흥망성쇠를 지켜보았던 새벽의 땅 부여에는 생각보다 백제의 유물이 별로 없다. 상상력 없이는 부여에서 보고 올 것이 없다는 누군가의 말처럼 부여의 중심가는 물론이거니와 부소산 일대에도 그 옛날의 자취를 전해 주는 문화유산들이 많지 않다. 그러나 부여의 중심에 자리 잡은 정림사지 오층석탑은 백제시대 부여를 대표하는 문화유산이라고 해도 손색이 없다. 국보로 지정된 이 탑은 백제 석탑의 완성 그 자체다. 그뿐만 아니라 미술사학자 고유섭의 연구에 따르면 백제 사람들이 목탑에서 석탑을 만들어 냈고 신라에서는 전탑(벽돌로 만든 탑)에서 석탑을 만들어 내 통일신라에 들어와서는 마침내 경주 감은사지 삼층석탑과 같은 완성된 석탑을 있게 한 것으로 추정한다. 석탑 뒤편에 있던 부여 정림사지 석불좌상(국가지정문화재 보물)은 현재 새로 지은 전각 안으로 옮겨졌고, 그곳에서 멀지 않은 궁남지에는 수령이 오래된 버드나무만 남아 바람결에 흔들거리고 있다.

지금은 부여에 편입된 파진산波鎭山에 조선 중기 기인 전우치에 관한 이야기가 숨어 있다. 깎아지른 듯한 낭떠러지에 바지를 걸어 놓은 것 같은 모양의 흰 바위가 있어 바지산(소지산所之山)이라고도 부르는 이 산에 오래된 절이 있는데, 이곳에서 도사 전우치가 글을 읽다가 산신을 만나 비결秘訣을 얻어서 그 술법으로 유명해졌다는 이야기다.

불운한 천재의 마지막 은둔처 무량사

부여 홍산鴻山은 1914년까지 현이었다. 《여지도서》에 따르면 홍산현의 형승은 "앞으로는 널따란 들을 마주 대하고 있으며, 뒤로는 거대한 산(비홍산)을 등지고 있다." 홍산이라는 이름은 그 모양이 날아가는 기러기처럼 생긴 비홍산飛鴻山에서 유래했다. 비홍함로飛鴻含蘆의 명당이 이곳에 있다고 한다. 동쪽에 있던 숙홍역宿鴻驛의 본래 이름은 비웅非熊이었는데, 이곳의 지형이 날아가는 기러기 형국이라서 이름을 바꾸었다고 한다.

남촌 중앙에 있는 십자거리는 장승이 서 있던 곳으로 장승배기라고도 불리며 남촌에서 보령, 부여, 서천, 한산으로 통하는 네 갈래 길이었다. 남촌 남쪽에서 홍산 홍양리 한희동으로 넘어가는 고개가 용문고개다. 한희동 서북쪽에 있는 만인재고개는 하도 높고 험하여 도둑이 들끓는 바람에 1만 명이 모여야 넘을 수 있다고 해서 이런 이름이 붙었다.

부여군 외산면 만수산에 무량사가 있는데, 그곳에 매월당梅月堂 김시습金時習의 흔적이 남아 있다. 김시습은 우리나라 최초의 한문 소설인 《금오신화》를 비롯해 여러 책을 지었다. 훗날 〈김시습전〉을 지은 이이는 불우했던 김시습의 한평생을 다음과 같이 애석해했다.

> 한번 기억하면 일생 잊지 않았기 때문에 평일에 글을 읽거나 책을 가지고 다니지 않았지만, 고금古今의 문적文籍을 꿰뚫지 않은 것이 없어 남의 질문을 받으면 응대하지 못하는 것이 없었다. (…) 애석한 것은 시습의 영특한 자질로

써 학문과 실천을 갈고 쌓았더라면, 그가 이룬 것은 헤아릴 수 없었을 것이다.

수양대군이 왕위를 찬탈하자 벼슬을 버리고 초야에 묻혀 산 생육신의 한 사람인 김시습은 나이 50에 이르러서야 인생에 초연해질 수 있었다. 그는 나라 구석구석을 정처 없이 떠돌아다녔는데, 마지막으로 찾아든 곳이 무량사였다. 김시습은 여기서 자신의 초상화를 그리고는 "네 모습은 지극히 약하며 네 말은 분별이 없으니 마땅히 구렁 속에 버릴지어다"라고 자신을 평가했다. 무량사에는 진위를 확인할 수는 없지만, 불만 가득한 표정을 한 김시습의 초상화가 지나는 길손들을 맞고 있다.

김시습은 59세에 무량사에서 쓸쓸히 병들어 죽었다. 죽을 때 화장하지 말 것을 당부했으므로 시신은 절 옆에 안치되었다. 3년 후 장사를 지내려고 관을 열었는데, 김시습의 낯빛이 살아 있을 때와 다름이 없었다고 한다. 사람들은 그가 부처가 된 것이라고 믿어 유해를 불교식으로 다비했다. 이때 사리 1과顆가 나와 부도를 세웠다.

그 뒤 이곳의 선비들이 김시습의 풍모와 절개를 사모하여 지금의 홍산면 교원리에 서원을 짓고 청일서원淸逸書院이라 했다. 경내에는 청풍각淸風閣과 사당인 청일사淸逸祠 등이 있다. 이곳에 가면 김시습의 시 한 편이 바람결에 들리는 듯하다.

그림자는 돌아다봤자 외로울 따름이고

갈림길에서 눈물 흘린 것은 길이 막혔던 탓이고

삶이란 그날그날 주어지는 것이고

살아생전의 희로애락은 물결 같은 것이었노라

김시습의 생애를 평한 글이 여러 편 있다. 그중 조선의 8대 문장가 중 한 사람인 이산해가 왕명을 받고 쓴 〈매월당집서〉의 일부를 보자.

고금의 문적을 눈만 거치면 다 기억하였고, 도道와 이理의 정밀하고, 미묘한 것도 들여다보고 사색하는 공부가 없음에도 또한 요령을 깨닫는 일이 많았다. 대개 그가 천성적으로 타고난 것이야 말할 것도 없이 훨씬 탁월하였지만 자품資稟의 아름다운 점으로 보면 상지上智의 성인에 다음간다고 하여도 가할 것이다.

그가 자기 생각을 깊이 간직한 채 아예 떠나서 돌아오지 않았으며, 명교名教를 버리고 선문禪門에서 모습을 바꾸어 병든 자처럼, 미친 자처럼 행동하여 세상을 크게 놀라게 한 것은 또 무슨 뜻이었던가? 그가 평소에 남긴 소행을 살펴보면, 시를 쓰고서 울고, 나무에 조각하고서 울고, 벼를 베고서 울고, 고개에 올라서면 반드시 울고, 갈림길을 당하면 울었으니 한평생 간직했던 그의 은미한 뜻을 비록 쉽게 엿볼 수는 없지만, 대체의 요지는 다 그 평평함을 얻지 못해서가 아니었던가?

그 초연하게 고답高踏하는 태도로 온 세상을 우습게 보면서 산 좋고 물 좋은 고장을 찾아 즐기고 현상을 탈피한 경지에서 방랑 생활을 하였으니, 그러한 행동거지가 한가하고 쾌적하여 외로운 구름이나 홀로 나는 새와도 같았다. 그리고 마음은 막힌 곳이 없이 훤하여서 얼음이 든 옥병과 가을 달에도 전혀 부끄러움이 없었으니, 그 높은 풍모風貌와 아담한 운격韻格은 붓끝으로 형용하

무량사 김시습 부도

김시습은 만년을 무량사에서 보내다 입적했다. 김시습의 부도는 조선 중기의 간소화된 형식을 따르지 않고 조선 초기 팔각원당형의 형태를 보이고 있어서 가치가 높다.

무량사 장승

장승은 한번 세우면 썩어 쓰러질 때까지 그 자리에 서 있으므로 사람과 함께 늙어 간다.
그 대표적 실례로 꼽히는 것이 이곳 무량사 장승이다.

기 어려움이 있다 하겠다. 이는 옛사람이 이른바, "우뚝 서서 홀로 가되 몇 만 년이 흘러가도 돌아보지 않는다"라는 것과 거의 유사할 것이다.

조선 전기 문신 윤춘년尹春年이 지은 〈매월당선생전〉의 후기에 보면 "선생이 환술幻術이 많아서 능히 맹호猛虎를 부리고, 술酒을 변하게 해서 피가 되게 하고, 기운을 통해서 무지개가 되게 하고, 오백나한을 청해 온다 했지만 이 역시 믿을 수 없다"라고 끝을 맺고 있다.

앞서 본 〈매월당집서〉에서 이산해는 "높고 거룩한 문장은 대부분 객지에 떠도는 사람과 들에 묻힌 사람에게서 많이 나온다" 했다. 예나 지금이나 좋은 작품은 평온함 속에서는 나오지 않는다. 그런 연유로 구양수도 "시는 곤궁한 다음에 나온다"고 자신 있게 말했을 것이다. 김시습은 평생을 아웃사이더로 한도 끝도 없이 살다가 갔다. 그는 스스로가 고난을 자처했고, 그것을 달게 받아들였다.

무량이란 셀 수 없다는 말로, 목숨도 지혜도 셀 수 없는 것이 바로 극락이니 극락정토를 지향하는 곳이 무량사無量寺라고 할 것이다. 만수산 기슭에 자리 잡은 무량사는 신라시대에 창건했고 신라 말 고승 무염無染이 머물렀다고 한다. 조선 중기 선승으로 이름 높았던 김제 출신 진묵震默이 무량수불에 점안(불상의 눈동자에 점을 찍는 의식)을 했다. 진묵은 명리에 초연하여 참선과 경전 읽기를 일생의 업으로 삼았다. 만수산 기슭에서 나는 나무 열매로 술을 빚어 많이 마셨다 하며, 다음과 같은 시를 남겼다.

하늘을 이불 삼고 땅을 요 삼아 산을 베고 누웠으니

부여 무량사 극락전

무량사 극락전은 외관상으로는 이층 건물이지만 내부는 상하층 구분 없이 하나로 트여 있다.
그래서 무량사 극락전은 유독 위엄 있고 장엄하게 보인다.

달은 촛불, 구름은 병풍, 바다는 술 항아리가 되도다
크게 취하여 문득 춤을 추다가
문득 곤륜산에 걸린 긴 소매가 귀찮구나

임진왜란이 일어나자 나라를 구하기 위해 온몸을 바쳐 싸운 서산대사 휴정이나 사명당 유정 등과 달리 진묵대사는 오로지 수행에만 전념했다. 그러는 한편 어머니에게 지극정성을 다했다. 이것을 어떻게 이해해야 할 것인가? 진묵대사는 무량사 외에 완주 서방산의 봉서사, 모악산의 수왕사를 비롯하여 전라도 일대의 절들에 기행과 술에 얽힌 많은 일화를 남겼다.

무량사는 임진왜란 당시 크게 불탔으며 17세기 초에 대대적인 중창 불사가 있었다. 천왕문에 들어서면 10세기경에 만든 것으로 추정되며 선과 비례가 매우 아름다운 무량사 석등(국가지정문화재 보물)이 먼저 눈에 들어오고, 그 뒤에 무량사 오층석탑(국가지정문화재 보물)이 보인다. 이 탑은 창건 당시부터 절을 지켜 온 것으로 추측된다. 완만한 지붕돌이 목조 건물처럼 살짝 반전을 이루고, 경박하지 않은 경쾌함을 보여 주는 처마 선이 부여 정림사지 오층석탑을 연상케 한다. 이러한 점 때문에 부여 장하리 삼층석탑, 전라북도 정읍시 영원면 은선리 삼층석탑과 함께 몇 개 남지 않은 고려 때 조성된 백제계 석탑으로 평가받고 있다.

인조 때 중건한 무량사 극락전(국가지정문화재 보물)은 조선 중기에 건립된 목조 건물의 양식적 특징을 잘 나타낸 불교 건축물로서 중요한 가치를 지니고 있다. 밖에서 보면 이층 목조 건물이지만 실제 내부는 위아래로 나뉘지 않은 통층이다. 중앙부 뒤쪽에 불당이 마련되어 있고 그 위에 소조아미타삼존불(국가지정문화재 보물)이 있다. 중앙에 있는 아미타불좌상의 높이가 5.4미터, 좌우에 있는 관세음보살과 대세지보살이 4.8미터로 흙으로 빚어 만든 소조불로는 동양 제일의 크기를 자랑한다.

부여군 은산면 은산리에서는 3년에 한 번씩 정월에 큰 굿판이 벌어지는데 은산별신제라고 한다. 충청남도 부여군 은산에서 수호신에게 풍요와 평안을 기원하는 별신제는 진대베기로 시작해 꽃받기, 상당굿(별신 올리기), 행군과 축원굿, 하당굿, 독산제, 장승 세우기로 끝난다. 중요무형문화재로 지정된 은산별신제의 유래는 이렇다. 아득한 옛날 이 마을에 전염병이 돌았다. 남자들이 하루에도 몇 명씩 죽어 나가자 사람들이 불안에 떨며 지냈는데, 어느 날 한 노인이 꿈을 꾸었다. 어떤 늙은 장군이 나타나 자기는 백제의 장군이었는데 많은 부하와 전쟁터에서 억울하게 죽었다며, 자신과 부하들의 유골이 아직도 땅바닥에 뒹굴고 있으니 그 뼈를 추려 장사를 지내 주면 전염병을 없애 주겠다고 했다. 꿈에서 깬 노인이 꿈속에서 장군이 알려 준 곳으로 가 보자 정말로 수많은 유골이 땅바닥에 흩어져 있었다. 마을 사람들이 그 유골들을 모아 장사를 지낸 뒤 위령제를 올렸다. 그러자 순식간에 전염병이 감쪽같이 사라졌다. 이것이 은산별신제의 시초였다. 지금도 이 지역 사람들은 그 노인의 꿈에 나타난 늙은 장군을 백제 부흥 운동을 주도했던 '복신'이나 '도침'이라고 여기고 있다. 13일 동안 펼쳐지는 이 별신제는 12일째 되는 날 독산제를 지내고, 그다음 날 시장을 중심으로 사방 입구에 장승을 세우는 장승제를 거행하며 막을 내린다.

4

계룡산 높이 솟아 층층이 푸름을 꽂고

새 왕조의 꿈이 머물던 곳

염라대왕이 논산 사람에게 묻는다는 세 가지 명물

계룡산은 계룡시를 남쪽에 끼고 동쪽으로 대전, 서남쪽으로 논산, 서북쪽으로 공주에 그 산자락을 펼치고 있으며, 금남정맥 줄기를 따라 전라북도 대둔산 아래 금산군으로 이어진다. 계룡산의 서남쪽에 자리한 논산은 논강평야 가운데 위치하고 그 서쪽에 강경이 있으며 북쪽으로는 공주와 경계가 닿아 있다.

논산論山은 본래 은진현에 딸린 놀뫼 또는 논산포였고 갑오개혁 이후 발전하기 시작했다. 《여지도서》에 논산리는 "관아에서 10리다. 호적에 편성된 민호 80호 가운데 남자는 116명이며 여자는 178명이다"라고 되어 있다. 1914년 행정 구역 개편 때 은진군과 연산군의 전부와 노성군의 소사면을 제외한 전부와 석성군, 공주군, 진잠군 등의 일부 지역을 합해서 논산군이 되었고 1996년에 시가 되었다.

《택리지》에 계룡산과 논산 일대는 다음과 같이 기록되어 있다.

계룡산 넷째 연봉에서 한 줄기가 서쪽으로 내려와서 경천촌敬天村이 된다. 이 마을은 판치板峙 남쪽에 있다. 땅이 기름지고 산이 웅장하며, 주민은 부유하고 물산은 풍부하다. 계룡산 동쪽은 공주의 대장촌大庄村이고, 서쪽은 이산尼山(현 논산시)과 석성石城(현 부여군) 두 고을이며, 또 남쪽은 연산連山(현 논산시)과 은진恩津(현 논산시) 두 고을이다. 이산과 연산은 계룡산과 가깝지만 땅이 기름진 반면, 은진과 석성은 평야 지대에 있지만 땅이 메마르며 수해와 가뭄 재해가 자주 일어난다. 이 네 고을은 경천과 통하면서 하나의 평야로 이루어진다. 바닷물이 강경을 거쳐 드나들기 때문에 들에 있는 모든 시내와 계곡은 뱃길로 인한 이익이 있다. 강경은 은진의 서쪽에 있다.

논산 일대에는 세 가지 명물이 있는데 그 유래가 재미있다. 논산 사람이 저승에 가면 관촉사 은진미륵과 개태사 철확 그리고 강경의 미내다리를 보았느냐고 염라대왕이 묻는다 해서 반드시 논산에 있는 이 세 곳을 구경한다고 한다. 개태사 철확은 예전에 연산공원에 있다가 1981년에 개태사로 옮겨진 가마솥이다. 이 철확은 대부나 대철이라고도 불리며 지름 3미터, 높이 1미터, 둘레 9.3미터의 큰 솥이다. 본래 천호리 개태사에 있던 것이지만 개태사가 폐사된 후 큰 장마에 떠내려가 2킬로미터쯤 떨어진 연산면 앞 냇가에 묻혀 있던 것을 일제 강점기에 연산공원으로 옮겨 두었다. 제2차 세계대전 때 일본인들이 무기를 만들기 위해 솥을 깨려는데 별안간 일하던 사람이 병들어 죽고 그 일에 관계했던 사람이 모두 중병에 걸렸으므로 매우 놀라 깨지 못했다는 일화가 전해 온다. 《여지도서》에도 이 철확에 대한 다음과 같은 기록이 보인다.

개태사의 옛터에 큰솥이 있었다. 둘레는 10여 파把나 되며, 높이는 1장丈이나 된다. 백성들 사이에 전하기를, 개태사가 한창 왕성하던 때 승려들이 장醬을 졸이던 그릇이라고 한다. 주조해 만든 지 이미 오래되었지만 꽤 신령스럽고 이상한 점이 있다. 큰 가뭄을 만날 때마다 백성들이 다른 곳에 끌어다 두면 그때마다 비가 내린다. 지금은 관아의 서쪽 2리쯤에 있다. 요 몇 년 사이에 오랜 가뭄이 들었을 때 끌어다 이곳으로 옮겨 두었다고 한다.

꼿꼿한 선비의 표상 김장생

이곳 충청남도 논산시 연산連山의 인물 중 한 사람이 돈암서원遯巖書院에 모셔진 김장생金長生이다. 명종 3년(1548) 서울에서 태어난 김장생은 이이의 제자로 기호학파의 영수이자 조선 예학禮學의 태두였다. 그는 이곳 연산에서 어린 시절을 보냈다. 아버지는 대사헌을 지낸 김계휘金繼輝다. 명종 15년(1560) 송익필宋翼弼에게 사서四書와 《근사록近思錄》 등을 배웠고, 20세 무렵에 이이의 문하로 들어갔다. 김장생은 율곡 이이의 학문을 더욱 깊이 연구했을 뿐만 아니라 유교 사상의 핵심인 예학을 이론적인 학문으로 성립시킨 《가례집람家禮輯覽》을 저술하여 조선 유학의 태두라고 불렸다.

김장생의 이름이 널리 알려지면서 기호학파의 큰 유학자들이 모두 그에게 수학했다. 그의 아들 김집과 송시열, 송준길, 이경석, 이유태, 강석기 등 300여 명이 넘는 많은 후학을 길러냈다.

김장생의 성격을 두고 의론이 화평하고 각박한 말은 하지 않았지만 시비是非와 사정邪正은 엄격하게 따졌다고 했던 것으로 보아서 꼿꼿한 선비의 표상이었다. 그런 그의 모습이 시에도 그대로 드러나 있다.

대 심고 울을 삼아 솔 가꾸니 정자로다
흰 구름 모인 곳에 내 있는 줄 누가 알리
뜨락에 학이 배회하니 내 벗인가 하노라

김장생이 광해군 때 일어난 계축사화癸丑士禍에 연루되었다가 무혐의로 풀려난 뒤 지은 것으로 보이는 이 시조에는 세상과의 인연을 끊고 자연 속에 은둔해서 살고자 하는 마음이 그대로 담겨 있다.

돈암서원의 전신이라 할 수 있는 양성당養性堂은 김장생이 연산에 내려와 강학을 펼치던 곳이자 그의 서재였다. 김장생의 〈양성당기〉에 그려진 그 일대의 풍경은 그림처럼 아름답다.

돈암의 숲에 옛 정자가 있는데, 편액의 이름이 아한당雅閒堂이었다. (…) 뒤편으로는 작은 동산이 있고 산 아래에는 소나무와 대나무가 있으며, 앞으로는 길게 뻗쳐 있는 숲이 있다. 숲 바깥쪽으로는 맑은 시내가 흐르는데 희고 깨끗한 모래가 맑고 아름다우며 냇물의 깊이는 거룻배를 띄울 정도다. 또 뒤쪽 시내는 바위 사이로 물이 떨어져 내려 갓끈을 씻을 만하다. 이 물줄기를 끌어다가 위아래로 연못을 만들어 붉은 연꽃과 흰 연꽃을 심었다. 복사꽃 핀 시내와 버들가지 늘어진 물가를 따라 잔디가 덮인 둑은 수백 걸음이나 되며, 배나무,

돈암서원 유경사

돈암서원에 있는 조선 중기에 건립된 유경사에는
김장생, 김집, 송준길, 송시열의 위패가 봉안되어 있다. 정면 3칸, 측면 3칸으로
앞면 1열은 퇴칸이고 뒷면 2열은 내부 공간으로 꾸며져 있다.

대추나무, 감나무, 밤나무, 닥나무, 옻나무, 뽕나무, 산뽕나무들이 좌우로 둘러 싸여 있다.

멀리서 바라본 형세를 보면 남쪽에는 대둔산이 있고, 북쪽에는 계룡산이 솟아 있으니, 가파르고 험준하며 높이 솟은 산봉우리가 한자리에 모두 모여 있다. 주변에는 메마른 밭 몇 이랑이 있다. 만약 사내종을 시켜 그곳에서 부지런히 힘쓰게 한다면 미음과 죽을 먹기에는 넉넉할 것이다.

인조 9년(1631) 83세로 세상을 떠난 김장생은 이름에 걸맞게 장수했다. 그의 고향인 연산에서 장례를 치렀는데, 그때 복을 입은 문인이 수백 명에 이르렀다. 장유가 신도비명을 짓고, 송시열이 행장을, 송준길이 시장諡狀을 지었다. 그가 죽은 지 37년 만인 숙종 43년(1717)에 문묘에 배향되었으며, 그의 아들 김집金集 역시 고종 20년(1883)에 문묘에 배향되어 아버지와 아들이 문묘에 배향되는 영광을 누렸다. 김장생은 연산의 돈암서원과 안성의 도기서원 등 10여 개의 서원에 제향되었으며 시호는 문원文元이다.

김장생은 정밀한 고증을 통해 예학을 체계화한 학자다. 예학의 실천에도 해박하여 당시 사람들은 예법에 의심 가는 점이 있으면 반드시 그에게 문의했고, 나라의 전례나 행사를 치를 때도 그와 의논했다. 김장생의 사후 탈상하던 해인 인조 12년(1634)에 제자들이 돈암서원을 세웠고, 현종 원년(1660)에 돈암서원이라는 사액을 받았다. 돈암서원은 김장생의 학문과 덕행을 기리기 위한 것으로 충청 지역의 대표 서원이다. 흥선대원군의 서원 철폐 때도 살아남은 전국 47개 서원 중의 한 곳이다. 기호산림畿湖

山林의 산실이자 본거지로서 선현의 제사와 교육에 중요한 역할을 해 온 이 서원은 처음에 건립될 때는 현재의 위치에서 1.5킬로미터쯤 떨어진 하임리 숲말 산기슭에 있었다. 그러나 고종 17년(1880) 서원 앞을 흐르는 사계천이 서원의 담장을 침식해 들어오게 되어 지금의 위치로 터를 잡아 옮겼다.

놀뫼의 인물들

연산에 태를 묻은 또 한 사람이 정역을 창시한 대한제국 말의 사상가 일부一夫 김항金恒이다. 김항은 순조 26년(1826) 지금은 논산으로 바뀐 연산현 양촌면 남산리에서 태어났다. 김항의 어린 시절에 관해서는 자세히 알려진 바가 없지만, 용모가 비범하고 기골이 장대했으며 어질고 너그러운 도량과 재능을 지녔었다고 알려져 있다.

김항은 천문과 역학에 밝은 연담蓮潭 이수회李守會에게 배웠다고 한다. 19년간 《서경》과 《주역》을 읽었으며, 역학적 원리를 바탕으로 영가무도詠歌舞蹈라는 심신 수련법을 개발한 뒤 《주역》을 재해석하여 새롭게 체계화한 《정역正易》을 지었다. 《정역》은 김항이 공부한 역학 사상의 집약체로, 《주역》의 괘卦를 다르게 배열하여 새로운 괘도를 창조했다. 김항은 《주역》을 중국 상고시대 복희씨의 역을 계승하고 극복한 것으로 보았다. 김지하 시인의 회고록 《흰 그늘의 길》에 언급된 내용을 보자.

1850년 무렵 충청도 연산 인내강의 '띠울'이란 마을에 한 기인이 살고 있었다. 전력은 참판까지 지낸 분인데, 낙향하셨다. 연담 이운규 선생이시며, 연담 선생 문하에 세 사람의 제자가 있었다 한다. 최수운(최제우), 김광화, 김일부(김항)가 그들이었는데, 연담은 최수운에게 선도仙道 부활의 동학東學을, 김광화에게 불교 혁신의 남학南學을, 김일부에게 유학의 꽃인 《주역》의 일대 혁파에 의한 간역艮易, 즉 정역의 새 길을 제시해 주었다. 이때 김일부에게 준 화두가 바로 '영동천심월影動天心月'이었다.

김지하 시인의 글에 따르면 김항은 《주역》 전문가인데, 1879~1885년에 허공에서 이상한 그림을 발견했다. 그것이 바로 《주역》 아닌 《주역》, 혁신적인 역易, 우주의 새로운 원형이 바로 허공에 나타난 것이다. 이운규로부터 이어받은 '영동천심월'의 뜻을 19년 동안 각고의 노력 끝에 스스로 깨우친 그의 수양 방법은 《서전書傳》의 정독과 다독, 그리고 영가와 무도로 인한 정신 계발이었다.

그 뒤 김항에게 이상한 괘획卦劃(주역의 기본이 되는 그림)이 날이 갈수록 점점 뚜렷이 나타났는데 그 형상을 그린 그림이 〈정역팔괘도正易八卦圖〉였다. 팔괘의 명사命寫가 끝난 뒤 공자의 영상이 나타나 이렇게 말했다. "내가 일찍이 하고자 하였으나 이루지 못한 것을 그대가 이루었으니 이렇게 장할 데가 있나." 김항을 칭찬한 공자는 김항의 호를 '일부'로 지으라고 했는데, 그때가 고종 18년(1881)이었으며 그해에 《대역서大易序》를 얻게 되었다.

고종 22년 《정역》을 완성한 김항은 거처를 지금의 논산시 연산면 도곡리 국사봉으로 옮겼다. 그 뒤 이곳으로 나라 곳곳에서 수많은 제자가 모여들어《정역》을 공부했으며, 훗날 그들이 신종교의 창시자가 되었다.

김항의 공부법은 특이했다. 제자들을 가르치기보다는 스스로 깨닫게 했다. 그들이 혹여라도 잘못하면 나무라기보다는 타일렀다. 그들이 잘못했을 때 지적하기보다는 좀 덜 생각했다 말했던 것을 보면 그의 천성이 온후하면서 크고도 넓은 도량을 지녔음을 미루어 짐작할 수 있다.

《정역》에 따르면 영동천심월 중 '천심월'이 바로 우주의 핵인데, 우주의 중심을 바꾼다는 것이다. 바로 '그늘이 우주를 바꾼다'는 놀라운 사상이라는 것이다. 조선 후기 동학이 실패로 돌아가고 나라가 혼란에 빠졌을 때 이 땅을 주유하던 증산甑山 강일순姜一淳이 만났던 사람이 바로 연산의 김항이다.

논산시 가야곡면 양촌리에 사육신의 한 사람인 성삼문成三問의 묘가 있다. 역적으로 몰려 죽은 성삼문의 시체를 조선 팔도에 조리돌리던 중 이곳을 지나던 길에 시체가 땅에 붙어 떨어지지 않았다. 할 수 없이 그 자리를 정하여 묘를 썼고, 그곳을 성삼문의 송죽松竹 같은 충의를 사모한다는 뜻으로 사송재 또는 사송티라고 부른다.《여지도서》에는 성삼문의 묘, 즉 '성삼문총成三問塚'에 얽힌 다음과 같은 이야기가 실려 있다.

관아의 동쪽 20리, 구로현九老峴에 있다. 고을 사람들 사이에 다음과 같은 이야기가 대대로 전해 온다.

옛날에 김한이라는 사람이 이곳에다 똥을 누고 쌍계사에서 밤을 묵었다. 꿈에 건장한 사내가 와서 물었다. "어찌해서 내 머무르는 곳을 더럽히느냐?" 꿈에서 깨어 절의 중에게 물어보니 대답했다. "성승지(성삼문)의 팔다리 가운데 하나가 이곳에 묻혀 있습니다." 마침내 함께 가서 파헤쳐 보니 뼈가 있었다. 이에 감싼 옷을 풀어 묻어 주고 나무에 새겨서 표시했다.

뒤에 현감 정효성이 제문을 지어 제사 지냈다. 세월이 오래 지나서 쇠퇴해졌는데, 현감 여선장이 가서 찾아보았으나 정확한 곳을 찾지 못했다. 병진년(영조 12, 1736)에 현감 이도선이 본토박이가 가리키는 것에 따라서 봉분을 더 쌓았다. 고을의 선비 이단후가 의견을 내어 논산에 사당을 세웠다. 충신 양응춘도 함께 위패를 모시고 제사를 지낸다. 갑오년(숙종 40, 1714) 이후 설립된 것이라 하여 헐어 버렸다.

나면 누구나 죽는다. 다만 조금 빨리 죽고 조금 오래 살 뿐이다. 한때는 집현전 학사로 아름다운 시절을 보냈던 사람들, 신숙주, 정인지鄭麟趾, 박팽년朴彭年, 성삼문 등이 단종 폐위 사건을 겪으면서 정적이 되었고, 성삼문과 박팽년은 조금 일찍이 이 세상을 하직했다. 그 후일담이 《해동악부》에 실려 있다.

문충공 신숙주가 젊었을 때 성삼문, 박팽년 등과 더불어 이름을 나란히 하고, 옥당玉堂에 있으면서 함께 문종의 탁고托孤의 분부를 받았다. 세조가 왕위를 물려받자 성삼문과 박팽년 등은 충절을 다하고, 두 마음을 갖지 않았기에 극형을 받았다. 그러나 신숙주는 세조의 왕실에 힘을 바쳐 벼슬이 영의정에 있었다. 그의 나이 56세에 임종을 맞을 때 한숨짓고 탄식하기를 "인생이란 마침내 이렇게 죽고 마는 것이로구나" 하였으니, 아마 뉘우치는 마음이 일어나서 그러는 것이리라.

논산시 양촌면 신기리에서 전라북도 완주군 운주면 안심리(현 완창리)로 넘어가는 고개가 아리랑고개다. 일제 강점기 안심리 금광이 번창한 이 고개에 술집이 있었는데 이 술집에 들른 사람들은 술을 마시며 〈아리랑〉을 불렀다 하여 아리랑고개라 부른다고 전한다.

대한민국 남자들의 제2의 고향

《신증동국여지승람》에 따르면 지금의 논산시 연무읍 황화정리에 황화정皇華亭이 있었다. "(전라도 여산)군의 북쪽 11리에 있는데, 신구 관찰사들의 교대하는 장소"라고 하는데, 지금 황화정은 간 곳이 없고 오직 비만 남아 있을 뿐이다. 그렇다면 경상도나 충청도는 어디에서 교대했을까? 충청도에서는 진천군 광혜원면 광혜원리 광혜원廣惠院 터에 있는 정자에서 서로 관인官印을 주고받았고, 경상도에서는 문경새재의 중간쯤에 있는 교귀정交龜亭에서 관인을 주고받았다고 한다.

《대동지지大東地志》에는 이곳 연무鍊武 일대가 충청도와 전라도의 경계라고 실려 있으며, 또한 일제 강점기 때의 지도를 보면 논산 훈련소 일대까지 전라도였음을 알 수가 있다. 황화면(현 연무읍) 일대가 전라도에서 충청도로 행정 구역이 넘어간 것은 그리 오래전의 일이 아니다. 5·16 이후 김종필이 세력을 얻자 금산과 논산 일대를 충청도로 옮기는 대신 서해안에 있던 몇 개의 섬을 넘겨주었던 것이다.

《신증동국여지승람》에 "(여산)군의 북쪽 12리에 있는데, 충청도 은진현의 경계다. 해마다 7월 15일 백중날에 가까운 양도(충청도와 전라도) 사람들이 모여 씨름으로 승부를 다툰다"라고 기록된 '작지 鵲旨'는 '까치말'로 바뀌어 연무읍의 중심지가 되어 있다. 이 지역이 논산시로 편입되기 전만 해도 까치말 소나무숲에서는 충청도와 전라도 사람들이 모여 한바탕 씨름판을 벌였다는데, 지금은 사라진 지 오래다. 지금이라도 백중날에 옛 역사와 문화를 되살려 씨름판을 벌인다면 얼마나 재미있을까?

논산시 연무읍에 대한민국 제2훈련소인 논산 육군훈련소(연무대)가 있다. 이곳을 '닭다릿들'이라고 하는데 《한국지명총람》(한글학회)에 그 유래가 다음과 같이 실려 있다.

> 닭다릿들(버덩): 육군 제2훈련소 연무대가 있는 버덩. 길이 25킬로미터, 너비 1킬로미터가 되는데, 이곳에서 말방울과 말굽쇠 등이 많이 나온다. 조선 정조 때 이인異人 이서구李書九가 전라 감사가 되어 이곳을 보고 지나다가 칭찬하였다. "이곳 지형이 금계포란형金鷄抱卵形으로서 길 위로는 옥관자玉冠子가 서 말이 나고, 길 아래로는 겉보리 천 석이 나리라." 그런데 지금 이곳은 육군훈련소가 되어 수천의 훈련병들이 아침에 나갔다가 저녁에 돌아오는 것이 마치 병아리 떼 같으므로 그 말이 맞았다고 함.

대한민국의 수많은 젊은이가 이곳에 와서 온갖 훈련을 받으며 오르내렸던 눈물 고개에 얽힌 사연은 또 얼마나 많겠는가. 그래서 제대한 대한

민국 남자들은 훈련받은 곳이나 군대 생활을 한 곳을 보고는 오줌도 안 싼다고 한다. 그뿐인가. 군대 생활을 마치고도 1년에 한두 번씩은 군대에 다시 가는 꿈을 꾸는 것이 대한민국 남자들이다. 아무리 제대증을 보여 주면서 군대에 갔다 왔다 해도 막무가내로 끌고 가서 내내 시달리는 꿈을 꾸다가 깨어나면 땀이 후줄근하게 배어 있다. 이렇듯 이곳 논산 땅은 대한민국 남자들에게 잊을 수 없는 장소가 되었다.

신도안을 품은 계룡산

《신증동국여지승람》에서 "땅이 편평하며 지대가 적다"라고 했던 연산의 옛 경계는 "동쪽으로는 진잠현 경계까지 22리, 전라도 진산군 경계까지 35리이고, 남쪽으로는 같은 도 고산현 경계까지 19리, 은진현 경계까지 26리이고, 서쪽으로는 이산현 경계까지 17리이고, 북쪽으로는 공주 경계까지 32리, 서울과의 거리는 398리"였다. 지금의 논산시 연산면, 부적면, 벌곡면, 양촌면과 계룡시 두마면 일대가 이곳이다.

연산에서 계룡산은 아주 중요한 위치를 점한다. 태조 이성계가 조선을 건국한 뒤 무학대사를 거느리고 친히 와서 계룡산 남쪽에 길지를 택한 뒤 공사를 시작했던 곳이 바로 신도안 대궐터(대궐평, 신도안, 신도내)다. 신도안은 부남夫南 북쪽에 있는 큰 마을로, 대궐을 지으려고 공사를 시작했다가 하륜을 비롯한 조정 신하들이 조운漕運 길이 멀다고 한사코 반대하여 이곳을 포기한 후 한양에 도읍을 정했다. 지금도 사람들은 이곳을 '신도新都'라 부르며, 궁궐을 짓기 위해 다듬었던 주춧돌과 석재가 그대로 남아 있다.

이곳으로 전쟁을 피해 나라 안 곳곳에서 사람들이 모여들었다. 신도안 뒤로 계룡산의 여러 봉우리가 한데 솟아 있어 넉넉하고 아늑한 느낌을 주었기 때문이다. 《정감록》과 풍수도참설에서 '난을 피하기에 가장 좋은 열 곳' 중 하나로 꼽은 곳이기도 하다.

계룡시 두마면 신도안을 중심으로 이름마저 특이한 여러 형태의 신흥 종교 단체가 들어섰다. '통일제단' '신령도덕회' '간디연구소' '세계일가공회' '떡보살' '무량천도' '세계종교연합법황청' 등의 종교 단체들은 계룡산 산봉우리와 골짜기 깊숙한 곳에 예배소와 암자 등을 차려 놓고 그들만의 세계를 구축해 나갔다. 이처럼 수많은 신흥 종교 단체들이 집중적으로 자리 잡기 시작한 것은 1924년경이었다.

동학의 제2대 교주였던 최시형崔時亨의 제자로 신흥 종교인 시천교의 3대 교주였던 김연국이 연산면 두마면 용동리에 상제교 교당을 설치하고서 교주가 되었다. 그 당시 상제교의 교도 수는 4, 5만 명에 달했는데, 그 뒤 신도안에 유교, 불교, 선교, 《정감록》을 믿는 사람들 그리고 증산 강일순의 증산 사상과 김항의 정역 사상을 믿는 사람들이 모여들었다.

어지럽고 혼란한 세태 속에서 사람들은 신도안을 《정감록》의 예언이 실현되는 곳이라고 믿었으며, 부귀영화를 누릴 수 있는 땅으로 여겼다. 그러나 일제 강점기에 신흥 종교들이 순탄하게 종교 활동을 했던 것은 아니었다. 일제는 그들에게 보안법 위반을 적용하여 교세 확장을 막았고, 합법적 종교로 인정하지 않았다.

해방 이후 신도안 일대는 천지개벽설을 믿는 사람들이 모여들어 번성기를 누렸다. 1950년대 초반 신도안에는 5개 종교계 104개 종단이 있었다. 불교계가 62개 종단으로 제일 많았고, 무속계가 20개, 동학계가 7개, 단국계와 도교계 각 2개 종단 등이 있었다. 당시 신도안의 세대수가 1086가구, 인구는 5600여 명에 달했는데, 이들에게 찬바람이 불기 시작한 것은 1975년이었다. 이문열의 소설 《황제를 위하여》는 그중 한 교파를 배경으로 쓰인 것이다.

> 갑오년 동학의 무리가 창궐하여 삼남을 휩쓸 적에 황고께서는 아직 천시天時가 이르지 못함을 아시고 초연히 산수간을 소요하고 계시었다. 멀리 금강산에 발길이 미쳤다가 내맥內脈을 따라 가장家莊이 있는 계룡산 백석리白石里로 돌아오시던 중 소백산에 이르러 그곳 바위 틈서리에서 기괴한 옛 거울 하나를 얻으셨다. (…) 남몰래 녹을 제거하고 거울을 살피니 거기에는 놀랍게도 열두 자의 참문이 보였다.
>
> 「木子亡 奠邑興(李氏가 망하고 鄭氏가 흥하리라) 非奠邑得大凶(鄭氏 아닌 자가 이 거울을 얻으면 크게 흉하리라)」

이문열의 소설 속에서 '황제'는 이 나라에 황국의 기업基業을 열었고, 계룡산 신도안에서 속세의 사람들이 인정하지 않는 제왕의 위엄으로 뒤죽박죽의 이 세계와 맞서 싸웠다. 세르반테스의 창조물이었던 돈키호테는 둘시네아 공주를 위해 싸웠지만, '황제'는 동학 농민 혁명이 끝나고 일제 치하에서 허덕이는 이 땅의 백성들을 위하여 눈물을 머금고 풍찬노숙의 싸움을 전개했다. 그러나 갑오년의 동학 농민군처럼 끝내 패배하고 말았다.

그 뒤 삼 년 황제께서는 그야말로 형체는 마른 나무등걸 같으셨고 마음은 불 꺼진 재와 같으셨다形若槁骸心若死灰. 참된 이치를 깨닫고도 그것을 자랑삼지 않으시듯眞其實知不以故自恃 어리석은 듯 어두운 듯 무심無心으로 지내시더니 더불어 말할 수도 없었다媒媒晦晦無心而不可與謀. 그러다 드디어 최후의 날이 왔다.

이처럼 소설 속에서도 한 시절을 마감한 신도안에서 자칭 '교주'들은 1976년 3월 자연 보호와 새마을 운동 등이 전개되면서 산림법 위반과 식품위생법 위반 그리고 사기 혐의로 입건되었다. 그 뒤 계룡산 자락에 계룡시가 들어서고 육해공군의 본부가 들어서면서 들어갈 수도 없는 곳이 되고 말았다.

연산현 관내에는 반야원般若院과 초포원草浦院, 평천역平川驛이 있었다. 눈 내리던 어느 날 이곳을 지나던 고려 후기 문신 정추鄭樞는 다음과 같은 시를 한 수 남겼다.

가고 또 가서 질펀한 들을 지나니

등륙滕六(눈을 맡은 신의 이름)이 하늘 꽃을 뿌려 준다

말馬 앞뒤에서 성기다가는 다시 빽빽하고

사람을 맞이하면 바로 내리다가도 다시 비껴서 내린다

아득한 구름 가의 절이요

출렁거리는 물가의 집이로다

내일의 먼 이별을 애석해하는 기러기는

추위를 무릅쓰고 날 저문 모래 위에 잔다

천호산에 얽힌 이야기들

함지봉咸芝峯은 연산면 관동리와 덕암리에 걸쳐 있다. 높이는 387미터이며 봉우리가 매우 뛰어나다. 황산벌(황산평)은 연산면 일대인 연산리, 표정리, 관동리, 송정리, 천호리에 걸쳐 있으며, 백제 의자왕 때 계백 장군이 신라군과 격전을 벌였던 싸움터이자 고려 태조가 후백제 신검에게 항복을 받았던 곳이다. 《신증동국여지승람》에는 다음과 같이 기록되어 있다.

황산은 일명 천호산이라고도 하는데, 현 동쪽 5리에 있다. 신라의 김유신이 군사를 거느리고 당나라의 소정방과 더불어 백제를 공격하니, 백제의 장군 계백이 황산 벌판에서 신라의 군사를 방어할 적에 세 개의 병영을 설치하고 네 번 싸워 모두 이겼으나 끝내 군사가 적고 힘이 모자라서 죽었다. 견훤이 고려 태조를 따라 그의 아들 신검을 토벌하니 신검이 싸움에 패하여 항복했다. 견훤이 번민하고 근심하다가 등창이 발생하여 수일 만에 황산 절에서 세상을 마쳤다.

이처럼 연산은 역사 속에서 수많은 싸움이 벌어졌던 비운의 전쟁터였다. 그리고 그 천호산에 고운사라는 절이 있었다고 한다. 고운사라는 절은 신고운사新孤雲寺라는 이름으로《여지도서》에서 그 기록을 볼 수 있는데 다음과 같다.

신고운사는 대둔산大芚山에 있다. 이 절은 처음에는 천호산 속에 있었다. 그 웅장하고 화려하며 넉넉하고 성대한 모습은 충청도에서 으뜸이었다. 병신년(효종 7, 1656)에 이르러 사정이 있어서 헐어 버리고 대둔산으로 옮겨 세웠다. 수십여 년이 지나 옛 모습을 거의 회복하니, 이름을 신고운사라 하였다. 오직 방 하나만이 지금도 옛 절에 남아 있다.

그렇게 번성하고 웅장했다던 신고운사가 현재 천호산에도 대둔산에도 자취가 남아 있지 않은 것을 보면 세월이 무상하기는 하다.

정여립이 활약했던 때뿐 아니라 예언서인《정감록》의 연산현 기록에 따르면 그 무렵 정여립은 승려였던 의연, 도잠, 설청 등과 함께 황해도 지역을 포함한 나라 곳곳을 돌아다녔다. 구월산은 일명 아사달산이라고 해서 국조 단군이 말년을 보냈다는 전설이 있는 곳이다. 그 전설에 따라 사당이 있으며 신비로운 분위기가 있는 곳으로서 큰일을 도모하기에 알맞은 고장이었다. 특히 산이 깊어서 30여 년 전에는 임꺽정이 새로운 세상을 열고자 했던 곳이기도 하다. 구월산을 거쳐 온 정여립은 계룡산 자락을 지나다가 허물어져 가는 옛 절을 발견한다. 그 절이 바로 개태사였다. 후백제 견훤이 죽은 후 왕건이 그 추종 세력을 진압하기 위해 창건했다는

© 금산군청

대둔산

대둔산의 옛 이름은 한듬산이며, 일명 대돈산이라고도 한다.
날씨가 청명할 때 정상에 오르면 겹겹이 포개진 산들이
한폭의 산수화처럼 발 아래 펼쳐진다.

설도 있고, 후백제로부터 항복을 받은 지점에 세웠다는 설도 있는 개태사는 그 후《정감록》에 장차 정씨가 도읍할 길지라 기록된 절이다. 그 절의 벽에는 이러한 글이 적혀 있었다.

남쪽 나라 오래 놀던 길손이
계룡산에 이르러 눈이 더욱 밝아졌다
채찍 소리에 놀란 말이 뛰어오르는 형상이고
산 주룡이 둘러 내려오다 조산을 돌아다보는 형국이다
아름다운 기운은 총총하게 모였고
상서로운 구름은 애애하게 뜨더라
무자 기축년에 형통한 운수가 열릴 터이니
태평한 세상이 되기 무엇이 어려우리

이를 보고 돌아온 정여립이 그 내용을 여러 사람에게 들려주자 사람들은 이상한 글이라고 갸웃거렸다고 한다. 이 이야기에 대해서도 여러 설이 나돈다. 예컨대 정여립 자신이 지은 글을 일부러 절의 벽에 써 놓은 것이라거나, 서인 측이 사건 발생 이후 조작해 낸 것이라는 설 등이다. 이 글은 일종의 참언을 이용한 예언으로서 풍수지리에 따른 계룡산의 위치에 무자년과 기축년이라는 시간 예언을 결합한 것인데, 기축년에 태평성대가 열릴 운수가 있다는 말이다.

그런 이야기가 남아 있는 천호산 자락에 개태사開泰寺가 있다. 태조 왕건이 후백제 신검을 쫓아 황산의 숯고개를 넘어 마성에 진을 치고 항

ⓒ유철상

논산 개태사지 석조여래삼존입상

936년 개태사가 세워질 무렵 만들어진 것으로 추정되며
고려의 후삼국 통일 의지가 담겨 있는 불상이다. 석불입상은 통일신라보다 진전된
고려 초기 새로운 양식적 특징이 잘 드러나 수작으로 여겨진다.

복을 받아 삼한을 통일한 것은 하늘이 도와주었기 때문이라고 하여 황산을 천호산天護山으로 고쳤다. 그리고 그 밑에 개태사를 크게 지어 고려의 원당으로 삼았다. 그러나 조선시대에 폐사되어 500년을 내려오다가 1930년에 김광영이라는 여승이 오층탑과 매몰된 석불을 찾고 절을 새로 지어 도광사라 했다가 다시 개태사로 바꾸었다. 이곳을 지나던 정추는 다음과 같은 시를 남겼다.

오사모烏紗帽 숲을 뚫고 나가니
보일락 말락 해진 낡은 안장은 길 삐거덕 소리가 높고 낮네
거친 언덕 쌓인 눈 속에 인적은 남았으되
얕은 물 밝은 놀 속에 말굽 소리 요란하구나

팔괘정과 택리지

황산 복집 뒤편에 서 있는 정자가 팔괘정八卦亭이다. 이 정자는 송시열이 공부하던 곳이다. 송시열의 학문을 계승한 조선 후기 학자 윤봉구尹鳳九의 〈황산팔괘정기黃山八卦亭記〉의 일부를 보자.

황산 강기슭에 육현사六賢祠가 있다. 사당에 잇따라 있는 북쪽 누각의 수십 발짝 거리에 정자가 있는데, 소나무와 바위 사이에서 날개를 펼친 듯이 자리하고 있다. 정자의 이름은 팔괘정인데, 예전에 우리 우암 송시열 선생께서 도학

을 강론하던 곳이다. (…) 앞으로는 100리에 걸친 너른 들녘을 굽어보고 있으며, 그 가운데는 파巴 자 모양으로 긴 강이 흐른다. 위아래로 멀리 경치를 바라보노라면 가슴속이 시원스레 탁 트인다.

팔괘정 서쪽 언덕에 자리 잡은 정자가 임리정臨履亭이고, 그 아래에 있는 서원이 죽림서원竹林書院이다. 인조 4년(1626) 이곳으로 내려온 김장생이 황산서원黃山書院과 임리정을 세워 선현을 추존하며 후진을 교육했던 곳이다. 그 뒤 김장생의 학맥을 이은 기호학파 영수 송시열이 현종 4년(1663)에 팔괘정을 지어 금강의 수려한 경관을 즐겼다고 한다. 송시열은 정자의 창살 무늬를 팔괘로 꾸몄고, 그런 까닭으로 정자 이름을 팔괘정이라 지었다고 한다.

정면 3칸에 측면 2칸인 팔괘정의 정면에서 왼쪽 2칸은 넓은 대청마루로 했고 오른쪽 1칸은 온돌방으로 만들었다. 팔작지붕 구조로 된 이 건물의 측면은 '여덟 팔八' 자 모양인데, 정자 뒤 바위에 송시열이 새긴 글자가 있다.

이 정자에서 이중환의 《택리지》가 태어났다. 이중환은 당시 상황을 발문에 다음과 같이 담았다.

> 예전에 내가 황산 강가(강경의 금강)에 머물고 있을 때, 어느 여름날에 아무 할 일이 없었다. 팔괘정에 올라, 더위를 식히면서 우연히 쓴 글이 있다. 이것은 우리나라의 산천과 인물, 풍속과 정치, 연혁과 치란治亂, 잘잘못과 옳고 그름을 차례로 엮은 기록이다.

옛사람이 "예악禮樂이라는 것이 어찌 옥과 비단, 종과 북만을 가리키는 말이겠는가?"라고 했다. 이 말은 예악의 진정한 뜻을 모르고 형식적인 것만을 찾는 것을 한탄한 것이다. 내가 쓴 글 역시 살 만한 곳을 찾아서 살고자 했지만 살 만한 곳이 없음을 한탄한 것이다. 그러니 이 글을 넓게 보려는 사람은 문자의 밖에서 진정한 뜻을 구하는 편이 옳을 것이다.

아! 이것이 참된 일이라면 백성들에게 이익을 고르게 나눠주는 것이고, 거짓이라면 작은 겨자씨에 크나큰 수미산을 넣는 일이니, 후세後世에 반드시 분별하는 사람이 있을 것이다.

신미년(영조 27, 1751) 초여름 상순에서 청화산인 靑華山人(이중환)이 쓰다.

이 글을 보면 인생 후반기를 이 나라 구석구석을 돌아다닌 이중환이 이곳에서 《택리지》를 완성했음을 알 수 있다. 그러나 팔괘정에는 이중환에 대한 글은 한 줄도 없이 송시열에 대한 글만 남아 있어 쓸쓸함을 금할 수가 없다. 조선 최고의 베스트셀러였던 《택리지》를 지은 이중환이 제대로 대접받는 시대가 오기는 올 것인가?

술잔 잡아 계백 장군에게 제사 올리고 싶으나

관동리官洞里(관창골, 관청골, 관동)는 본래 연산군 식한면食汗面의 지역이었는데 1914년 행정 구역 개편에 따라 논산군 연산면에 편입되었다. 신라의 화랑 관창이 죽은 곳이라 하는데 《삼국사기》의 기록을 보자.

관창은 신라 장군 품일의 아들이다. 그는 풍채가 뛰어나 젊어서 화랑이 되었는데 남과 교제를 잘하고 16세에 말 타기와 활쏘기에 능숙하였다. 어느 대감이 그를 태종 대왕에게 천거하였다. 당나라 현경 5년(660)에 왕이 군사를 동원하여 당나라 장군과 함께 백제를 침공하는 데 관창을 부장으로 삼았다.

황산벌에 이르러 양쪽 군사가 맞서게 되었는데 그의 아버지 품일이 관창에게 이르기를 "네가 비록 나이는 어리나 굳은 의지와 기개가 있구나. 오늘이야말로 공훈을 세워 부귀를 얻을 때이니 어찌 용기를 내지 않겠느냐?" 하니 관창이 "그렇게 하오리다" 하고 곧 말에 올라 창을 비껴들고 바로 적진으로 쳐들어가 말을 달리면서 여러 사람을 죽였다. 그러나 적은 많고 아군은 적었기 때문에 적에게 사로잡혀서 백제 원수 계백 앞으로 끌려갔다. 계백이 투구를 벗겨 보고 그의 어리고 용감한 것을 아깝게 여겨 차마 죽이지 못하였다. 이에 탄식하며 말하기를 "신라에는 특출한 사람이 많다. 소년이 이러하거늘 하물며 장사들이야 어떻겠는가?" 하고 그냥 살려 보내 줄 것을 허락하였다.

관창이 돌아와서 말하기를 "아까 내가 들어가서 장수를 베고 깃발을 빼앗지 못한 것이 매우 한스럽다. 다시 적진에 들어가면 반드시 성공하리라" 하고 손으로 물을 움켜 마시고는 다시 적진에 돌입하여 격렬하게 싸웠는데, 계백이 그를 사로잡아 머리를 베어서 그의 말안장에 매어서 돌려보냈다. 품일이 관창의 머리를 잡고 소매로 피를 씻으며 말하기를 "내 아들의 얼굴이 산 것과 같구나. 나랏일을 위해 죽었으니 후회할 것이 없다" 하였다. 전군이 이것을 보고 모두 격분하여 뜻을 가다듬고 북을 울리며 고함을 치면서 쳐들어가니 백제가 크게 패하였다. 왕이 관창에게 급찬 위품을 주고 예를 갖추어 장사하였으며 그 가족들에게 당나라 비단 30필과 이십승포 30필, 곡식 100섬을 부의로 주었다.

관창의 죽음으로 분개한 신라군이 백제군을 무찔러 백제가 패했다는 이야기가 생겨난 것도 모두 화랑에서 비롯한 것이다. 그 뒤 이곳을 관창골이라고 불렀는데, 그 말이 변하여 관청골 또는 관동이라 했다. 신라가 어린 관창을 죽음으로 내몰아 죽게 한 뒤 그 죽음을 기화로 백제군을 무찌른 역사적인 현장이다.

논산시 부적면 신풍리 볼마루 북쪽 산기슭에는 계백 장군의 묘가 있다. 계백 장군이 5000명의 결사대를 거느리고 신라 군사를 맞아 황산벌에서 싸우다 전사하자 이곳에 묻었다고 전해진다. 김부식은 《삼국사기》에서 계백에 대해 다음과 같은 글을 남겼다.

계백은 백제 사람으로 벼슬이 달솔에 이르렀다. 당나라 현경 5년에 고종이 소정방으로 하여금 신구도를 대총관으로 삼아 군사를 거느리고 바다를 건너 신라와 함께 백제를 쳤다. 이때 계백이 장군이 되어 결사대 5000명을 뽑아서 이를 방어하게 되었다. 그가 말하기를 "일국의 군사로서 당나라와 신라의 대병과 부딪치게 되었으니 나라의 존망을 알 수 없다. 나의 처자가 사로잡혀 노비가 될까 염려되니, 살아서 치욕을 받는 것보다 차라리 통쾌하게 죽는 것이 낫다" 하고 자신의 처자를 다 죽이고 황산벌에 이르러 세 개의 진을 쳤다. 신라 군사를 만나 그들과 싸우려 할 때 군사들에게 다음과 같이 맹세하였다. "옛날에 월나라 왕 구천이 5000명의 군사로 오나라의 70만 대군을 격파하였으니 오늘날 우리는 각자 용기를 내어 승리를 쟁취함으로써 나라의 은혜에 보답해야 한다." 드디어 악전고투하여 한 사람이 천 명을 당하지 못하는 자가 없으므로 신라군이 그만 퇴각하였다. 이렇게 네 번이나 싸워서 나아갔다가 물러갔다

계백 장군 유적 전승지

볼마루 북쪽 산기슭에는 백제 의자왕 때 명장 계백 장군의 묘소가 있다.
계백 장군이 결사대를 거느리고 신라 군사를 맞아 황산벌에서 싸우다
전사하자 이곳에 묻었다고 전해진다.

하였는데 결국 힘이 다하여 죽었다.

계백의 묘라고 전해 오는 무덤을 1966년 여름에 파보았고 별 증거물은 나오지 않았으나 성역화 작업을 했다. 정조 19년(1795) 정약용이 금정도 찰방을 지낼 당시 백제의 고적을 돌아보고 〈부여회고扶餘懷古〉를 지었는데 그 일부를 보면 다음과 같다.

강안을 가로막은 철옹성만 보았기에
구름 같은 배들이 바다를 건너오리라 믿지 않았네
술잔 잡아 계백 장군에게 제사 올리고 싶으나
황폐한 사당 안개비에 등 넝쿨 침침하네

사비성 중턱에 삼충사三忠祠가 세워져 계백과 함께 백제의 충신인 성충과 흥수를 모시고 있다. 그러나 번성했던 백제의 자취는 그 옛 땅에서조차 찾을 길이 없다.

논산 부적면 부인리에서 가장 큰 마을인 계전桂田(지밭, 제밭, 제전)은 고려 태조 왕건에 관한 일화가 서린 곳이다. 왕건이 견훤과 격전을 벌이고 있을 때 꿈을 꾸었는데, 서까래 세 개를 짊어지고 깊은 못으로 들어가자 뭇 닭이 요란하게 우는 것을 보았다. 잠에서 깬 왕건이 이상히 여겨 마을에 사는 무당에게 물어보려 했다. 그런데 마침 무당이 급한 볼일이 있어서 밖에 나가며 딸에게 "오늘 귀한 손님이 오실 것이니, 여러 말 하지 말고 내가 올 때까지 기다리시게 하여라"라고 했다. 그러나 딸이 어머니의 말을 잊고서 왕건의 꿈을 흉하게 풀어 태조가 매우 불쾌하게 여기며 돌아가던 길에 그 무당을 만나서 다시 물었다. 그러자 그 무당은 "서까래 셋을 진 것은 임금이 될 것이요, 깊은 못에 들어가는 것은 용상에 오를 것이요, 뭇 닭이 우는 것은 높은 지위를 찬양하는 징조입니다"라고 꿈풀이를 해 주었다. 이 말을 들은 태조가 크게 기뻐하면서 "만일 그대의 말이 맞으면 뒷날 크게 은혜를 갚겠노라"라고 했는데, 그 후 왕건은 후삼국을 통일하고 해몽해 준 무당에게 부인이란 칭호를 내렸다. 그리고 상을 준 것이 왕전리 왕밭이고 무당이 살던 곳을 부인처夫人處라 했다. 무당이 죽은 후 제물로 사용하도록 밭을 주었는데 그 밭을 제밭 또는 제전이라 하던 것이 변하여 지밭이라 부르게 되었다고 한다.

노성의 윤증 고택

논산시 노성면에 파평 윤씨들이 터를 잡고 오래 살아왔는데, 이들을 '노성 윤씨'라고 부른다. '노성魯城 윤씨 식도락하고, 연산連山 김씨 묘치장하고, 회덕懷德 송씨 집치장한다'는 말이 있다. 옛날에 노성에서 모여 사는 파평 윤씨는 음식을 잘해서 먹기로 유명했고, 연산에 모여 사는 광산 김씨는 묘소 치장을 잘하기로 유명했고, 회덕에 모여 사는 은진 송씨는 집을 잘 짓고 사는 걸로 유명했다 한다.

노성면에 윤증 고택이 있다. 윤증尹拯은 7세 때 어머니가 자결하는 것을 보고 "어머님 한 분도 지키지 못한 주제에 어떻게 나라를 지키겠는가"

© 유철상

윤증 고택

논산시 노성면에 있는 윤증의 옛집이다.
'윤증 고택'이라 불리지만, 매우 검박한 생활을 했던 윤증은 이 집이
자신과 어울리지 않는다며 다른 곳에서 거처했다고 한다.

윤증 고택 겨울 풍경

윤증 고택은 뒤의 주산에 의지하고, 지형을 잘 살펴서 아늑한 장소에 배치되었다는 평가를 받는다. 사랑채는 마을을 향해서 열려 있다.

하며 평생을 학문에만 열중했다. 윤증의 학문이 높고 깨끗하다고 온 나라에 퍼졌다. 숙종이 우의정의 벼슬을 내리고 출사를 종용해도 고사하여 당시 사람들은 그를 백의정승白衣政丞이라 불렀다. 윤증은 임종하면서까지 당파 싸움을 걱정했다. 그는 묘비에 '착한 선비'라고만 쓰도록 일렀다. 숙종은 그의 부음을 듣고 개탄하며 다음과 같은 시를 지었다.

유림에서 그의 덕을 칭송하도다
나 또한 그를 흠모하였지만
평생을 두고 그의 얼굴 보지 못하였네
그가 떠났다 하니 내 마음 깊이 한 쌓이네

노성에서는 나라 안에서도 뛰어난 맛으로 유명한 노성게(참게)가 많이 잡혔다. 노성게는 상월면 지경리에서 노성에 이르는 하천에 서식하는 게로, 2월 말부터 4월 말까지 금강 하류로 이동하여 5월 초에 산란하고 9월 초에 어린 게가 이곳으로 돌아와 하천이나 논에 굴을 파고 산다. 노성게는 다리털이 적고 무게가 많이 나가며 내장이 많아서 맛이 독특해 왕에게 올리던 진상품이었다. 진상을 위한 준비는 대단히 까다로웠다고 한다. 먼저 노성 현감이 청년과 부녀자들에게 깨끗한 옷을 입게 한 뒤 동헌에 들어오게 했다. 동헌에서 현감의 입회하에 어른 주먹만 하고 흠이 없는 암컷 게만 골라 목욕재계한 부녀자가 게의 장을 대나무 칼로 긁어 항아리에 채운 다음 현감이 봉하여 궁중에 보냈다. 그래서 '노성게와 연산닭'이라 하여 '연계노해連鷄魯蟹'라는 말이 만들어지기도 했다. 또한 옛날에 가난한 사람이 노성게 맛이 너무 좋아 밥을 많이 먹게 되자 참게 그릇을 버리게 했다는 데서 연유한 '밥도둑 노성게'라는 말도 있다. 그러나 금강 하구에 둑이 만들어지고 각종 공업 폐수와 농약 공해가 심해지면서 노성게가 사라져 아쉬움만 남는다.

논산시 상월면 지경리는 본래 노성군과 공주군의 지경地境에 있었기 때문에 붙여진 이름인데, 1914년 행정 구역 개편으로 논산에 편입되었다. 이곳 지경 터와 관련하여 홍만종洪萬宗이 지은 《순오지旬五志》에는 다음과 같은 이야기가 실려 있다.

조선시대 중종 때의 일이다. 충청도 노성 땅에 머슴 오씨가 살았다. 오씨는 부지런하여 맷돌과 같은 머슴이라고 인근에 칭찬이 자자했지만 스물여덟이 되도록 장가를 가지 못했다. 또 같은 마을의 김 진사 댁에는 과년한 딸이 있었는데, 역시 시집을 가지 않았다. 그러던 어느 날 김 진사의 딸이 산에서 나물을 뜯다가 뱀에게 물려 오씨의 지게에 실려 산에서 내려왔다. 그 사실을 알게 된 관가에서 오씨를 붙잡아다 '상놈이 양반집 딸을 넘보았다'는 죄목으로 곤장을 맡고 추방령이 내려져 지경 터를 거쳐 금강 변으로 떠나가게 되었다. 김 진사의 딸은 시집을 가지 않기로 작정하고 지경 터 근처로 이사하여 농사를 짓고 살면서 죄인들이 삼태기 가마를 타고 가면 흰 죽을 쑤어 먹이면서 오씨를 만나면 자기 소식을 전해 달라고 부탁하곤 하였다. 수삼 년이 지나 그 소식을 들은 오씨가 김 진사의 딸을 찾아와서 두 사람은 행복하게 살았다. 그 뒤 누군가를 기다리는 아낙네들은 곧잘 지경 터에 가서 살면서 기다렸다고 한다.

그리운 사람을 기다리다가 끝내 해후한다는 아름다운 이야기다.

은진의 서쪽 강경포구

강경장에 조기 배가 들어왔을 때처럼 시끄럽다는 뜻으로 '강경장에 조기 배가 들어왔나'라는 말을 하곤 했다. 이중환은《택리지》에 그 강경을 두고 다음과 같이 적었다.

> 강경은 은진의 서쪽에 있으며 들 가운데 작은 산 하나가 불끈 솟아나서 동쪽을 향해 있고, 두 줄기 큰 강(금강과 논산천)을 좌우로 마주하였다. 뒤로 큰 강이 바다와 통하지만 물맛이 그리 짜지 않다. 마을에는 우물이 없어서 마을 전체가 큰 독을 땅에 묻은 뒤 강물을 길어 독에 부어 둔다. 며칠이 지나면 찌꺼기는 밑에 가라앉고 윗물은 맑고 서늘하여 오래 두어도 물맛이 변하기는커녕 오래될수록 더욱 차가워져 수십 년 장질藏疾을 앓던 사람이라도 1년만 이 물을 마시면 병의 뿌리가 없어진다 한다. 어떤 사람이 말하기를 "강물과 바닷물이 서로 섞이는 곳에 있는 반쯤 싱겁고 짠물이 토질土疾을 고치는 데 가장 좋은데, 이 강물이 첫째다"라고 하였다.

대구, 평양과 함께 조선의 3대 시장으로 불릴 만큼 세력이 컸던 강경은 금강 하구에 발달한 하항河港 도시로 내륙 교통이 불편하던 때 물자가 유통되던 요지였다. 다시《택리지》에 나오는 강경을 보자.

> 오로지 은진현의 강경이란 곳이 충청도와 전라도의 육지와 바다 사이에 위치하여 금강 남쪽 가운데에 하나의 큰 도회지가 되었다. 바닷가 사람과 산골 사람이 모두 여기서 물건을 내어 교역한다. 봄여름 고기잡이가 한창일 때는 비린내가 마을에 넘치고 작은 배들이 밤낮으로 두 갈래진 항구에 담처럼 늘어서 있다. 한 달에 여섯 번 열리는 큰 장에는 먼 곳과 가까운 곳의 화물이 모여 쌓인다.

가깝게는 금강 상류의 공주, 부여, 연기, 청양 지방과 멀리는 청주, 전주 지방까지 포함하는 넓은 배후지를 지녔을 뿐만 아니라 편리한 수운에 힘입어 큰 교역 장소로 발달했던 강경포는 크고 작은 어선과 상선의 출입이 많았다.

당시 이름은 강경포였고 '은진(현 논산)은 강경 덕에 산다'라는 말이 있을 정도로 번창했던 곳이다. 그 무렵의 충청도는 물론이고 전라도, 경기도 일부까지 강경포를 중심으로 상권이 형성되어 있었다. 조선 말까지 금강 연안 일대의 가장 큰 포구였고 원산, 마산과 함께 대표적인 어물 집산지였으며 충청도와 전라북도 그리고 경기도 남부까지 큰 상권을 형성했다. 그러나 1905년 경부선이 개통되면서 급속히 쇠퇴의 길로 접어들게 되었다. 육로나 수로를 이어 주던 강경이 한적한 읍내로 전락하게 된 가장 큰 이유를 《읍세일람 邑勢一覽》(강경읍, 1982)은 "해방 후부터는 군산 국제항이 황폐 등과 (…) 설상가상으로 6·25 동란 시 시가 중심지의 7할 이상을 파괴당하다 보니 황량한 돌 바람이 더욱 장연한 바이었으니"라고 적고 있다.

김주영의 대하소설 《객주》는 문경새재와 강경을 중심으로 이야기가 펼쳐진다.

> 은진은 강경으로 꾸려간다는 말이 있듯이, 강경은 충청도와 전라도 사이에 끼어 있어 바닷사람과 내륙의 사람들이 모여들어 교역이 활발하였다. 봄과 여름 동안은 생선을 잡고 해초를 뜯느라고 비린내가 포구에 넘치고 토선土船과 만장이, 당도리선들 황산黃山과 세도世道로 마주 나누어진 포구에 담처럼 둘러서서 꽹과리를 쳐댔고 화장火匠들이 내뿜는 연기로 포구의 하늘은 다시 암회색의 바다였다. (…) 5월의 황새기젓과 7월의 새우젓이 풀릴 때는 갓개에만도 50, 60척의 배가 몰려들었다.

오늘날 강경포구에는 젓갈만 남아 있다. 김주영이 《객주》에서 묘사했던 강경포구는 몇 척의 배와 낚시꾼들만이 그 자리를 지키고 있을 뿐이다.

이중환과 동시대를 살았던 안석경安錫儆은 강상과 객주의 애환을 담은 이야기를 여러 편 지었는데, 《삽교만록霅橋漫錄》에는 다음과 같은 이야기가 실려 있다. 선대로부터 재산을 물려받은 서울의 한 부자가 많은 돈을 가지고 더욱 재산을 불리다가 직접 장사에 투자해 돈을 벌어 볼 생각을 가지고 강경으로 내려갔다. 그러나 그는 장사 경험이 없어 재산을 투자할 방법도 몰랐지만 강경포구의 그 번성함에 정신을 못 차리고 어찌할 바를 모르고 있었다. 그때 마침 다리를 저는 거간꾼(객주)을 만나게 되었다. 그는 처음 만난 그 객주에게 가지고 온 10만 전을 주고 서울로 돌아갔다. 느닷없이 큰돈을 건네받은 객주는 그 돈으로 엽연초를 대량으로 구

© 유철상

강경포구

조선 말 강경장을 배경으로 크게 번성했던 포구다.
지금은 젓갈 시장으로만 남아 그 명맥을 유지하고 있다.

강경 미내다리

채운면의 제방 밑에는 조선시대에 세워진 무지개 모양 돌다리인 미내다리가 있다.
강경천을 미내라고 부른 데서 연유한 명칭이다.

© 유철상

강경읍내 전경

육로나 수로를 이어 주던 강경은 1905년 경부선 개통 이후로 급속히 쇠퇴의 길로 접어들었다. 지금은 한적한 읍내의 모습이다.

입했다. 그리고 담배가 품귀일 때 한꺼번에 처분하여 열 배의 이익을 남겼다. 객주는 서울의 부자를 찾아가 원금과 함께 많은 이자를 주고자 했다. 그러나 서울 부자는 "본전을 잃지 않고 일가족의 명을 구제했으니, 나의 소득 또한 적은 것이 아닙니다. 하물며 분수 밖의 이익을 얻어서야 되겠습니까?" 하면서 본전만 받았다는 것이다. 예나 지금이나 돈 앞에 성인군자 없다고 하는데, 이 이야기 속 부자는 보기 드물게 맑은 정신을 가진 사람인 듯하다.

1930년대에 강경을 다녀갔던 시인이자 국문학자인 이병기는 "강경은 수水의 도회都會다. 백마강이 있고 조수가 드나듦은 물론이거니와 고산 한쪽 물과 연산, 노성, 석성, 은진, 여산 여러 방면의 물이 모두 이리 모여들어 흐른다. 그리고 비단 쪽 같은 평야를 끼고 교통도 편리하여 수륙 산물이 모여들고 모여 나며 예전부터 일一 원산, 이二 강경이라 일컫던 이름난 도회였다"라고 강경을 묘사했다.

강경포를 내려다보고 있는 옥녀봉 위에는 '용영대龍影臺'라는 글자가 새겨져 있다. 강경포를 드나들던 뱃사람들이 이곳에서 용신에게 제사를 지내며 뱃길의 안전과 만선을 빌었다고 한다. 용영대 밑에는 포영대라는 바위가 있고 그 바위에서 내려다보면 발아래로 금강이 보인다. 강줄기가 익산 쪽으로 흘러가는 경관이 더없이 아름답다.

'강경 사람 벼락 바위 쳐다보듯 한다'라는 말이 있다. 강경은 대부분 들판이라 강경 사람들이 높은 바위를 보면 그 바위가 떨어질까 봐 자꾸 쳐다보듯이, 낯선 것을 보면 자꾸 쳐다보는 사람을 두고 하는 말이다. 포영대와 나란히 서 있는 조수바위에는 조수가 드나드는 시간을 알리는 시

팔괘정

이중환은 팔괘정에서 2년 정도 머무르며 《택리지》를 집필했다.

가 새겨져 있다. 그러나 세월이 흘러 근현대로 접어들면서 강을 따라 번성했던 고을들은 급속도로 쇠퇴하기에 이르렀다. 장삿배들이 외상 거래를 하던 강가에 인접한 고을들은 이제 도시의 한 부분이 되거나 이름 없는 쓸쓸한 시골 마을이 되고 말았다.

《택리지》에서 이중환은 교역과 유통의 중요성을 말하면서도 사대부로서 장사하기란 어렵다고 하여 근대적 인식에는 한계를 보여 주고 있다.

> 밑천이 많은 큰 장사를 말한다면, 한곳에 있으면서 재물을 부려 남쪽으로 왜국과 물자를 교역하고 북쪽으로 중국의 연경과 통한다. 여러 해 동안 천하의 물자를 실어 와서 혹 수백만 금의 재물을 모은 사람들도 있다. 이런 사람들은 한양에 많이 있고 다음은 개성, 또 다음은 안주와 평양에 많다. 모두 중국의 연경과 통하는 길에 있는 곳의 사람들이 큰 부자가 되었는데, 이것은 배를 통하여 얻는 이익과 비교할 바가 아니며 삼남에는 이런 부자에 견줄 자가 없을 것이다.
>
> 그러나 사대부는 이런 일을 할 수 없고, 다만 생선과 소금이 유통되는 곳을 잘 살펴서 배를 두고 그것으로써 생기는 이득을 받아서 관혼상제에 드는 비용에 보태는 것은 그렇게 해로운 일은 아닐 것이다.

특히 조선은 농업을 국가 경제의 근본으로 삼았기 때문에 어업과 공업, 해운업에 종사하는 사람들을 천시했다. 조선 후기의 학자로《임원경제지林園經濟志》를 지은 서유구徐有榘도 이중환과 같은 의견을 피력했다.

> 재물은 하늘에서 떨어지는 것도 땅에서 솟아나는 것도 아니다. 교역하면 반

드시 재물을 얻는 법이다. 남으로는 일본, 북으로는 중국과 무역을 해서 수백 만 금을 벌어들인 자들이 있다. 그들은 한양에 가장 많고, 다음이 개성이며, 그 다음은 영남의 동래와 밀양 그리고 관서의 의주와 안주, 평양에 많다. 그 모두가 남북을 연결하는 통로에 있어 국내의 상업에서보다 배 이상의 이익을 얻고 있다.

이처럼 국제 무역으로 부를 축적했던 상인들의 후예가 세계를 무대로 무역 활동을 벌여서 대한민국을 세계 10위권의 부강한 나라로 만든 원동력이 되었다.

나라 안에서 가장 큰 돌부처 은진미륵

논산시 은진면 반야산에 은진미륵(논산 관촉사 석조미륵보살입상)으로 유명한 관촉사가 있다. 관촉사에서 앞쪽을 바라보면 백제군이 나당 연합군에게 패한 황산벌이 한눈에 들어온다. 관촉사 은진미륵의 왼쪽에 사적비가 있어서 이 미륵부처의 유래를 자세히 적어 놓았는데, 그 비문에는 다음과 같은 글이 실려 있다.

> 옛날을 상고하니 고려 광종光宗 19년 기사년(969)에 사제촌沙梯村의 여인이 반약산盤藥山 서북쪽 골짜기에서 고사리를 캐는데 홀연히 어린아이의 소리가 들려서 이윽고 나아가 보니 땅속에서 커다란 바위가 솟아 나오는 것이었

다. 마음에 놀라고 괴이하게 여겨 돌아와서 그 사위에게 말을 하니 사위가 곧 바로 관아에 고하고 관아는 조사하여 조정에 보고하였다. 백관에게 명하여 회의를 하니 아뢰기를 "이는 필시 불상을 만들라는 징조입니다"라고 하였다. 상의원尙醫院에 명하여 팔도에 사신을 보내 널리 불상을 만드는 장인을 구하게 하였다. 승 혜명慧明이 추천에 응하고 조정은 장인 백여 명을 골라서 경오년(970)에 일을 시작하여 병오년(1006)에 일을 끝마치니 무릇 37년이 걸렸다.

불상이 이미 완공된 후 도량에 모시려고 하여 마침내 천여 명이 힘을 합쳐 옮겼는데 머리 부분이 연산 땅 남촌 이십 리에 도착하자 그로 인해 마을의 이름을 우두牛頭라고 하였다. 혜명이 비록 불상은 완성하였으나 세우지를 못하여 걱정하고 있었다. 마침 사제마을에 도착하자 두 명의 동자가 진흙으로 삼동불상三同佛像을 만들며 놀고 있었는데 평지에 먼저 그 몸체를 세우고 모래흙을 쌓은 뒤 그 가운데에 다음을 세워 다시 이처럼 하니 마침내 그 마지막 부분도 세우는 것이었다. 혜명이 주의 깊게 보고는 크게 깨닫고 기뻐하였다. 돌아와서 그 규칙과 같이 하여 이에 그 불상을 세웠으니 동자는 바로 문수보살과 보현보살이 현신하여 가르침을 준 것이라고 한다.

사적비에 의하면 37년 만에 부처가 완성되자 찬란한 서기瑞氣가 100일간 천지에 가득하여 찾아오는 사람들로 마치 시장통처럼 북적거렸다고 한다. 그리고 머리의 화불化佛에서 내는 황금빛이 하도 밝아서 송나라의 지안대사가 그 빛을 따라 찾아와 예배를 드렸다고 해서 관촉사灌燭寺라고 지었다고 한다.

고려시대 대표 불상으로 평가받고 있는 논산 관촉사 석조미륵보살입상은 1963년 보물로 지정되었다가 55년 만인 2018년에 국보로 승격되었다. 이곳을 찾았던 고려 문장가 이색이 시 한 편을 남겼다.

> 마읍馬邑(현 서천군 한산) 동쪽 백여 리
>
> 은진현이라 그 안에 관촉사
>
> 여기에 커다란 석상의 미륵불이 있으니
>
> 내 나간다 나간다며 땅에서 솟았네
>
> 눈처럼 흰 빛으로 우뚝 큰 들판 내려보니
>
> 농부들 벼를 베어 보시하거니와
>
> 때때로 땀 흘려 임금과 신하 경계시키니
>
> 구전만이 아니라 국사에도 실렸고말고
>
> (…)

관촉사 남쪽 논산시 연무읍에 후백제를 창건한 견훤의 묘라고 전해지는 묘가 있다. 신라와 궁예의 태봉국 그리고 뒤를 이은 왕건의 고려와 함께 자웅을 겨루었던 후백제 견훤은 아들과의 불화로 인해 왕건에 항복했고, 후백제는 결국 역사 속에서 사라지고 말았다.

김동인은 소설 《견훤》에서 당시 견훤의 심정을 다음과 같이 상상했지만 누가 그 비통한 심사를 알 수가 있겠는가.

> 그날 밤 견훤왕은 밤새도록 소리 없이 울었다. 이미 정한 운명이었지만 눈앞에 이르니 가슴이 저리었다. 더우기 자기 이 평생 공을 다 들이어 쌓은 탑이 지

논산 관촉사 석조미륵보살입상

고려 광종의 명으로 승려 혜명이 제작한 우리나라 최대 규모의 석불이다.
큼직하고 분명한 이목구비와 압도적인 크기 등은 한국 불상 중 가장 독창적인 사례로 꼽힌다.

전견훤묘

논산시 연무읍 금곡리에 있는 이 묘는 견훤의 묘라 전해 온다.
커다란 봉분 앞에는 1970년 견씨 문중에서 세운 비석 외에 아무런 시설이 없다.

금 무너지는데 자기는 그것을 붙드는 데 일호一毫의 힘도 가할 수 없고 도리어 무너뜨리는 편에 붙어서 방관하지 않을 수가 없는 운명이 더우기 애달팠다. 베개에서 물을 짜낼 수가 있도록 수없이 눈물을 흘렸다.

어떤 말로 표현할 수 있으랴. 마흔 몇 해에 걸쳐 백제의 맥을 잇겠다고 궁예와 왕건이 이끄는 후고구려와 맞붙어 싸웠던 견훤의 큰 뜻은 사라지고 말았다. 견훤은 그 후《삼국사기》에 기록된 대로 "근심과 번민으로 등창이 나서" 황산의 한 절에서 죽고 말았다. 견훤은 죽기 전에 모악산이 보이는 곳에 장사를 지내라는 말을 남겼다. 그리고 그가 죽자 유언 대로 전주 땅을 바라보는 논산시 연무읍 금곡리에 장사를 지냈다.

갑천의 발원지 대둔산

계룡시 신도안 일대의 물이 서편에서 동편으로 흐르면서 대둔산 태고사에서부터 발원하여 금산군 진산·오계의 물과 합쳐지고 대전 시내를 거쳐 금강으로 흘러드는데, 이 냇물의 이름이 갑천甲川이다.《신증동국여지승람》에 갑천은 "회덕현 서쪽 5리에 있다. 근원이 전라도 진산군 신현에서 나와 회덕현 서쪽 3리에 이르러 선암천이 되고 하류에서 형각진과 합류한다"라고 기록되어 있다.

갑천의 발원지이자 호남의 금강산이라고 알려진 대둔산은 충청남도 논산시와 전라북도 완주군에 걸쳐 있다. 대둔산은 칠갑산과 덕숭산에 이어 충청남도에서 세 번째로 도립공원이 된 산이다. 절벽과 기암괴석이 만들어 낸 경관과 함께 태고사, 이치대첩梨峙大捷 전적지(임진왜란 당시 권율 장군이 호남에 진출하려는 왜군 2만여 명을 무찌른 전승지) 등의 볼거리가 있다. 최근 등산길이 놓인 뒤부터는 서울에서 하루치기로 다녀가는 등산객들이 늘고 있다.

송시열이 친필로 쓴 것을 음각해 새긴 석문을 지나면 태고사太古寺가 나타난다. 전국 12승지의 하나이며, 원효대사가 이 절터를 발견하고 너무 기뻐 3일 동안 덩실덩실 춤을 추었다는 곳이다. 만해 한용운은 "대둔산 태고사를 보지 않고 천하의 승지를 논하지 마라"라고 했다. 신라 신문왕 때 원효대사가 창건하고 고려 말에는 보우국사가, 조선 중기에는 진묵이 중창했다. 지금의 절은 한국전쟁 때 불타 버렸던 것을 새롭게 단장한 것이다. 태고사의 부엌 앞에는 조왕신이 내려다보고 있고 그 아래쪽으로 흐르는 샘이 갑천의 발원 샘이다. 계룡산에서 발원하는 두계천과 대둔산에서 발원하는 벌곡천이 서구의 용촌동에서 합류하여 가수원동부터 완만히 흐르다가 진잠천, 유성천, 탄동천이 합류하여 흐른다. 그리고 다시 둔산동 부근에서 유등천, 대전천과 합류하여 북쪽으로 흘러 봉산동 부근에서 금강 본류로 흘러든다.

대둔산의 동쪽과 적강의 서쪽에 자리한 금산錦山은 백제 때까지 진내을군進乃乙郡이라고 불렀으며, 대부분의 다른 군과 마찬가지로 태종 때 지금의 이름을 얻었다. 지금의 금산군은 옛 금산과 옛 진산의 땅이 1914년에 합쳐져 생긴 것이며, 1963년에는 전라북도에서 충청남도로 편입되었다. 고려 대문장가 이규보李奎報는 "산이 지극히 높아서 들어갈수록 점점 그윽하고 깊다" 했다. 고려 후기 학자 이곡李穀 또한 "사방은 막히고 길은 깊고 험하다" 했다. 남수문은 "지금의 군은 옛날의 진례현進禮縣인데, 산을 두르고 강을 끼고 있어 전라도에서는 가장 궁핍한 땅이니 실로 사방이 막힌 곳이다" 했다. 지금은 대전과 통영을 잇는 고속 도로가 뚫려 있어 교통이 편리하다.

'봉황천이 마르지 않는 한 금산 군민은 굶지 않는다'라는 말이 있는 봉황천이 금산 들판을 흐르고 있는 이곳에 널리 알려지지는 않았지만 예로부터 이곳 사람들 사이에서 손꼽히는 명소가 있다. 금산군과 충청도 옥천군과의 경계에 있는 서대산, 울창한 숲을 자랑하는 국사봉, 담수어가 많이 잡히는 금강 상류의 천내강을 금산의 명승지로 가장 먼저 꼽는다. 또 적벽강은 금강이 굽이져 흐르다가 부리면 수통리 근처에 와서 병풍처럼 둘러쳐진 층암절벽에 막혀 이루어 놓은 맑고 깊은 강이다. 30여 미터 높이의 깎아지른 기암절벽 아래 도도히 흐르는 적벽강은 적벽과 마주보는 자리에 물놀이하기에 좋은 자갈밭이 펼쳐져 있어서 여름에 이 강을 찾는 사람들이 많다.

금강을 따라 내려간 곳, 금산군 제원면에 닥실나루와 제원역 터가 있다. 조선시대에 제원 도찰방이 있어, 무주의 소천, 용담의 달계, 진안의 단령, 고산의 옥포 등의 역을 관할하던 이 역은 고종 때인 1896년에 혁파되고 그 자리에 제원초등학교가 들어섰다.

제원면 들머리의 깎아지른 바위에 '어풍대御風臺'라는 석 자가 새겨져 있다. 조선 효종 때 제원 도찰방을 지낸 허목許穆이 이 마을에 화재가 심한 것을 보고 이 바위에 어풍대라는 글씨를 썼는데, 그 후로 화재가 심하

대둔산

대둔산은 충청남도 논산시와 전라북도 완주군에 걸쳐 넓게 분포되어 있다.
웅장한 형태를 지닌 대둔산은 예부터 절찬을 받을 만큼 수려한 자연 경관을 지닌 명산이다.

금산 시장

금산장은 2일과 7일에 선다. 수삼을 주로 거래하는 약령 시장이 활성화되어 장날에는 주차 공간이 없을 만큼 북적인다.

금산 보석사

보석사는 금산 진락산 남동쪽 기슭에 있다.
886년 조구대사가 세웠으며 창건할 당시 앞산의 금광에서 채굴된 금으로
불상을 조각하여 보석사寶石寺라 이름했다.

지 않았다고 한다. 허목이 강원도 삼척 부사로 있을 때는 동해 바닷물이 넘쳐 삼척의 바닷가에 〈동해송〉을 지어 척주동해비를 세운 뒤부터 바닷물이 넘치지 않았다는데, 육지에서는 불을 예방하기 위한 글씨를 썼던 모양이다.

금산군 성치산에 있는 십이폭포는 가장 큰 폭포의 높이가 20미터에 달하고 수량도 풍부해서 웅장한 모습과 함께 떨어지는 물소리가 듣기 좋다. 한편 금산인삼은 개성인삼에 이어 우리나라에서 제일로 알아준다. 그래서 이곳에서는 금산인삼 축제를 열어 금산인삼의 효능과 금산의 전통문화를 알리고 있다. 금산인삼은 1500여 년 전부터 재배하기 시작했는데, 다음과 같은 전설이 전해 온다. 강씨 성을 가진 선비가 어머니의 병을 고치기 위해 백방으로 애를 썼으나 어머니의 병은 점점 더 깊어졌다. 어느 날 강씨의 꿈에 산신령이 나타나 진락산의 산삼 있는 곳을 알려 주었다. 산삼을 캐 와서 다려 마시자 어머니의 병이 씻은 듯이 나았다. 강씨는 가난하고 어려운 다른 사람들도 삼을 먹을 수 있도록 지금의 금산군 남이면 성곡리에 삼씨를 뿌렸다고 한다. 그때 산삼을 발견한 곳을 개삼 터라고 하여 비석을 세웠다.

오랜 옛날부터 금산 군수는 비가 내리지 않을 때면 진락산 정상에 올라가 기우제를 지냈다고 한다. 진락산에는 보석사, 영천암, 원효암 등의 옛 절이 있다. 특히 보석사에는 수령이 1000년이 넘었다고 알려진 은행나무가 있다. 이 은행나무는 나라에 이변이 있을 때마다 24시간을 운다고 한다.

5

사통팔달의 고장 대전과 천안

기억해야 할 땅과 사람들

교통의 요지 대전

백제시대 대전 지방의 행정 구역은 37군 가운데 하나인 우술군雨述郡에 영속되어 그 밑에 노사지현奴斯只縣(현 유성)과 소비포현所比浦縣(현 유성구 덕진동)이 있었다. 또한 대전 유성구의 진잠鎭岑은 진현현眞峴縣으로 현재 연산 지방의 황등야산군黃等也山郡에 예속되어 있었다. 통일신라시대에 들어서면서 우술군은 비풍군比豊郡이 되었다가 고려 초부터는 회덕懷德이라 했다. 그리고 진현현도 진잠현으로 개칭되어 오늘에 이르게 되었다.

대전의 진산은 계족산이다. 《신증동국여지승람》에 "세상에 전하기를 날이 가물 때 산이 울면 반드시 비가 온다고 한다"라고 기록된 계족산 외에도 대전에는 식장산, 보문산 등의 산이 있고 시 외곽에는 서대전평야, 삼천동평야 등 비옥한 평야가 펼쳐져 있다. 조선시대 문인 이승소가 시에서 "높은 고개 넘어서니 큰 들판 시원한데, 한 촌락 뽕나무숲이 시내 굽이 굽어보네. 수목은 늙고 돌은 단단하니 고을이 예된 줄 알겠고, 관청 뜰이 비고 인기척 고요하니 관아 한전하구나" 했고, 조선 전기 문신 남지南智가 "관청 뜰 비어 있으니 송사가 적음을 알겠고, 습속이 후하니 민풍을 알겠도다" 노래할 만큼 대전은 평화롭고 고요한 고을이었다.

《여지도서》에 "산이 밝고 물이 고우니, 용이 서리고 봉황이 춤추는 듯한 모습이다. 그런 까닭에 예로부터 우리나라의 강산은 동쪽과 이어지며 남쪽을 진정시키는 것이 가장 좋다고 한다"라고 형승이 묘사된 진잠의 동남쪽에는 봉우리가 아홉 개인 구봉산이 있고 북서쪽으로 계룡산이 펼쳐지면서 갑천이 흐른다. 진잠은 조선 후기까지만 해도 현이었다. 진잠현의 풍속을 두고 《여지도서》에는 "두메산골의 순박한 풍속을 지니고 있다"라고 기록되어 있다.

"잘 있거라 나는 간다 이별의 말도 없이/떠나 가는 새벽 열차 대전발 영시 오십분"이라는 대중가요 속 노랫말에 아스라하게 남아 있는 대전은 한 세기도 안 되는 세월 동안 몰라보게 변신을 거듭하여 이미 그 옛날의 대전이 아니다. 아파트로 둘러싸인 진잠향교는 그렇다 치고 교통의 요지로 급부상한 회덕은 말해 더 무엇하랴.

1905년 서울에서 부산까지 이어지는 경부선이 개통되면서 생겨난 대전은 자그마한 '한밭', 즉 대전大田이라는 마을에 지나지 않았다. 다음은 1911년 조선총독부 철도국에서 펴낸 《조선 철도 노선 안내》에 실린 대전 일대에 관한 글이다.

충청남도 남단에 위치하고, 동북방 일대 산악을 짊어지고, 서남의 일면一面,

© 유철상

계족산

대전광역시 동쪽에 있으며, 산줄기가 닭발처럼 퍼져 나갔다 하여 이름 붙은 산이다.
정상에 팔각정인 봉황정과 전망대가 있다.

> 광활한 옥야에 이어진다. 이 땅은 원래 적막한 한촌의 일개 작은 마을에 지나지 않았음에도, 경부 철도의 완성에 따라 내지인의 왕래가 날이 지남에 따라 늘고 겨우 몇 년 지나지 않아 금일의 신시가가 출현하게 되었다. 더구나 호남선의 분기점이 되어서 장래의 발전을 기대할 수 있다.

대전역이 들어서고 철도 공사에 종사하던 일본인 거류민이 대전천과 대동천의 합류 지점에 정착하면서 충청남도 대전군이라는 새로운 행정 구역의 도시가 들어섰는데, 그때가 1914년이었다. 당시 대전의 인구수는 일본인 548호로 1856명, 조선인 209호로 908명이었고, 1909년 무렵에는 일본인이 2482명으로 늘어났다. 1914년 호남선이 개통되어 서대전역이 들어서고, 1917년에 대전면이 신설되었다. 서대전역 부근 문화동에 일본군 병영이 설치되면서, 대전은 비약적으로 발전하기 시작했다. 1932년에는 공주에 있던 충청남도 도청이 대전으로 옮겨왔고, 1935년 대전읍은 대전부로 승격했다. 1948년 대전부에서 대전시로 개편되었으며 1970년에 경부 고속 도로가, 1973년에 호남 고속 도로가 뚫리면서 대전은 우리나라 최대의 교통 요지로 발돋움하게 되었다. 1984년에 유성, 진잠, 회덕 일부가 편입되었고, 1989년에는 행정 구역 개편과 서해안 개발 시대를 맞아 성장 거점 도시로서의 구실을 담당하기 위해 대전직할시로 개편되었다. 그때 '대전은 몰라도 신탄진은 안다' 할 정도였던 신탄진 역시 대전으로 편입되었다. 1995년 대전광역시로 명칭이 변경되고 1997년 정부대전청사가 건립되면서 급기야는 행정 중심 복합 도시가 대전에 가까운 연기와 공주 일대에 터를 잡았다.

동춘당과 남간정사

대전광역시 대덕구에 '늘 봄과 같으라'는 뜻을 지닌 동춘당同春堂(국가지정문화재 보물)이 있다. 동춘당은 조선 효종 때 대사헌과 병조판서 등을 지낸 송준길宋俊吉의 호를 따서 지은 별당이다. 송준길은 선조 39년(1606) 서울 정릉동에서 태어나 3세 때 아버지 송이창을 따라 회덕 송촌으로 거처를 옮겼고, 9세 때부터 아버지에게서 공자와 주자, 이이의 학문을 익혔다. 이종 형제인 송시열과 함께 공부했는데 이때 비롯된 송준길과 송시열 두 사람의 우의는 학문적으로나 정치적으로나 거의 한길을 걸었다고 볼 수 있다. 20세 때부터 김장생의 문하에서 공부했다. 김장생이 세상을 떠난 후에는 그의 아들 김집에게서 배웠다. 김장생은 송준길의 생활과 학문적 태도를 보고 훗날 반드시 예가禮家의 종장이 되리라 칭찬했다고 한다. 인조 2년(1624) 19세 때 진사가 된 이후 송준길은 여러 관직에 임명되었으나 나아가지 않고 주로 송시열 등과 교우하면서 학문에만 몰두했다.

여러 차례 벼슬을 내렸는데도 부임하지 않았던 송준길은 효종 9년(1658) 대사헌과 이조참판 겸 좨주를 거쳐 효종 10년에 병조판서가 되면서 효종과 함께 북벌 계획을 준비한다. 그러나 효종이 일찍 죽자 북벌 계획은 수포가 되고 관직에서 물러난 송준길은 대전 동춘당에서 여생을 보냈다. 동춘당에서 그의 이름을 듣고 찾아온 유림들에게 북벌론을 강론하다가 현종 13년(1672) 67세로 생을 마감했다.

동춘당은 나직한 기단과 아담한 몸체, 조붓한 툇마루, 단정한 지붕 매무새 등 곳곳에서 선비다운 얌전함과 간소함을 풍기는 집이다. 동춘당 뒤편에는 一자 사랑채와 ㄷ자 안채, 두 개의 사당으로 이루어진 송준길의 동춘고택이 있다. 15세기 후반 건립했다고 전해지는 이 고택은 처음 지어졌을 때의 모습이 잘 간직되어 있다. 특히 사랑채 뒤편과 안마당 사이에 야트막한 내외담을 두어 서로의 공간을 독립시켜 놓은 점이 재미있다. 따로 떨어진 두 사당 중에서 송씨별묘에 송준길을 모시고 가묘에 다른 선조들을 모시고 있다. 조선시대 양반집의 전형을 보여 주는 이 집은 조선 중기부터 근대에 이르기까지 집안의 생활사와 지역 향촌 사회의 변화를 볼 수 있는 귀한 자료다.

동춘당에서 송시열이 말년을 보낸 남간정사가 멀지 않다. 남간정사南澗精舍의 '남간'은 주자의 시구 '운곡남간雲谷南澗'에서 빌려 온 말로 '볕바른 곳에 졸졸 흐르는 개울'을 뜻한다. 송시열은 이곳 남간정사에서 유림들과 제자들을 모아 성리학을 강론하며 지냈다. 고봉산에서 흘러내리는 계천가에 자리 잡은 남간정사는 연못이 있는 정원을 갖추었다. 남간정사는 앞면 4칸, 옆면 2칸 규모다. 지붕은 옆면에서 볼 때 여덟 팔 '八'자 모양을 한 팔작지붕이다. 2칸 대청마루를 중심으로 왼편은 앞뒤 통칸의 온돌방을 들였다. 오른편 뒷쪽 1칸은 방으로 하고 앞쪽 1칸은 마루보다 높은 누를 만들어 아래에 아궁이를 설치했다. 이 건물의 가장 큰 특징은 대청 밑으로 물이 흐른다는 점이다. 양쪽의 방은 축대 위에 세워졌고 대청은 다리를 걸치듯 공중에 떠 있다. 그 아래로 집 뒤편 샘에서 나온 물이 흘러 앞쪽 연못으로 들어간다. 또 이 건물은 앞이 아니라 건물 뒤쪽으로 출입하게 되어 있다. 기국정杞菊亭은 대전광역시 동부 소재동에 있던

대전 회덕 동춘당

동춘당은 송준길이 낙향하여 학문을 연마하고 후학을 양성한 곳으로 보물로 지정되었다.
이곳에 걸린 현판은 1678년 송시열이 쓴 것이다.

대전 동춘당 종택

15세기 후반 송준길이 건립한 종택은 이후 몇 차례 이전하여 현재는 1835년 보수할 때 모습으로 남아 있다. 이곳에서 송준길의 불천위와 기타 제례를 지내고 있다.

남간정사

우암 송시열이 제자들을 가르치기 위해 능인암 아래 지은 서당이며
이곳에서 학문을 완성했다.

송시열의 별당을 1926년 이곳으로 옮겨온 것이다. 오래된 왕버들과 여러 종의 나무들이 울창한 숲을 이루는 남간정사는 그대로 남아 있는데, 한때를 풍미했던 사람들은 가고 없다.

아나키스트의 고향

사학자이자 언론인이자 독립운동가인 신채호申采浩는 고종 17년(1880) 지금의 대전광역시 중구 어남동에서 태어났다. 7세 때 아버지가 돌아가신 후 충청북도 청주시 상당구 낭성면 귀래리에서 성장했다. 22세 때 고향 근처에 설립된 문동학원의 강사로 부임해 계몽 운동과 신교육 운동을 펼치기도 했다.

신채호는 《황성신문》과 《대한매일신보》에 글을 쓰며 언론 활동을 통해 민중 계몽과 구국 운동을 펴고자 했다. 그리하여 1907년 무렵 안창호 등과 항일 비밀 결사 단체인 신민회를 결성했으며 국내에서 독립운동이 어려워지자 중국으로 건너갔다. 독립운동의 방책을 둘러싸고 신민회 동지들 사이에 교육 보급을 통한 준비론과 직접적인 무력 투쟁론으로 의견이 나뉘자 신채호는 동포들이 많이 살던 블라디보스토크로 갔다. 상해와 만주, 북경을 떠도는 26년간의 망명 생활은 이렇게 시작되었다.

신채호의 투쟁 노선은 폭력 저항이었다. 그는 일본을 조선의 국호와 정권과 생존을 빼앗은 강도로 규정하고, 이를 타도하기 위해 혁명이 정당한 수단임을 천명했다. 이어서 일제와 타협하려는 모든 행위를 적으로 규정하고, 외교론과 준비론 등 상해임시정부의 독립운동 방식을 비판한 후 강도 일제를 몰아낼 방법은 민중의 직접 혁명뿐임을 강조했다.

신채호는 망명 생활 가운데서도 한국 고대사 연구에 전념하여 《조선상고사》, 《조선상고문화사》, 《조선사연구초》 등의 역사 연구서들을 집필했다. 그는 단군, 부여, 고구려를 중심으로 상고사를 체계화하고 그 무대를 한반도와 만주에 국한한 종래의 학설에서 벗어나 중국 동북 지역과 요서 지방에까지 확대했다. 또 부여와 고구려 중심의 역사 인식에 따라 신라의 삼국 통일을 부정적으로 평가했다. 신채호의 역사학은 이전의 유교주의 역사 서술이나 당시 일본 관학자들의 식민주의 사관을 벗어난 근대적인 사학과 민족주의 사학의 출발로 평가받고 있다. 그는 역사를 "아我와 비아非我의 투쟁 기록"으로 파악하고 역사 연구에서 실증을 강조했으며 역사의 주체를 민중에게서 찾으려는 민중 중심 사관을 지니고 있었다. 1925년 동방무정부주의자연맹에 가입하여 활동하던 신채호는 대만에서 체포되어 10년형을 선고받았다. 신채호는 1928년 12월 13일 첫 번째 공판에서 그가 왜 민족주의자에서 무정부주의자로 전환했는지를 증언했다.

"그대는 언제부터 무정부주의에 공명했나?"

"내가 황성신문사에 있을 때 고토쿠 슈스이幸德秋水의 《장광설》을 읽은 후부터요."

"그대는 아나키스트인가?"

"나는 의심없는 무정부주의자요."

아나키즘anarchism은 그리스어 '아나르코스anarchos'에서 나온 말인데, '없다an'와 '지배자arche'의 합성어로 글자 그대로 '지배자가 없다'

는 뜻이다. 즉 '자유와 평등'을 의미하는 말이다. 그런데 1902년 일본의 한 대학생이 '무정부주의'라고 번역해서 한자 문화권에서는 '정부가 없는 혼돈 상태'라고 알려지게 되었다. 아나키즘은 우리말로 번역하면 무정부주의가 아니라 '자유연합주의'라고 할 수 있다. 그 뜻을 모르는 사람들은 '알카에다' 같은 폭력 집단 정도로 생각하는데, 아나키즘은 평등을 추구하면서 집단이기주의를 용인하지 않고 자기희생적 이타심을 요구하며 극한적 대립보다는 상호공존, 즉 공공의 선을 추구한다.

신채호는 법정에서 "우리 동포가 잃은 나라를 찾고자 하여서 하는 행동은 모두가 정당하다. 일본의 강도 세력 앞에서 어떤 일을 하든 그건 사기도 위법도 아니다. 독립운동으로 무슨 짓을 하더라도 조금도 부끄러움이 없다"라고 당당히 말했다. 그는 뤼순 형무소에서 복역하던 중 1936년 뇌출혈로 순국했다.

생전에 신채호는 "내가 죽으면 시체가 왜놈들 발끝에 채지 않도록 화장하여 그 재를 바다에 뿌려라" 했으므로 아내와 두 아들이 화장한 후 유골을 가지고 고향으로 돌아왔다. 그러나 오랜 망명 생활로 민적民籍이 없었으므로 매장 허가를 받지 못해 암장했다. 그러나 신채호의 수난은 광복 뒤에도 그치지 않아 오랫동안 대한민국 국적에 오르지 못하다가 64년 만에 국적을 회복하게 되었다.

꿋꿋한 기상과 뛰어난 문장으로 사람들에게 널리 각인된 신채호에 대한 여러 가지 재미난 일화들이 전해진다. 오산학교 재직 중에는 담배를 너무나 좋아하여 담뱃대를 털고 대통이 식는 동안을 못 참아서 창에 구멍을 내어 찬바람으로 식혔다. 세수할 때는 소매가 젖거나 말거나 꼿꼿이 서서 세수를 하는 바람에 옷이 흠뻑 젖는 일이 다반사였다. 또 속병에 먹으려고 환약을 지어서는 아내가 훔쳐 먹는다고 허리춤에다 약봉지를 매달고 다니기도 했으며, 아이가 우유를 먹고 체해서 죽자 우유통을 삼청동의 냇가에서 도끼로 깨뜨려 버린 일도 있었다. 백두산을 등반하던 중에 친구의 안내를 받아 중국집에서 고기를 맛있게 먹은 후, 그 고기가 "일본에서 가져온 동양어東洋魚"라는 말을 듣고는 "왜놈이 잡은 고기"라고 분개하여 화장실에 가서 다 토해 버렸다. 신채호 같은 사람들이 대부분 그렇지만, 그 역시 세상 물정을 잘 몰랐다. 그가 일본 여자들이 입는 빨간 속옷을 입고 있는 것을 본 주위 사람들이 그것을 나무라자 "누가 그런 줄 알았는가. 지나가다가 빛이 하도 곱기에 사 입었다네" 하고 태연스레 말하기도 했다.

신채호를 두고 언론인 천관우는 "철저함과 준열함으로 일관된 투쟁으로 신문을 제작하고, 역사를 서술하고, 결사를 조직하고, 자신의 옥사를 마무리 지었고, 또 실천가로서만이 아니라 우리 근대 민족주의 사상 전개에 있어서 탁월한 이론가였다"라고 평했다. 신채호는 《조선상고사》에서 우리 역사의 빈곤성과 부재를 정확하게 갈파했다.

> 석가가 들어오면 조선의 석가가 되지 않고 석가의 조선이 되며, 공자가 들어오면 조선의 공자가 되지 않고 공자의 조선이 되며, 무슨 주의主意가 들어와도 조선의 주의가 되지 않고 주의의 조선이 되려 한다.

일제 강점기 조선 사회의 이념적 몰주체성을 비판한 단재 신채호의 글

뤼순 형무소

중국 랴오닝성 다롄시 뤼순에 있는 일제 강점기 형무소다.
독립운동가 안중근과 신채호가 수감되었다가 옥사했다.

청주 신채호 사당

단재 신채호 사당 및 묘소는 청주시 상당구 낭성면 귀래길에 있다.
신채호 사당은 1978년에 건립되었는데 1981년 이곳에 신채호의 영정을 봉안하면서
단재영당 혹은 단재영각으로 불리게 되었다.

로 오늘의 시대에도 시사하는 바가 크다. 오늘날 우리는 중국이 우리의 고구려를 자국의 역사로 편입하려고 하는데도 갈팡질팡만 거듭하고 있다. 이런 우리를 보고 신채호는 과연 뭐라 할지 궁금하다.

남적이 아산을 함락하고

고려 무신 집권기에 농민과 천민이 중심이 되어 일으킨 망이·망소이의 난은 유성구 일대를 그 배경으로 한다. 명종 6년(1176) 1월 신분제 타파를 목적으로 충청도 지역에서 일어난 망이·망소이의 난은 공주 명학소를 중심으로 했으므로 '공주 명학소의 난'이라 불리기도 한다. 《신증동국여지승람》에는 다음과 같이 기록되어 있다.

> 명학소는 유성현儒城縣(현 대전광역시 유성구) 동쪽 10리에 있다. 고려 명종 6년에 명학소 사람 망이가 그 도당을 모아서 본주本州를 공격하여 함락하였다. 조정에서 이 명학소를 승격시켜 충순현忠順縣으로 만들고 영令과 위尉를 두어 안무安撫하게 하였더니 그 뒤에 항복하였다가 다시 배반하므로 곧 폐해 버렸다.

명학소민의 봉기는 크게 두 차례에 걸쳐 일어났다. 1차 봉기는 명종 6년 1월에, 2차 봉기는 다음 해인 명종 7년 2월에 일어났다. 《고려사절요》에 따르면 공주 명학소민인 망이와 망소이는 사람들을 불러 모아 스스로 산

행병마사라고 칭하고 봉기군을 이끌고 공주를 공격하여 함락했다. 당시 공주를 지키던 관군 수는 1500여 명이었으며 명학소민들 가운데 봉기에 가담할 수 있는 남성의 수는 겨우 1000여 명을 웃돌 정도였는데도 그들은 정규 훈련을 받은 주둔군을 무찔렀다. 명학소민이 기습전을 펼친 것도 하나의 원인이었지만 사전에 치밀한 전략과 조직이 있었기에 가능했던 일이다.

당시 조위총의 난을 진압하는 데 어려움을 겪고 있던 정부는 지후 채원부와 낭장 박강수를 보내 망이·망소이군을 회유했으나 난민들이 응하지 않아 실패했다. 그 무렵 남적에 대한 토벌을 준비하고 있었는데 여러 영부의 군인들이 이름을 숨기고 방을 붙이고 다녔다. 《고려사》 '열전'에 기록된 방의 내용은 다음과 같다.

> 시중 정중부鄭仲夫와 아들 승선 정균鄭筠과 사위 복야 송유인宋有仁이 정권을 제멋대로 휘두르며 횡포를 부리고 있기에 남부 지역에서 농민의 반란인 남적南賊이 일어난 것이다. 만약 군사를 동원하여 가서 토벌하려면 반드시 먼저 이 무리를 제거한 뒤에 하는 것이 옳다.

정권과 뜻을 같이해야 할 무신들조차 농민들의 항쟁이 계속되는 원인을 정중부 정권의 탐학으로 보았다. 조정에서는 다시 대장군 정황재와 장군 장박인 등에게 3000명의 군사를 주어 난을 진압하게 했는데, 오히려 진압군은 한 달도 못 버티고 대패한 후 승병을 증파해 달라고 요청하기에 이르렀다. 이에 조정에서는 무력 토벌을 그만두고 망이와 망소이의 고향인 명학소를 충순현으로 승격시켜 현령과 현위를 파견하고 난민을 위무하는 등 회유책을 썼다. 그러나 망이와 망소이 등은 이에 응하지 않고 계속해서 예산현을 공략하여 감무監務를 살해하고 충주까지 점령했다.

그러자 정부는 대장군 정세유를 남적처치병마사로 삼아 대대적인 토벌을 전개했다. 그 계획이 맞아떨어져 이듬해 정월에는 망이·망소이가 강화를 요청함으로써 난이 일단 진정되는 듯했다. 이때 정부는 이들을 회유하기 위하여 처형하지 않고 오히려 곡식을 주어 고향으로 돌려보냈다. 하지만 고향에 돌아온 망이와 망소이는 한 달 뒤 자신들의 가족이 체포되자 명종 7년(1177) 재차 봉기하여 충청남도 서산에 있는 가야사를 점령하고 황려현(현 여주)과 진주(현 진천) 등지를 휩쓸었다. 그다음 달에는 직산에 있는 사찰인 홍경원을 불태우고 그곳에 있던 10여 명의 중을 죽인 다음 주지를 협박하여 편지를 가지고 개경으로 올려 보냈다. 《고려사절요》에 따르면 편지의 내용은 다음과 같다.

> 앞서는 우리 고향을 현으로 승격시키고 현령을 보내 무마하더니, 다시 군사를 보내 우리 어머니와 처자를 체포하는 것은 또 무슨 수작인가. 차라리 싸우다가 죽을지언정 끝까지 굴하지 않을 것이며, 반드시 왕이 계신 개경으로 가고야 말겠다.

계속해서 이들은 공주와 아주(현 아산)를 함락하고, 청주를 제외한 청주목 관내의 55개 고을을 점령했다. 《고려사》에는 이때의 상황이 "남적이 아주를 함락하였다. 이때 청주목 내의 군현들은 모두 적에게 함락되었고 오직 청주만이 점령되지 않았다"라고 기록되어 있다.

이에 정부는 남적에 대한 강경책을 강구하여 그해 5월에 충순현을 다시 명학소로 강등하고 대대적인 토벌에 나섰다. 손청(예산을 중심으로 일어난 봉기군의 수령), 이광(미륵산을 중심으로 일어난 봉기군의 수령) 등이 이끌고 온 반란군이 토벌군에 의해 큰 타격을 입고 진압되자 전의를 상실한 망이와 망소이는 사람을 보내 항복을 청했으나, 얼마 후 남적처치병마사 정세유에게 붙잡혀 청주옥에 갇힘으로써 1년 반 동안 계속된 반란은 완전히 진정되었다.

망이·망소이의 난은 천민 집단의 특수 행정 구역이었던 소所를 배경으로 해서 일어났다는 점에서 일반 농민 반란과 구별된다. 소의 기원에 대해서는 의견이 대체로 두 가지로 나뉘는데, 삼국시대부터 존재했다는 설과 고려시대에 와서 만들어진 지방 제도라는 설이다. 소는 향鄕이나 부곡部曲과는 큰 차이점이 있었는데, 조세를 거둘 때 향이나 부곡이 지방 관청의 관리를 받았다면 소는 국가에서 직접 관리했다. 그 이유는 소가 국가나 왕실에서 필요로 하는 특수한 물품을 생산해서 공물로 납부하는 특수 행정 구역이었기 때문이다. 여기서 생산된 공물은 생산자와 상관없이 상층부에 유입되었으며 공물의 양 역시 중앙 정부나 관리들의 요구대로 조정되었다. 자연 경제의 토대에서 소가 가진 기능은 이처럼 막중한 것이었으므로 국가의 직접적인 관리를 받아야 했다. 중앙의 통치 기반이 허약했던 고려의 정치 구조를 그대로 나타내는 실례라고 볼 수 있다. 하지만 부곡 역시 군·현의 주민보다 혹독한 착취와 압박에 시달렸다. 부곡민은 중이 될 수도 없었고 과거도 볼 수 없었으며 국가에 공로를 세워도 벼슬을 하지 못하는 경우가 많았다. 《고려사》 '지리지'에 "화개 부곡과 살천 부곡의 장들이 모두 머리를 깎았으며 승수僧首라고 불렀다"라고 기록되어 있는 것을 보면, 부곡민은 모두 노비와 비슷한 신분이었음을 짐작할 수 있다. 단지 부곡민이 노비와 다른 점은 사고파는 대상이 아니었다는 점이다.

망이·망소이의 봉기는 천민 신분에서 벗어나고자 하는 신분 해방 운동의 성격이 강했다. 그리고 국가의 직접적이고 과도한 수탈에 저항하려는 데 그 목적이 있었다. 그러나 명학소 사람들만으로 이 같은 대규모 봉기가 가능했다고 보기는 어려우며, 난 발생 초기에 공주 관아를 습격할 때부터 이미 주위의 일반 농민들도 적극적으로 호응했을 것이다. 천민 집단의 신분 해방 운동과 농민 반란이라는 두 가지 성격이 결합한 것이다. 비록 실패했지만 고려 사회의 신분 질서를 타파하려는 천민들의 운동이라는 점에서 그 선구적 의미가 인정되며, 실제로 이후 소 등 천민 집단의 해방에도 영향을 끼쳤던 것으로 평가받고 있다.

망이·망소이의 난이 일어난 유성구는 유성온천으로도 이름이 높다. 유성온천이 언제부터 있었는지 정확하지는 않으나, 태조 이성계가 계룡산 신도안에 도읍을 정하고자 갈 때도 이곳에서 머물렀고 태종도 이곳에 들렀다는 기록이 있는 것으로 보아 조선시대 이전부터 이름났던 것으로 보인다. 하지만 이 지역 노인들은 '겨울에도 얼지 않는 둠벙(웅덩이의 사투리) 물은 천리에 어긋난다' 하여 온천이 있는 것을 애써 외면했다고 한다. 그뿐만이 아니었다. 겨울 내내 뜨거운 물에 빨래할 수 있는 유성의 처녀들은 게으르다는 소문이 나서 혼인 때마다 애를 먹었다는 이야기도 전

신탄진

'대전은 몰라도 신탄진은 안다'라고 할 정도로 번화한 곳이었던 신탄진은 1989년 대전으로 편입되었다.

해져 온다. 이곳에 온천이 본격적으로 개발된 것은 1919년이었다. 일본의 어느 학자가 유성 일대의 온천이 라듐 온천이라는 것을 발표했고, 그때 친일 기업가 김갑순이 현재 유성호텔로 이름이 바뀐 유성온천장을 세웠다고 한다.

대전의 역사에서 빼놓을 수 없는 곳이 신탄진이다. 금강의 중류로 대덕군과 청원군을 오가던 사람들이 이용하던 이름난 나루였다. 신탄진장은 공주장, 유상장과 함께 대전 일대에서 큰 장터 중 하나였다. 1970년대 초 촬영된 신탄진 현도교 아래 금강 사진을 보면 모래사장이 질펀하게 펼쳐져 대전과 이 일대 사람들의 여름 피서지이기도 했다. 이 신탄진에 국립연초제조창이 들어서면서 '신탄진'이라는 담배를 생산했고, 보급 정비창 등을 비롯한 수많은 공장이 들어서면서 신탄진은 그 본래의 기능을 잃어버리고 '담배' 상표 이름으로만 기억하게 되었다. 전라도 장수에서 시작된 금강이 북쪽으로 가장 멀리 올라갔다가 세종특별자치시로 내려가는 곳에 자리 잡은 신탄진은 지금 교통의 요지로 사람들에게 인식되고 있다.

천안 삼거리 흥 능수야 버들은 흥

'천안이 태평하면 천하가 편안할 것'이라는 말이 있는 천안天安의 백제 때 이름은 환성歡城이다. 천안은 청주목에 속했던 천안군, 목천현, 직산현의 지역이었다. 천안군은 고려 초에 천안부였던 것을 태종 13년(1413)에 영산군寧山郡으로 고쳤다가 1416년에 다시 천안군으로 하여 인접 풍세현을 속현으로 했다. 1914년에 목천군과 직산군을 통합했으며, 1991년에 시가 되었다. 《여지도서》에 따르면 지금은 천안시에 딸린 목천의 풍속은 "예로부터 이르기를, 백성은 순박하고 재물은 넉넉하여 편안히 생업에 종사하며 곡식 농사에 힘쓴다."

목천이 청주 쪽으로 치우쳐 있는 것과 달리 천안과 직산은 남북으로 통하는 삼남대로의 큰길이고, 거리가 아주 가까웠다. 그래서 옛날에는 어떤 일에 진전이 없을 때 '천안에서 자고 직산에서 잔다'라고 말하기도 했다. 《신증동국여지승람》에 "말을 탄 길손이 저물녘에 천안에 와서, 문 안으로 들어가 말에서 내려 한가로이 서성거리네. 빈 뜰 고요하여 만뢰가 쥐 죽은 듯한데, 낙엽만이 쓸쓸히 난간을 울리네"라고 하여 나그네의 외로움을 토로하는 원나라 사람 계명숙季明叔의 시가 나온다. 하지만 이 시에서 느껴지는 조용함이나 한가함과는 달리 예로부터 천안은 영남대로와 삼남대로가 갈라지는 교통의 요지였다. 현대에도 경부선, 장항선, 안성선 등의 철도와 경부 고속 철도가 지나는 새로운 교통의 요지가 되면서 하루가 다르게 발전하고 있다.

천안 삼거리에 얽힌 이야기가 여럿 있다. 전라도 고부에서 과거를 보러 올라가던 박현수라는 선비가 삼거리 주막에서 하룻밤을 묵게 되었다. 밤이 되어 잠을 청하는데 어디선가 청아한 가야금 소리가 들려왔다. 소리를 따라서 가 보니 능소라는 어여쁜 기생이 가야금을 타고 있었다. 하룻밤에 그녀와 백년가약을 맺은 박현수는 과거에 장원급제하여 돌아왔고, 홍이 난 능소는 가야금을 타며 "천안 삼거리 홍/능수야 버들아 홍/제멋에 겨워서 홍/축 늘어졌구나 홍" 하며 〈홍타령〉을 읊조렸다고 한다.

또 다른 이야기도 있다. 충청도 땅에 유봉서라는 홀아비와 어린 딸 능소가 살고 있었는데, 아비가 변방에 수자리를 가게 되었다. 아버지는 어쩔 수 없이 어린 능소를 삼거리 주막에 맡기고 가면서 신표로 버들가지 하나를 이곳에 심고 갔다. 오랜 세월이 지나 돌아와 보니 버드나무가 자라 아름드리나무가 되어 있고 그 아래 아리따운 처녀가 된 능소가 기다리고 있어 부녀는 감격의 상봉을 했다. 그때부터 버드나무는 그 딸의 이름을 따서 능소버들이라고 불리게 되었고 그 후 변화하여 '능수버들'로 불린다.

천안은 또한 호두과자와 성환개구리참외의 본고장이다. 천안호두과자는 지금도 원조 싸움이 치열하다. 천안호두과자의 호두는 대개 동남구 광덕면의 광덕산을 중심으로 많이 재배되고 있다. 광덕산이 바람을 막아 주고 물이 잘 빠질 뿐만 아니라 골짜기가 깊고 일조량도 풍부하기 때문이다. 이곳에서 호두를 재배하게 된 것은 고려시대 역관이었던 유청신柳淸臣이 중국에 사신으로 다녀올 때 가져온 씨앗을 심으면서부터라고 한다.

성환읍의 개구리참외는 그 껍질이 개구리 등을 닮아 붙은 이름이다. 이 참외는 일제 강점기에 일본인들이 들여와 심은 것이라고도 하고, 원래 이곳의 특산물이라고도 하여 유래가 분명하지 않다. 개구리참외가 나라 안에 이름이 높아 일제 강점기 때는 비행기로 일본에까지 실어 가기도 했다. 하지만 경상북도의 성주참외가 나라 안 으뜸이 된 것과 달리 성환개구리참외는 그 맥을 잇지 못하고 있다.

고추장이 천안의 명물이었던 적도 있었다. 19세기 이규경李圭景이 지은《오주연문장전산고五洲衍文長箋散稿》에 고추장 이야기가 나오는데,

영남루

천안시 동남구에 있는 조선시대 누각이다.
임금이 온양온천으로 나들이 갈 때 별궁으로 사용한 건물이다.

특히 순창의 고추장과 천안의 고추장이 전국에서 이름났다고 한다. 하지만 지금은 오로지 순창고추장만 명성이 자자하다.

천안시 동남구 광덕면 무학리의 쌍령고개는 충청남도 공주시 정안면 인풍리와의 경계에 자리 잡고 있는 고개로 삼남대로변의 차령고개와 붙어 있다. 쌍령고개는 높은 능선에 고개가 두 길로 되어 있으므로 쌍령이라 부르는데, 조선시대에 공주 이남의 조세와 진상품이 모두 이 고개를 통하여 서울과 아산 공세포로 운송되던 교통의 요지였다. 광덕면 대덕리에서 가장 큰 마을인 숯가말(덕암德岩) 동쪽에 있는 소沼가 여계소다. 깊이가 한 길이 넘는데 명종 때 쌍령산 안에 살던 큰 도적 안수安壽가 잡히자 그의 첩 여계가 이 소에 빠져 죽었다고 한다. 쌍령 인근 광덕면 보산원리 사기소 뒷산의 도적놈수레길은 두 갈래의 길이 산 밑에서 꼭대기로 치올라 갔는데, 무학리의 도적 안수가 도적질한 물품을 수레에 싣고 성안으로 오르내리던 자국이라고도 하고 용이 산을 갈고 올라간 것이라고도 한다.

소사하와 정유재란

조선 전기 문신 성석린成石璘은 양광도 관찰사로 있을 때 고을 순찰차 직산에 왔다가 다음과 같은 시를 써서 백성들을 위로했다.

직산이 비록 조그만 고을이지만

나의 인仁을 시험하기에 넉넉하네
불쌍하고 외로운 사람을 먼저 어루만져 돌보고
세를 받는 데는 부유한지 가난한지를 묻는다
(…)

이곳 직산의 객관 동북쪽에 제원루濟源樓가 있었는데, 서거정이 직산을 지나면서 이 정자에 올랐다. 그리고 제원루의 연역을 밝히고 이에 대한 감흥으로 시를 한 수 지었다. 그 시의 서문이 〈제원루기〉로 남아《신증동국여지승람》에 기록되어 있다.

사신으로 영남에 갈 때 직산을 지나게 되었다. 직산 객관 동북쪽에 한 누각이 있기에 올라가서 조금 쉬다가 주인에게 "이 누각의 이름을 무어라 하는가?" 하고 물었다. 주인은 알지 못하여 좌우 사람에게 물으니, 고을 사람이 '제원'이라 하였다. 그러나 그 자리에 앉아 있는 객들은 제원이란 뜻을 알지 못하였다. 이 고을은 백제의 옛 도읍이니, 이 누각을 제원이라 한 것은 백제의 근원이 여기에서 시작했다는 말이 아니겠는가? 대개 백제의 시조 온조는 본래 고구려 동명왕 주몽의 아들로 난을 피하여 남쪽으로 도망했는데, 역사서에 쓰기를 "온조가 부아악負兒岳에 올라가서 살 만한 곳을 잡다가 하남 위례성에 도읍했으니, 이곳을 세상에서 직산이라 한다" 하였다. (…) 지난해에《삼국사절요》를 편찬하면서 여러 가지 책을 상고해 보니, 직산이 백제의 첫 도읍이었던 것은 의심할 것이 없었다. 온조왕 이후 직산에서 남한산성으로 도읍을 옮겼으니, 이는 곧 지금의 광주이고, 또 북한산성으로 옮겼으니 바로 지금의 한도漢

都다. 뒤에 금강으로 옮겼으니 지금의 공주요, 또 사비하로 옮겼으니 지금의 부여다. (…)

온조가 고구려에서 남하하여 이곳에 첫 도읍을 정하고 위례성이라고 불렀다는 기록은 《신증동국여지승람》, 《직산현지》, 《대록지大麓誌》 등에 전하며, 《삼국유사》에도 직산의 위례성을 백제의 수도로 칭하고 있다. 이처럼 고려와 조선시대 학자들은 위례산 정상부를 감싼 산성 때문에 이곳 직산을 위례성이라고 여겼다. 그러나 근래에 와서 이 주장은 힘을 얻지 못하고 있고 서울의 풍납토성이 위례성으로 더욱 주목받고 있다.

입장면 호당리와 북면 경계에 있는 위례산慰禮山은 일명 위례성, 검은산으로도 불린다. 금남정맥의 한복판에 자리하고 있으며, 북쪽 면이 급경사라서 천연 성벽을 이루고 있다. 이 산에는 그러한 산세를 이용하여 둘레 약 800미터, 높이 약 4미터의 산성이 축조되어 있다. 서쪽 기슭에는 산신을 모신 당집이 있는데, 이곳 주민들은 예로부터 가뭄이 심하면 이곳 또는 위례산정에 있는 용샘에서 제사를 지낸다.

직산에서 평야 지대를 20리쯤 가면 평야가 끝나면서 소사하素沙河(현 안성천)가 나오는데, 소사하의 북쪽이 경기도 남쪽의 경계가 된다. 《택리지》에는 정유재란 때 소사하에서 왜적을 몰아낸 이야기가 자세하게 기록되어 있다.

선조 정유년(선조 30, 1597)에 왜적이 남원에서 양원楊元을 쳐부수고 전주를 지나 북쪽인 공주에 올라왔는데 군세가 매우 강성하였다. 당시 명나라 장수

형개는 총독으로 요동에 머물러 있었다. 경리經理 양호가 10만 대군을 거느리고 평양에 도착하였다. 양호가 연광정練光亭에서 저녁밥을 먹는 중에 급한 기별이 날아들었다. 양호는 밥을 먹다 말고 포砲 한 방으로 영 令을 내린 뒤 말을 타고 남쪽으로 내달렸다. 기병이 급히 따르고 보병도 그 뒤를 따랐다. 평양에서 한양에 이르기까지 700리 길을 하루 낮 이틀 밤 만에 달려갔다.

양호는 달단韃靼(타타르) 출신인 해생, 파귀, 새귀, 양등산에게 철갑 기병 4000명과 교란용 원숭이 기병 수백 마리를 거느리고 소사하 다리 밑의 들판이 끝나는 곳에 숨어 있게 하였다. 그때 직산에서 북쪽으로 올라오는 왜적의 모습은 마치 숲처럼 보였다. 드디어 그들이 숨어 있는 곳에서 100여 보 떨어진 곳까지 왜적이 진격해 오자 먼저 원숭이 기병을 풀어놓았다. 원숭이들은 말을 타고 채찍질을 하면서 왜적의 진으로 뛰어들었다. 왜국에는 본래 원숭이가 없으므로 사람 같기도 하면서 아닌 원숭이를 처음 보고 괴이하게 여겨서 진에 머물러 발을 멈추고 멀거니 보기만 하는 것이었다. 왜의 진에 가까이 간 원숭이는 곧 말에서 내려 그들 한복판으로 들어갔다. 왜적이 사로잡고자 하였으나, 원숭이가 잘 피하면서 온 적진을 휘젓고 다니자 진은 드디어 혼란에 빠졌다. 이 틈을 타서 해생 등 네 장수가 기병을 풀어 공격하자 왜적은 총과 화살을 한 번도 쏴 보지 못하고 크게 패하여 남쪽으로 달아났는데, 쓰러진 시체가 들판을 덮었다. 이겼다는 기별을 들은 양호가 그제야 군사를 정돈하고 남쪽으로 왜적을 쫓아서 경상도 바닷가에 이르렀다.

왜적들이 우리나라를 침범한 이래로 이와 같은 큰 승리는 없었다. 양호의 지략과 용기는 이여송이 평양에서 거둔 승리보다 훨씬 컸지만, 주사主事 정응태丁應泰는 양호가 자신에게 사유를 알리지도 않고 홀로 공을 세운 것을 분하게 여겨 싸움에 이겼다는 것이 거짓이라고 보고하였다. 그러한 이유로 양호는 탄핵을 받은 뒤 본국으로 돌아가게 되었다. 이러한 사례 한 가지만 보아도 명나라 조정 역시 다른 여느 나라와 별다를 바 없는 형편임을 알겠다.

그 뒤 선조가 사신을 보냈는데, 양호가 무고를 당하였음을 변명하여 정응태는 관직에서 물러났다. 그러나 정응태는 동림당東林黨(중국 명나라 말기의 당파 가운데 하나)에 가담하였고, 그의 아들이 그 아버지의 일을 동림당에 호소하였다. 전겸익錢謙益이 그 말을 믿고 자신의 문집에 정응태의 일을 기록하였으니 동림당의 허술함과 대부분 군자라는 사람들의 어리석음을 알 수가 있다. 그 들판에서 밭을 가는 농부들이 지금도 가끔 창이나 칼 등을 줍는다고 한다.

말을 홍경사에 쉬게 하고 다시 옛 비문을 읽네

직산 북쪽 15리에 홍경원弘慶院이라는 원과 봉선홍경사라는 절이 세워진 것은 고려 현종 때였다. 이곳이 갈림길의 요충지인 데다가 민가가 멀리 떨어져 있고 무성한 갈대숲이 들판에 가득해 행인들을 약탈하는 강도가 많았다. 고려시대 문신 최충崔沖의 〈봉선홍경사기奉先弘慶寺記〉에는 다음과 같은 기록이 보이기도 한다.

> 《장자》에는 "여관旅館을 설치하여 인의仁義를 보인다" 하였으며, 《진서晉書》에는 "여관을 만들어서 공무로 다니는 사람이나 사사로 다니는 사람을 구제한다" 하였다. 지금 직산현의 성환역에서 북쪽으로 한 마장쯤 되는 곳에 새

로 절을 세운 것은 곧 그러한 종류에 속한다. 이 땅에는 전연 객줏집이 없어서 사람의 집이라고는 볼 수 없는 데다가 갈대가 우거진 늪이 있어서 강도가 상당히 많으므로, 비록 갈래 길로서 요충지이지만 사실은 왕래하기가 매우 불편하였다. 따라서 태평성대에 이곳을 그대로 둘 수가 없는 곳이었다.

그리하여 현종 12년(1021) 승려 형긍迥兢에게 명하여 절을 세우게 했는데, 병부상서 강민첨姜民瞻 등에게 감독을 맡겨 병진년(1016)부터 신유년(1021)까지 200여 칸의 건물을 짓게 하고 봉선홍경사奉先弘慶寺라는 절 이름을 내렸다. 또 절 서쪽에 객관 80칸을 세우고 이름을 광연통화원廣緣通化院이라 하고, 양식과 마초를 저장해서 행인들에게 제공했다. 현종 17년 비석을 세우면서 당시 한림학사였던 최충에게 명하여 비문을 짓게 하고 글씨는 백현례白玄禮에게 쓰게 했다. 상단에 '奉先弘慶寺碣記'(봉선홍경사갈기)라고 횡서로 쓰여 있는 이 천안 봉선홍경사 갈기비는 국보로 지정되었다. 비의 갓 위에 돌 세 개를 던져서 얹으면 아들을 낳는다는 속설이 있어 많이 파손되었다. 현재는 비각을 세워 그 비문을 보호하고 있지만 제대로 볼 수 없다는 점이 아쉽다.

홍경원을 지나던 이색은 다음과 같은 시를 읊었다.

큰 들 넓고 넓어 손바닥처럼 평평한데

뭇 산이 사면에 멀리 뾰족뾰족 푸르네

중도에 푸른 기와 큰길에 비치는데

큰 비석 우뚝 높다랗게 솟았네

우는 새들 바람 따라 위아래로 나는데

말馬 가까이 잠자리들이 나는 것 보겠네

평생에 멀리 놀아 안계가 넓고

운몽택雲蒙澤 가슴속이 시원히 트였네

학야鶴野로부터 달리는 말을 몰았고

동산에 올라 노나라를 작게 여겨 공자의 상달을 배웠네

고향으로 돌아올지로다 살 만한 남은 땅 있으니

어찌 이불 가지고 들어가며 종알종알하리

나는 구름 갑자기 오니 빗방울 가는데

평택에 한 점 저녁 햇빛 비치네

내 말 왕자성王字城 앞을 달리노라니

맑은 바람 솔솔 손의 옷에 부네

흥이 일어 글 읊으며 억지로 꿰맞추니

다른 날 남의 비방 듣는 것 근심하지 않네

한편 이첨은 이렇게 노래했다.

말을 홍경사에 쉬게 하고 다시 옛 비문을 읽네

글자가 지워진 것은 들 중이 때린 것이요

이끼가 남은 것은 봄에 들 불탄 흔적일세

현산峴山에는 장차 떨어지는 해요

진령秦嶺에는 정히 뜬구름일세

천안 봉선홍경사 갈기비

봉선홍경사는 1021년에 창건된 절이며 현재 절터에는 절의 창건에 관한 기록을 담은 비석만이 남아 있다. 갈비碣碑는 일반 석비보다 모가 작은 것을 말한다.

현묘에서 능히 효도를 도탑게 하여

본보기를 후손들에게 남겨 주었네

천안과 평택 사이 조선시대 삼남대로였다가 지금은 1번 국도가 지나는 길옆에 서 있는 홍경사비를 보면 세월이 무상한 것인지, 사람이 무상한 것인지 알 수가 없다. 도둑이 들끓어서 절을 창건하고 원을 두었다는 그 당시의 상황은 혹시 꿈이 아니었을까? 그래서 그런지 근처에 와도 이 국보를 보고 가는 사람은 드물다.

몇 년 전에 천안과 평택 일대를 답사하다가 기사에게 다음 행선지가 홍경사라고 알려 주고 물었다.

"여기서 홍경사가 가깝지요?"

"가깝긴 한데, 선생님 그곳이 갈비집으로 변했는데요?"

"예? 무슨 갈비집? 거긴 국보인 홍경사비가 있는 곳인데 그럴 리가요" 하면서 검색하자 봉선홍경사 갈기비라고 쓰여 있어서 문화재를 잘 모르는 기사가 갈비집으로 착각을 한 것이었다.

넓고도 넓은 들판 가운데 세워진 이 비가 나라 안에 귀중한 국보라는 것을 아는 사람이 얼마나 될까?

"그대에게 아주 간단한 법칙을 보여 주겠네. 눈앞에 엄청난 보물이 놓여 있어도 사람들은 절대로 그것을 알아보지 못하네. 왜 그런 줄 아는가? 사람들이 보물의 존재를 믿지 않기 때문이지." 파울로 코엘료의 《연금술사》에 실린 글이다.

대다수 사람의 삶도 마찬가지다. 자기가 사는 바로 그 옆에 대단한 보물이 있는 것을 감쪽같이 모르는 채 살고 있다. 왜 그럴까?

"미美라고 하는 보물을 끌어오려고 하는 자는 현자賢者의 마술이라고 하는 최고의 기술이 필요하니까요." 괴테가 《파우스트》에서 한 말처럼 최고의 교육을 받지 못했기 때문이다.

천안 세성산細城山 자락에는 동학 농민 혁명 당시의 쓰라린 이야기가 전한다. 세성산은 동남구 성남면 화성리에 있는 산으로, 해발 220미터 위에 성터가 있다. 이곳에 있던 성이 삼한시대의 농성이라고 한다. 동쪽에 방아확으로 된 바위 둘이 있는데 이 성을 쌓을 때 쌀을 찧던 곳이라고 한다.

고종 31년(1894) 동학 접주 김복용이 동학도를 이끌고 이 성에 웅거하고 있었다. 그는 동학도들에게 종이쪽지로 눈을 가린 뒤 동학의 열세 자 주문인 '시천주조화정 영세불망만사지侍天主造化定 永世不忘萬事知'만 외우면 관군의 총대에서 물이 나오며, 비록 총탄이 비 오듯 하더라도 맞지 않는다고 했다. 그의 말을 믿은 동학도들은 관군이 쏘는 총알에 수없이 죽어 가는데도 눈을 가린 채 주문만 외웠다. 이 광경을 지켜본 우선봉 대장 이두황이 매우 놀라 총 쏘는 것을 중지하고 군사들을 시켜 남은 교도들을 일일이 일깨워 화를 면하게 했다. 그러나 이곳에서 죽은 사람이 수백 명은 되었으므로 이 산을 그 뒤부터 시성산屍城山이라 했다.

천안 아우내장터

목천木川은 백제의 대목악군大木岳郡이다. 신라 경덕왕 때 대록군大麓郡으로 바뀌고 순치와 금지 두 현을 거느렸다. 여러 차례 변화를 겪다가 1914년 행정 구역 개편에 따라 천안에 편입되었다. 목천읍에 있는 소금재는 옛날 이곳 일대가 바다여서 소금 배가 다녔다는 곳이다. 서거정이 목천에 머물며 지은 시를 한 수 보자.

서원(현 청주) 잔치 파할 제 아직도 이른 아침이라서
목성으로 돌아오는 길 다시 멀고 머네
흑산이 아득한데 구름은 절을 막았고
푸른 들판 넓고 넓은데 물이 다리橋를 치네
늙어 가니 자못 벼슬 재미 적은 것 알겠고
술 깨서 나그네의 혼이 녹아나네
늦게 공관에 드니 거처가 고요한데
떨어지는 버들개지와 나는 꽃 함께 적막하네

벼슬 재미가 적다고 말하는 서거정의 시에 나오는 '흑산'은 흑성산黑城山이라고도 한다. 높이 519미터의 이 산 정상에는 돌로 쌓은 성터가 남아 있는데 서울의 외청룡이 된다 하여 쌓은 것이라고 한다. 바로 이 산자락에 독립기념관이 들어섰다.

천안에서 빼놓으면 서운한 인물이 유관순이다. 유관순은 일제 강점기

독립기념관

천안시 동남구에 있는 독립기념관은 1982년 일본의 역사 왜곡 사건을 계기로 설립을 추진하여 3년여 기간 동안 국민의 성금을 모아 1987년 개관했다.

의 독립운동가로 아우내(병천)장터에서 군중에게 태극기를 나눠 주는 등 만세 시위를 주도하다가 체포되어 옥사했다. 유관순은 1902년 충청남도 천안시 병천면 용두리에서 기독교 신자인 유중권과 어머니 이소제 사이에서 태어났다. 어릴 때부터 주일학교에 열심히 다니던 유관순은 보통학교를 졸업한 뒤 1916년 공주 예배당 여자 선교사의 도움으로 이화학당 보통과 3학년에 편입했다. 그 뒤 1918년에는 고등과 1학년에 진학했다. 이듬해인 1919년 3·1 운동이 일어나자 학생들과 함께 가두시위를 벌였고, 학교에 휴교령이 내려지자 만세 시위를 지휘하기 위하여 고향으로 내려갔다.

유관순은 천안, 연기, 청주, 진천 등지의 학교와 교회 등을 방문하여 만세운동을 협의했다. 3월 31일에 병천장터에서 가까운 매봉산에서 이튿날 거사를 알리는 봉화를 올렸다. 드디어 4월 1일 아우내장터에서 3000여 명의 군중에게 태극기를 나누어 주고 "대한 독립 만세"를 외치며 시위를 지휘했다. 이때 유관순의 부모를 비롯한 시위 군중 중 19명이 죽었고, 유관순은 조인원 등과 함께 일본 헌병대에 체포되었다. 유관순은 공주 검사국으로 이송되었다.

그곳에서 영명학교의 만세 시위를 주도하다가 끌려온 오빠 유우석을 만났다. 그 후 3년형을 받았으나 법정에서 극한 투쟁을 벌여 법정 모욕죄가 추가되어 5년형을 선고받았다. 서대문 형무소로 이감된 후에 일본 경찰관들의 고문에 못 이겨 1920년 10월 "일본은 꼭 망할 것이다"라는 말을 남기고 옥사했다. 유관순의 죽음과 함께 천안의 병천은 독립운동의 고장이 되었다. 유관순을 추모하는 비가 병천 시장이 내려다보이는 구미산에 세워졌는데 비문을 쓴 사람이 정인보다.

> 그 가운데에도, 충남 천안 아우내장터 일은 가장 장렬한 운동의 하나다. 그 날, 적의 총칼에 넘어진 이만 노소남녀 스무 분이요, 옥에서 궂긴 이 한 분이니 이 한 분이 곧 어린 녀학생 유관순, 열여섯에 이 일을 일으켰다. 음력 삼월 일일은 아우내장이다. 어린 녀학생의 높은 목소리로 대한독립만세를 부르자 온 장터가 만세 속에 들었다. (…)

아우내장터를 뒤에 두고 아산시 음봉면 용암산을 지나 평야 지대를 14킬로미터쯤 가면 평야가 끝나면서 아산호에 이른다.

땅이 기름지고 백성이 많은 아산

《택리지》에 따르면 유궁포由宮浦 물은 북쪽으로 흘러가서 소사하와 합해지는데 두 물줄기가 만나는 곳이 아산牙山이다. 신흥대학의 김추윤 교수가 조사한 바에 따르면 유궁포는 지금의 삽교변, 즉 덕산군의 비방곶면에 위치하여 삽교천을 사이에 두고 발달한 큰 포구였다. 칠장산에서 비롯한 산줄기가 안성 서운산을 지나 성거산에 와서 다시 한 줄기를 들 가운데에 뻗어 내렸는데, 이 산줄기가 천안시 성환읍을 지나 아산시 영인면에 있는 영인산에서 그친다. 이 산이 곧 아산의 진산이다. 아산에는 영인산 외에도 광덕산, 망경산, 배방산 등이 솟아 있고, 삽교천으로 무한천과 곡교천이 흐르면서 탕정평야를 이룬다. 1914년 행정 구역 개편 당시 아산군, 온양군, 신창군이 합쳐져 아산군이 되었다가 시로 바뀐 아산의 백제 때 이름은 아술牙述이었다. 신라 때는 음봉陰峯이라 불리다가 조선 태종 때 지금의 이름으로 고쳤다.

아산의 형세를 조선 전기 문신 정이오鄭以吾는 "수많은 산봉우리가 이리저리 엇갈려 대치해 섰고, 두 시냇물이 돌아 흐른다" 했다. 이승소는 자신의 시에서 "아산은 역시 예부터 이름 있는 지역으로, 땅이 기름지고 백성이 많아 한쪽 지방에서 으뜸갔던 곳. 풍속의 후박을 어찌 깊이 걱정하며, 시읍市邑의 흥폐를 다시 누구를 원망하랴" 하고 읊었다. 《세종실록지리지》에 "땅이 기름지고 메마른 것이 반반이며, 기후가 차다"라고 기록된 아산의 당시 호수는 482호이고, 인구는 1822명이며, 군정은 시위군이 17명, 진군이 55명, 선군이 250명이었다.

아산에 편입된 온양溫陽은 온천으로 이름이 높은데, 《신증동국여지승람》에 다음과 같이 실려 있다.

> 세조 10년(1464) 3월 초하루에 온양군의 온탕에 거가車駕를 머무르셨다. 그러한 지 4일 만에 신천이 홀연 솟아올라 뜰에 가득히 흘러 찼다. 성상께서 크게 기이하게 여기시고 명하여 그곳을 파니, 물이 철철 넘쳐 나오는데 그 차기가 눈과 같고 그 맑기는 거울 같았으며, 맛은 달고도 짜릿하고 성질은 부드럽고도 고왔다. 명하여 수종한 재상들에 게 반포해 보이시니 서로 돌아보며 놀라고 기뻐하지 않는 자가 없었고, 또 서로 이르기를 "옛날에 없던 것이 지금 새로 생기어 탕정湯井의 물은 따뜻하고 이 우물은 차니, 이는 실로 상서의 발로

유궁포

유궁포는 지금의 삽교변, 즉 덕산군의 비방곶면에 있던 큰 포구라고 알려져 있다.
이곳은 삽교천을 사이에 두고 발달한 포구였다.

이다" 하여 팔도에서 표문을 올려 하례하고 칭송하니 드디어 주필신정駐蹕神井이란 이름을 내렸다.

세조 연간의 문신이었던 임원준任元濬의 시에 "밭보리 푸르고 푸르러 생의에 차 있는데, 평지와 산간에 부지런히 지은 것을 농부들은 함께 기뻐한다. 무성한 이삭들 한 대에 두 이삭씩 달렸으니, 높고 낮은 푸른 물결이 몇 겹이나 되던가" 했던 온양은 지금도 예나 다름없이 온천을 찾는 사람들로 북적대고 있으니 세월이 지나도 건강하게 살고자 하는 인간의 마음은 다름이 없는지도 모른다.

이순신이 살았던 곳

아산시 염치읍 백암리에는 우리 민족사에 길이 빛날 충무공 이순신李舜臣의 발자취가 남아 있다. 인종 원년(1545) 서울 건천동에서 태어난 이순신은 벼슬길에 오르기 전까지 그의 조상들이 대대로 지켜 오던 아산에서 살았다. 임진왜란과 정유재란 때 큰 공을 세운 이순신은 정유재란이 끝나가던 선조 31년(1598) 남해의 노량해전에서 왜군이 쏜 총탄에 맞아 죽었다. 이순신이 죽은 지 100년 뒤 고향 선비들이 사당을 세웠으며, 숙종이 현충사라는 편액을 내렸으나 대원군 때 철폐되었다. 그 뒤 1932년에야 성금을 거두어 명맥을 이어오고 있다. 《택리지》에 기록된 아산을 보자.

온주아문

아산시 읍내동에 있는 온주아문은 1871년 세워진 온양의 관아 건물이다.
원래 향청, 무학당, 객사 등이 있었으나 현재에는 건물 두 동만 남아 있다.

아산의 진산 영인산은 동남쪽에서 서북쪽으로 향하는데 소사하 하류가 산 바로 앞에서 감돌아 나간다. 그 후면의 곡교천의 큰 물줄기는 동남쪽에서 흘러오는데 산 하나는 신창에서 뻗어 온 것이고 호수 북쪽의 산 하나는 수원에서 뻗어 왔는데, 이 산이 수구를 감싸 안아서 양쪽의 문처럼 보인다. 강물이 문을 통해 나오면 곧 유궁포 하류와 합쳐지며, 영공산은 큰 배에 돛을 올린 것 같다. 영공산은 전체가 돌이며, 강 중류에 우뚝 서서 발해의 갈석산과 같다.

조정에서는 영인산의 북쪽 땅끝의 머리(현 인주면 공세리)에 공세창貢稅倉을 설치하고, 바다와 가까운 충청도 근해 여러 고을의 조세를 거두어서 매년 배에 실어 서울로 날랐으므로 이 호수를 공세호貢稅湖라 불렀다(현 공세리성당 자리가 공세미를 쌓아 두던 곳이다). 이곳은 본래부터 생선과 소금이 넉넉했는데, 창을 설치한 후부터는 백성들과 장사꾼이 많이 모여들어서 부유한 집이 많았다. 창이 있는 마을만 그러할 뿐 아니라 영인산 두 갈래의 물길 사이에서 그친 뒤에도 기세와 맥이 풀리지 않아 산의 전후와 좌우에 이름난 마을이 들어섰고 사대부 집이 많았다. 유궁포의 동쪽과 서쪽의 여러 고을에는 모두 장삿배가 통했는데 그중에서도 예산이 장사하는 사람들의 거래가 이루어지는 곳이었다.

차령에서 서쪽으로 뻗은 맥이 북쪽으로 이어지며 천안의 광덕산, 다시 떨어져서 설라산이 되어 온양 동쪽에 자리 잡고 있다. 마치 민중의 호공산이 하늘 복판에 우뚝 솟아 있어 그 모양이 흡사 홀笏을 세운 것 같다. 이 설라산 덕분에 인근 동남쪽을 길방이라 여기고 아산과 온양 등 여러 마을에서 현달하고 문학을 공부한 선비가 많이 나왔다.

공세리성당

과거 공세호가 있던 곳에 자리한 공세리성당은
1894년 한국 천주교회에서 아홉 번째이자 대전교구에서 첫 번째로 설립되었다.
120여 년의 역사를 자랑하며 충청남도 지정기념물로 보호되고 있다.

아산시 신창면은 1914년 행정 구역 개편 전까지만 해도 하나의 현이었다. 신창의 객관 북쪽에 있던 공북정拱北亭은 신창 현감이었던 조침이 정자를 지었고 서거정이 기문을 썼다.

> 무송茂松 윤상국尹相國이 "신창 태수 조침이 새 정자를 짓고 공북이라 편액하고는 그 기문을 요구해 왔으니 그대의 말이 있기를 바란다"라고 하였다. 내 추억하건대, 병자년 여름에 서원西原의 공성公城으로부터 이른바 신창이란 땅으로 길을 들어 지나는데, 나의 동년인 태수 김율金慄이 길로 나와서 나를 맞아 주었다. 때는 바야흐로 더위가 극심한지라 잠깐 나무 그늘에 앉아 술잔을 나누면서 이내 그 고을의 대략 형편을 물었더니, 김이 말하기를 "이 고을이 땅도 좁고 백성도 적으며 토질이 박하고 산물이 적은 데다가 아전들은 교활하고 모질고 거만하다. 백성 역시 시끄럽고 또 송사를 좋아하는 데 반하여 나는 얽히고설킨 것을 다스리어 분석하여 변별할 만한 재간이 없어 다만 요동하지 않도록 할 따름이요, 너그럽게 대할 따름이다"라고 한다. 나는 말하였다. "옛사람이 이르기를 '작은 고을을 다스리려면 생선을 삶을 때와 같이해야 한다'라고 하였다. 즉 군의 고을 다스리는 방법이 거의 그 대강을 얻은 것이다. 군의 뒤를 이어 오는 자로 하여금 군의 마음을 마음으로 하고, 군의 정사를 그대로 실행하게 한다면 어찌 다스려지지 않을 이치가 있겠는가" 하고 나의 노정의 급박으로 말미암아 드디어 거기서 고별하고 가 버렸던 것이다. (…)

신창新昌은 백제 때 굴직屈直이었다. 신라 때 기량祁梁으로 고쳐 탕정군湯井郡의 속현으로 삼았고, 고려 초기에 지금 이름으로 고쳤다.

맹씨 집안이 사는 은행나무 집

신창(현 아산시 배방읍 중리) 출신의 인물로는 《신증동국여지승람》에 맹희도孟希道와 맹사성孟思誠이 실려 있다. 맹희도는 고려 공민왕 때 과거에 합격하여 조선 초에 들어와 벼슬이 검교한성윤에 이르렀고, 우의정에 증직되었다. 그의 아들인 맹사성은 고려 말에 최영의 눈에 들어 손녀사위가 되었다. 배방읍에는 맹사성의 옛집인 맹씨행단孟氏杏壇이 있다. 본래 최영이 살던 집인데 맹사성이 물려받은 것이다. 이 집은 독특한 고려시대 건물로 한가운데 대청이 2칸 있고, 양쪽에 방이 1칸씩 있다. 이 집에는 맹사성이 사용했던 것으로 추정되는 옥적玉笛, 백옥방인白玉方印 등이 간직되어 있다. 또 집 마당 가에 단壇을 만들어 은행나무를 두 그루 심었는데 맹사성이 직접 심은 것이라고 한다.

맹사성은 고려 때 과거에 급제하여 여러 요직을 거쳐 세종 13년(1431)에 우의정에 임명되었는데, 그때 중요한 일이 일어났다. 조선왕조 500년간 왕도 볼 수 없었던 것이 《조선왕조실록》이었다. 그것은 사실을 그대로 보전하기 위함이었다. 그런데 세종이 아버지 태종의 실록을 보고자 했다. 이에 당시 우의정 맹사성이 세종에게 한 말이 실록에 다음과 같이 기록되어 있다.

> 이번에 편찬한 실록은 모두 가언嘉言과 선정만이 실려 있어 다시 고칠 것도 없으려니와 하물며 전하께서 이를 고치시는 일이야 있겠습니까. 그러하오나 전하께서 만일 이를 보신다면 후세의 왕이 반드시 이를 본받아서 고칠 것이며,

사관史官도 군왕이 볼 것을 의심하여 그 사실을 반드시 다 기록하지 않을 것이니 어찌 후세에 그 진실함을 전하겠습니까.

맹사성의 인품이 그대로 드러나는 대목이다. 맹사성이 안동 부사로 갔을 때 이런 일도 있었다. 안동에 젊은 과부가 많은 데 마음이 아팠던 맹사성은 젊은 남자가 자주 요절하기 때문에 여러 문제가 일어난다는 말을 들었다. 풍수에 뛰어났던 그는 그러한 기운이 낙동강의 기운 때문이라는 것을 깨달았다. 그리하여 안동 지역에 나무를 심기도 하고 물길을 돌려서 젊은 남자들의 요절을 막아 그 후로 젊은 여자들의 울음소리가 그치게 되었다고 한다. 맹사성은 사람됨이 소탈하고 조용하며 엄하지 않아 비록 벼슬이 낮은 사람이 찾아와도 반드시 공복公服을 갖추고 대문 밖에 나가 맞아들여 윗자리에 앉히고, 돌아갈 때도 역시 공손하게 배웅하여 손님이 말을 탄 뒤에야 돌아섰다.

허균許筠의 형 허봉許篈이 펴낸《해동야언海東野言》에는 다음과 같은 글이 실려 있다.

맹사성은 세종조 때 정승이 되었는데, 성품이 청결간고淸潔簡古하여, 생산生産을 일삼지 아니하고, 항시 녹미祿米만 먹고 생활하였는데, 하루는 아내가 새로운 쌀로 지은 밥을 드리니, 공이 "새로운 쌀을 어디서 구했느냐"고 물으므로 부인이 대답하기를, "녹미가 하도 오래 묵어서 먹지 못하게 되었기에 이웃집에서 빌려 왔나이다" 하니, 공이 싫어하여 말하기를, "이미 녹을 받았으면 마땅히 그 녹을 먹어야 하는데, 어찌 남에게서 빌려 왔소" 하였다.

맹사성이 조정에 나가 일을 할 때 좌천되는 일이 잦아 사람들이 그를 재상으로 알아보지 못했다. 영의정을 지낸 성석린 때문에 유배에서 풀려난 일도 있었다. 성석린의 집 가까이 살았던 맹사성은 항상 그의 집 앞에서는 말에서 내려 걸어갔다고 한다. 맹사성은 품성이 어질고 부드러웠으나 조정의 중요한 정사를 논의할 때는 과단성이 있었다.

외암민속마을

아산시 송악면에는 외암마을(국가민속문화재)이라는 민속마을이 있다. 500여 년 전 이 마을에 강씨와 목씨가 살았다고 전해진다. 두 성씨 외에 남쪽 500미터 지점의 골말에 평택 진씨가 살았는데, 아들이 없는 참봉 진한평陳漢平의 맏사위로 예안 이씨 이사종李嗣宗이 장가들어 골말로 들어온 뒤 외암마을 자리로 옮겨 살기 시작한 이후 점차 예안 이씨 온양파의 집성촌이 되었다고 한다. 그 뒤 영조 때 학자인 이간李柬이 설화산의 우뚝 솟은 형상을 따서 호를 외암巍巖이라 짓고 마을 이름도 외암이라고 고쳤다. 그러나 한자만 외암外巖으로 바뀌었다.

설화산을 주봉으로 하여 그 남쪽 경사면에 동서로 길게 뻗어 있는 이 마을은 맹씨행단이 북쪽에 자리한 것과 달리 남서쪽에 위치한다. 서쪽이 낮고 동쪽이 높은 지형으로 주택은 거의 서남향 또는 남향이며, 마을 앞으로 작은 내가 흘러 전형적인 배산임수 지형이다. 마을 입지가 좋고 일조량이 많으며 겨울에 북서 계절풍을 막아 주는 등 지형적 이점이 있어 일찍부터 마을이 형성되었다.

외암마을에는 조선시대에 참판을 지낸 이정렬李貞烈이 고종에게 하사받아 지은 아산 외암리 참판댁(중요민속자료)과 건재고택(영암군수댁), 송화댁, 참봉댁 등의 반가와 그 주변의 초가집들이 원형을 유지한 채 남아 있어 전통 가옥 연구에 중요한 자료가 되고 있다. 특히 건재고택은 회화나무와 수석이 어우러진 아름다운 정원과 추사 김정희의 글씨 등 많은 문화유산을 보존하고 있다. 외암마을에는 전체 70여 가구가 거주하고 있으며 20채의 기와집과 30채쯤의 초가집이 고루 뒤섞여 있다.

외암마을의 송화댁의 정원은 설화산 계곡물을 집 안에 끌어들여 정원을 갖춘 외암마을 사대부가 중에서 가장 자연스러운 멋을 지니고 있는데, 이 집만 그러한 것이 아니다. 이 마을 전체가 설화산 계곡에서 흘러내린 개울물을 모든 집에서 사용할 수 있도록 냇물이 들어오는 입구를 주택지의 가장 뒤로 정해 놓았다. 물은 마을의 집집을 휘감아 돌고 나서 마을 앞에 앞내로 들어가는데, 겨울철에는 물길을 막아서 수로가 파손되는 것을 막았다.

이 마을 사람들이 어떤 연유로 마을 안에 수로를 만들었을까? 그것은 마을의 주산인 설화산의 이름에 들어 있는 화의 발음이 불 화火 자와 비슷하다고 여겨 화기를 제압하기 위해 물을 마을 안으로 끌어들였다고 한다.

외암마을은 여러 가지를 보여 주고 느끼게 한다. 잘난 것은 잘난 것대로, 못난 것은 못난 것대로 제각각의 의미를 보여 주는 곳이다. 그래서 '못난 놈들은 못난 놈 얼굴만 봐도 좋다'라는 속담의 의미가 아니라 모든 것이 서로 어우러지고 공존하는 곳, 오래된 것들이 더 사랑스러운 마을이

기도 하다.

외암마을의 오래 묵은 돌담길에 줄지어 선 과일나무들, 잘 익은 홍시, 수확이 끝난 대추와 호두나무를 바라보는 사이 잊었던 옛 기억이 주마등처럼 떠올랐다. 그래, 어린 시절, 내 일과는 이 감나무에서 저 감나무로, 대추나무에서 호두나무로 이어지는 노정이었다.

시골구석에 살기 때문에 야구도 못 배우고 혼자 노는 어떤 소년이었던 로버트 프로스트와 같이 외암마을은 자연 속에서 자연을 벗하며 살았던 그 시절이 숨겨 둔 마법의 상자처럼 나에게 새로운 감성을 불러일으켜 주었다.

옛사람들의 생활상을 쉽게 찾아볼 수 있고 체험할 수 있는 마을, 어느 집에 가건 그 집을 살다간 사람들의 삶의 흔적이 남아 있고 전통과 현대가 공존하는 마을이 외암마을이다. 그뿐만이 아니다. 자연 속에 초가집과 기와집이 절묘한 조화를 이루고 있는 마을이라 어정거리기 좋고, 느리게 소요하기 좋은 마을이 외암마을이다.

외암리 남쪽의 강당리講堂里는 이간과 윤혼尹焜이 관선재를 짓고 후진을 양성하던 곳이다. 순조 때 외암서원이라 하고 이간과 윤혼을 배향했다가 고종 때 헐리고 지금은 강당사가 들어섰으므로 강당리가 되었다. 그 아래에 용이 하늘로 오르다가 떨어져서 물이 많을 때는 실이 한 타래나 들어간다는 용추계곡이 있어 사람들이 즐겨 찾고 있다.

송악면 강장리에는 오형제고개가 있다. 이 고개는 예산군 대술면으로 넘어가는 길목인 금북정맥에 자리 잡은 고개로 전부 다섯 개의 고개가 있는데 두 개는 온양 쪽에, 두 개는 예산 쪽에, 나머지 한 개의 고개는 가운

© 유철상

외암마을

아산시 송악면에 있는 외암마을은 예안 이씨의 세거지다. 서쪽이 낮고 동쪽이 높은 지형으로 주택은 거의 서남향 또는 남향이다.

외암마을 전경

이곳은 설화산을 주봉으로 하여 그 남쪽 경사면에 동서로 길게 뻗어 있다.
마을 앞으로 작은 내가 흘러 전형적인 배산임수 지형이다.

데에 있다. 가장 높은 가운데 고개에는 도둑이 많기로 유명했다. 조선시대에 온양장이 선 날 밤, 이 고개에서 여러 사람이 죽는 희대의 살인강도 사건이 일어났다. 한 사람은 온양 쪽 첫 고개에서, 또 한 사람은 예산 쪽 첫 고개에서 모두 칼을 맞아 죽었다. 두 사람은 가운데 고개에서 아무 상처 없이 죽었는데, 다만 술병과 돈 꾸러미만 한가운데 놓여 있었다. 온양 현감은 피의자로 예산 쪽 첫 고개 밑 새술막에 살면서 혼자 술장사를 하는 문 첨지를 유일한 피의자로 잡아들였다. 그러나 그가 선량한 데다 범행을 일체 부인하여 영구 미해결 사건으로 남을 것 같아 온양읍은 물론이고 인근의 여러 기관장을 괴롭게 했다. 그런데 마침 문 첨지의 집에 더부살이하던 단양의 김 도령이라는 자가 그 실마리를 풀었다. 세 도둑놈이 온양장에서 돈 가진 양민 한 사람을 꼬드겨 데려오다가 온양 첫 고개에서 죽이고, 그 돈을 빼앗아 세 놈이 동행하여 오다가 이 고개에서 한 사람을 시켜 새술막에 가서 술을 사서 오게 한 후 두 놈이 합세하여 술을 사 오는 놈을 예산 첫 고개에서 죽였다. 그러고 나서 그 술을 가지고 이 고개에서 마셨는데, 그 술은 술을 사러 간 놈이 욕심이 나서 술에다 독약을 탄 것이었다. 사건이 그렇게 해결된 뒤 이 사건을 오형제고개 살인 사건이라 칭했다.

봉곡사에서 열린 성호 학회

아산시 송악면 유곡리에는 다산 정약용의 자취가 남아 있는 봉곡사鳳

谷寺가 있다. 봉곡사로 가는 길은 소나무숲 등이 아름답기로 유명하다. 봉곡사는 신라 말 도선이 창건했고, 선조 17년(1574) 거사 화암이 중수하여 봉서암鳳捿庵이라고 했다. 그 뒤 정조 18년(1794) 경헌과 각준이 대웅전을 증수하고 봉곡사라 했다. 대웅전 안에는 세로 75센티미터, 가로 43센티미터인 관음탱화가 있는데 조선시대의 작품으로 원래 이 절에 봉안되어 있던 것이었다. 1909년에 주지가 병이 들어 일본인에게 약을 얻어먹고 병을 고치게 되어 고맙다는 뜻으로 이 그림을 일본으로 보냈는데, 1958년 구원회 교수가 일본에서 이 불화를 가져와 다시 봉안했다.

정약용의 《여유당전서與猶堂全書》에는 정조 19년(1795) 봉곡사를 방문한 기록이 남아 있다. 그가 금정 찰방으로 재직하던 시절에 성호星湖 이익李瀷의 종손자인 목재木齋 이삼환李森煥이 예산에 사는 것을 알고서 이익을 기리는 강학회를 열자고 제안했다. 정약용은 종이를 비롯한 모든 경비를 자신이 대겠으니, 이익의 사상과 문집을 정리하는 강학회를 열겠다고 한 것이다. 그때 쓴 글이 〈서암강학기西巖講學記〉로 봉곡사 일대의 풍경과 당시의 상황이 잘 드러나 있다.

건륭乾隆 말년인 을묘년(정조 19, 1795) 10월 24일 나는 금정에서 예산의 감사로 갔는데, 목재 이삼환 선생이 이미 와 있었다. 26일에는 한곡閑谷에 이르러 이문달李文達을 방문하고, 10리를 걸어가 소송령疎松嶺을 넘었다. 거기서 10리를 더 가니 바로 온양 땅 서암西巖에 있는 봉곡사였다. 다음 날 목재 선생이 당도하였으니, 이에 가까운 고을의 여러 벗이 차례차례 모여들었다. 성호 선생의 유서遺書를 교정하였는데, 먼저 《가례질서家禮疾書》를 꺼내어 그 범

봉곡사 가는 길

봉수산 자락에 있는 봉곡사는 주위에 울창한 소나무숲이 아름답기로 유명하다.

봉곡사

봉곡사는 규모가 작은 사찰이지만 오랜 역사를 지닌 전통 사찰로서
실학자 정약용의 발자취가 남아 있다.

례를 정하였다.

정약용과 그의 벗들은 먼저 어떻게 이익의 문집을 만들지를 의논하고서 봉곡사 일대를 다음과 같이 묘사했다.

> 봉곡은 온양의 서쪽에 있다(옛 온양 지역). 그 남쪽은 광덕산廣德山이요, 그 서쪽은 천방산千方山이다. 산이 높은 데다 첩첩이 쌓인 봉우리에 골짜기가 그윽하고 깊으니 구경할 만하였다. 당시 이른 눈이 내려 한 자나 쌓여 있었다.
>
> 새벽마다 일어나 여러 벗과 함께 개울물로 나가서 얼음을 두들겨 물을 움켜쥐어 얼굴을 씻고 양치질을 하였다. 저녁이 되면 벗들과 함께 산등성이로 올라가 산보하며 풍경을 바라보았는데, 안개와 구름이 뒤엉켜 산기운이 더욱 아름다웠다.
>
> 낮이면 벗들과 《가례질서》를 정서하였다. 정서를 마치면 목재 선생이 손수 교정하셨다. 밤이면 벗들과 더불어 학문을 강하며 도리를 논하였다. 더러는 목재께서 질문하시면 여러 사람 중에서 대답하고, 더러는 여러 사람 중에서 질문하면 목재께서 분석하여 답해 주셨다. 이렇게 날을 보낸 게 열흘 동안이었으니 아주 즐거웠다. (…)

봉곡사로 들어가기 전 송악면 역촌리에 시흥 찰방이 있었다. 본래 온양군 남하면 지역으로 신창의 창덕, 예산의 일흥, 덕산의 급천, 면천의 순성, 당진의 흥세, 아산의 장시, 평택의 화천 등 각 역을 관할했다. 그 후에 홍성의 금정에 합병되어 정약용이 이곳까지 두루 살필 수 있었다.

시흥 역말 앞에 있는 평전들에 독립운동가 수당修堂 이남규李南珪 선생의 자취가 남아 있다. 이남규는 철종 6년(1855) 충청남도 예산에서 태어났다. 철종 12년 허전許傳의 문하에 들어간 이남규는 고종 12년(1875) 사마시에 합격했고, 고종 20년 승문원 권지부정자에 올랐다. 이후 홍문관 교리, 안동부 관찰사를 거쳐 중추원 의관과 궁내부 특진관을 지냈다. 고종 31년(1894) 5월 일본 공사 오토리 게이스케가 군대를 이끌고 서울에 입성하자 상소를 올려 일본의 무도함을 규탄할 것을 요구했다. 고종 32년에는 갑오개혁의 부당성과 명성황후 시해의 통분함을 상소했지만 받아들여지지 않자 영흥부사 직을 사임하고 향리로 돌아갔다.

1906년 의병 전쟁 당시 홍주 의병장 민종식閔宗植이 일본군에 패하여 은신을 요구하자 숨겨 주었다. 이 일이 알려져 의병과 연관이 있다는 죄목으로 1907년 공주 감옥에 투옥되었다. 참혹한 고문을 받으면서도 굽히지 않고 항거하다가 며칠 뒤 평전들에서 참혹하게 피살되었다. 그 아들 이충구李忠求와 그의 종인 김응길金應吉 또한 항거하다가 함께 피살되었다.

솔발 모양으로 솟아 있는 운주산

《신증동국여지승람》에 "백성들이 농사에 부지런히 힘쓰고 남을 고자질하는 풍습이 없다"라고 했고, 고려시대 문인 윤기尹頎가 "사람들은 화평하여 함께 생업을 즐기고, 장사꾼과 나그네도 양식을 싸 가지고 갈 필

세종 비암사

비암사는 마곡사의 말사로 세종특별자치시 전의면 운주산에 있다.
통일신라 도선국사가 창건했다고 전해 오고 그 외에도 여러 창건설이 있으나 확실하지 않다.

세종 비암사 극락보전과 전의 비암사 삼층석탑

세종 비암사 극락보전은 비암사의 주불전으로 아미타불을 모시는 법당이다.
이와 함께 삼층석탑에서 발견된 계유명전씨아미타불비상을 비롯하여 소조아미타여래좌상,
영산회 괘불탱화 등이 사찰의 역사를 말해 준다.

요 없네"라고 노래했던 연기燕岐는 백제 때 두잉지현豆仍只縣이었다. 1914년에 연기와 합쳐진 전의全義는 고려 후기 문신 김휴金休가 시에서 "세 봉이 높이 솟아 평야를 에웠고, 두 물이 흘러서 옛 성을 둘렀네"라고 했듯이 산과 강이 어우러져 있다.

이제 세종특별자치시가 된 연기와 전의에는 운주산과 국사봉 등의 산이 솟아 있으며, 삼성천과 미호천이 흐른다. 전의의 진산은 증산甑山으로 현의 서북쪽 5리에 있었고, 율현栗縣은 현의 동쪽 14리에 있었으며, 운주산雲住山은 현의 남쪽 7리에 있는데 증산, 고산과 더불어 솥발 모양으로 솟아 있다. 운주산에 있었던 운점사雲岾寺를 조선 전기 문신 최유종崔有悰은 다음과 같이 노래했다.

절이 연하 속에 있는데
층층한 봉우리 몇 겹이더냐
산이 깊으니 낙락장송 빼어나고
강이 넓으니 물이 출렁거린다
설법하는 강당은 높은 데서 내려다보고
승방의 창은 반공중에 의지했네
머리 돌려 보니 진세가 아득하고
늙은 중이 스스로 조용하다

이성李城은 운주산 북쪽 봉우리에 있는 석성으로, 세상에 전해지기를 "옛날에 이도李棹가 살았던 곳이라 한다. 성안이 넓어 주위가 1184척이오, 안에 우물 하나가 있었는데 지금은 없어졌다"라고 했는데, 이도는 고려 태조를 도와 후백제 견훤을 무찌른 공로가 있는 인물로 전하고 있다. 태조가 남쪽을 정벌할 때 금강에 이르자 물이 범람했다. 그러자 이도가 태조를 보호해 건너는 데 공을 세워 도라는 이름을 내려 주었다. 이도의 벼슬은 태사삼중대광에 이르렀다. 이성의 성곽 안에는 이태사유허비가 있으며, 유허지는 지역의 문화유산으로 보존되고 있다.

운주산에는 비암사碑岩寺라는 옛 절이 있다. 창건 연대가 확실하지 않지만 삼국시대에 창건한 절로 추정하고 있다. 신라 말에 도선이 중창했으며, 그 뒤의 뚜렷한 역사는 전하지 않는다. 1960년 9월에 극락전 앞뜰에 세워져 있던 삼층석탑 정상 부근에서 발견된 사면군상四面群像 때문에 사람들에게 널리 알려지게 되었다. 이 석상 중 계유명전씨아미타삼존불상은 통일신라 초기에 만들어진 것으로 추정되는데 만든 솜씨가 뛰어나 국보로 지정되었고, 기축명아미타불비상, 미륵보살반가사유비상은 보물로 지정되었다. 비암사 극락보전은 정면 3칸, 측면 2칸 규모의 다포식 건물로, 정면 3칸의 기둥 간격을 같은 간격으로 나누어 사분합의 띠살문을 달고 옆면과 뒷면은 화벽을 쳤다. 후불벽에는 닫집을 짓고 불단에 아미타불상을 봉안했다.

세종특별자치시 조치원읍은 최치원이 이곳에 와서 상업을 장려하면서 저자를 개설했다고 하여 그의 이름과 비슷한 이름으로 불렸다는 설이 있다.

6

남한강 물길 따라

천하에 으뜸가는 물맛

달디단 충주 달천

충청북도 보은군 내속리면 사내리 속리산 비로봉 서쪽 계곡에서 발원하여 북쪽으로 흘러 괴산군 청천면과 감물면에 이르고 충주시 살미면을 지나면서 강폭이 넓어지는데 이 하천이 바로 충주의 달천達川이다. 달천은 다시 북쪽으로 흘러 칠금동과 중앙탑면 창동리 사이 탄금대 아래에서 남한강과 합류한다. 달천은 충주시 달천동 앞을 흐르기 때문에 붙여진 이름이라는 설과 물맛이 달아서 그리고 옛날 이 강에 수달이 많이 살아서 붙여진 이름이라는 설이 있다. 달천 부근에는 수달피고개, 물개달래마을 등의 땅 이름이 남아 있고 수달을 조정에 진상했다는 기록도 있는 것으로 보아 수달이 많기는 했던 모양이다. 임진왜란 때 명나라 장수가 달천을 건너다가 물맛을 보고는 "중국 여산廬山의 폭포와 같다" 했다. 조선시대 문장가 이행李行은 우리나라에서 충주 달천수를 제1로 삼고, 금강산에서 나와 한강 가운데로 흐르는 우중수牛重水(우통수)를 제2로 삼고, 속리산의 삼타수三陀水(삼파수)를 제3으로 삼았다고 한다.

《여지도서》에 따르면 달천에 달천진이 있었고 강을 건네주던 나룻배가 있었는데, 뱃사공에게는 부역과 조세를 면제해 주었고 겨울에는 다리를 설치했다. 이중환은 《택리지》에서 "한강 상류에서 물길로 오가기에 편리하므로 충주를 살 곳으로 정한 서울 사대부들이 많았다"라고 쓰고 있다. 교통이 발달하기 전 충주는 한강의 상류였고 물길로 왕래하기 편리하여 예로부터 경성의 사대부들이 많이 살았다.

달천, 즉 달내의 물은 현재 충주 시민의 상수도원이다. 달천이 남한강과 합쳐지는 합수머리에는 30종이 넘는 물고기가 살고 있다. 물고기가 많다는 것은 물이 달다는 것과 같은 말일 수 있다. 달천을 받아들인 남한강은 넓고도 넓다. 합수머리 지점에 오래지 않은 옛날 합수나루가 있었다고 하는데 지금은 흔적도 없다.

남방의 목구멍을 질러 막은 곳

고구려의 국원성國原城이었던 충주忠州는 서울에서는 동남쪽으로 300리쯤 되는 거리에 있다. 《신증동국여지승람》에 "백성의 풍속이 검소하고 인색하다" 기록되어 있다. 세종 연간에 충청도 관찰사를 지낸 정인지는 기문에서 충주에 대해 다음과 같이 썼다.

충주는 남방의 목구멍을 질러 막은 곳에 자리 잡았다. 역이 넓고 호구戶口가 많으며, 이 때문에 공문서가 구름처럼 쌓이고 빈객이 모여들어서 참으로 현명

달천과 남한강

달천은 속리산에서 발원하여 동진천, 음성천 등과
합류하고 충주시 살미면을 지나 남한강으로 흘러든다.

하고 지혜로움이 남보다 뛰어난 인재가 아니면 그 번잡한 것을 다스릴 수 없다.

고려 인종 때 문신 정지상鄭知常은 시에서 "천길 바위 머리에 천년 묵은 절, 앞은 강물에 임하고 뒤는 산에 기대었다. 위로는 별星에 닿았으니 집이 세 뿔이 났고, 반쯤 허공에 솟았으니 다락이 한 칸이로다" 했다. 안정복安鼎福이 《동사강목東史綱目》에서 "충주는 임나국任那國이다" 했고, 김정호金正浩는 《대동지지大東地志》에서 "충주는 임나국의 땅이었으나 뒤에 백제가 취한 뒤 낭자곡성娘子谷城이라고 했다" 한 데서 알 수 있듯이 충주는 백제가 개척한 땅이었다.

충주는 우리 국토의 정중앙에 있고 한 고을에서 과거에 오른 사람이 전국에서 첫째로 많았다고 하며 유배객도 많이 온 곳이다. 조선 전기 학자인 권근權近도 지금의 충주시 수안보면 온천리 부근으로 추정되는 양촌으로 유배를 왔다가 자신의 호를 양촌陽村으로 지었다. 그 밖에 충주에 대한 또 다른 이야기가 있다.

옛날 충주에 한 구두쇠가 살았는데, 어느 날 파리 한 마리가 장독대에서 된장을 빨아 먹는 것을 보고 깜짝 놀라 장독대를 덮고는 그 파리 다리에 붙은 된장을 되찾으려고 파리를 쫓아갔다. 그런데 도중에 잠자리가 파리를 잡아먹는 바람에 이번에는 잠자리를 뒤쫓게 되었다. 그러다가 대가미못 근처에서 잠자리를 놓치고 어정거렸다고 해서 이곳을 '어정이들'이라고 부르게 되었고, 다시 수원의 어떤 마을까지 쫓아갔다가 그만 놓친 뒤 어정거리고 돌아왔다고 하여 그 마을 이름이 '어정개'가 되었다고 한다. 그 구두쇠는 뒤에 가난한 사람들을 많이 도와주어서 그 덕으로 송덕

비가 세워졌는데 그 비의 이름이 자인고비慈仁古碑였으므로 사람들은 그를 '자린고비'라고 불렀다 한다.

충주에서 빼놓으면 서운한 인물이 강수强首다.《삼국사기》에 실린 그의 내력을 살펴보자.

강수는 중원경中原京(현 충주) 사량沙梁 사람인데 아버지는 나마 석체다. 그 어머니가 꿈에 뿔이 있는 사람을 보고 임신하여 아들을 낳았는데, 정말 그의 머리 뒤쪽에 불거진 뼈가 있었다. 석체가 아이를 안고 당시 현자라고 알려진 이에게 가서 묻기를 "이 아이의 두골이 이렇게 생겼으니 어떠한가?" 하였다. 그가 대답하기를 "내가 들으니 복희씨는 범의 형상이요, 여와씨는 뱀의 몸이요, 신농씨는 소의 머리요, 고요는 말의 입이라 하였으니 성현들은 같은 사람이었지마는 그 얼굴이 범상치 않았던 것이다. 또 이 아이의 머리를 보니 사마귀가 있는데, 관상법에 얼굴의 검은 사마귀는 좋지 않고 머리의 검은 사마귀는 나쁘지 않다고 하였으니 이는 필시 심상치 않은 인물이 될 것이다" 하였다. 석체가 돌아와 아내에게 보통 아이가 아니니 잘 길러서 장래 나라의 중요한 인재가 되게 하리라고 일렀다.

강수는 자라면서 절로 글을 읽을 줄 알고 그 뜻을 환하게 알았다. 아버지가 뜻을 떠보기 위하여 묻기를 "네가 불교 공부를 하겠느냐, 유교 공부를 하겠느냐?" 하였다. 그가 대답하기를 "제가 들으니 불교는 세속을 떠난 가르침이라 합니다. 속세에 사는 제가 어찌 불교를 공부하겠습니까? 저는 유가의 도를 배우고자 합니다" 하니, 아버지가 말하기를 "너의 원대로 해라" 하였다. 그리하여 강수가 스승에게 나아가《효경》,《곡례》,《이아》,《문선》들을 읽었다. 그가 배운 것은 비록 변변치 못했으나 이를 이해하기를 훨씬 고원하여 이 시기에 아주 뛰어난 인물이 되었고 벼슬을 하면서부터는 여러 관직을 역임하여 당시의 유명한 인물이 되었다.

강수가 일찍이 부곡에 있던 대장장이의 딸과 정이 매우 두터웠다. 그의 나이 20세가 되자 부모가 읍내의 여자로서 얼굴과 행실이 좋은 여자를 가리어 장가를 들이려 하니 강수가 두 번 장가들 수가 없다고 거절하였다. 아버지가 화를 내며 말하기를 "네가 지금 명망이 있어서 세상 사람이 다 알고 있는데 미천한 자로 배필을 삼는다면 역시 수치가 아니겠는가?" 하니, 강수가 공손히 두 번 절하며 말하기를 "사람이 가난하고 천한 것을 부끄러워할 것이 아니라 도리를 배우고 실천하지 않는 것이 정말 부끄러운 것입니다. 일찍이 듣건대 옛날 사람의 말에 이르기를 '고생을 같이하던 아내는 홀대하지 못하고 가난하고 미천할 때 사귄 친구는 잊을 수 없다' 하였으니 이 미천한 여자를 차마 버릴 수는 없습니다" 하였다.

태종대왕이 즉위하자 당나라 사신이 와서 조서를 전하였는데, 그 조서에 이해하기 어려운 대목이 있었다. 왕이 강수를 불러 물으니 그가 왕의 앞에서 한 번 보고 의심나거나 막히는 데가 없이 해석하였다. 왕이 놀랍고 기뻐서 서로 늦게 만나게 된 것을 한탄하고 그의 성명을 물었다. 강수가 대답하기를 "저는 원래 임나가량任邏加良 사람이며 이름은 우두牛頭입니다" 하였다. 왕이 말하기를 "그대의 두골을 보니 강수 선생이라고 불러야겠다" 하고 당나라 황제의 조서를 회답하는 표문을 지으라 하였다. 그의 글이 세련되고 뜻이 충분히 함축되어 있으므로 왕이 더욱 그를 기특히 여겨 거의 이름을 부르지 않고 다만 임생이라고 하였다.

강수는 언제나 생계에 관심을 두지 않고 집이 가난하여도 늘 태연하게 여겼다. 왕이 관리에게 명령하여 해마다 신성新城에서 받는 벼 100섬씩을 주게 하였다.

문무왕이 말하기를 "강수가 문장 짓는 일을 자신이 담당하여 서한으로써 중국과 고구려, 백제 두 나라에 의사를 잘 소통하였기 때문에 그들과의 우호 관계를 맺는 데 성공할 수 있었다. 우리 선왕이 당나라에 청병하여 고구려와 백제를 평정한 것도 비록 군사적 공로라 하지마는 문장에 의한 도움도 있는 것이니 강수의 공을 어찌 홀시하시겠는가?" 하고 그에게 사찬沙湌의 위품을 주고 해마다 벼 200섬씩을 녹봉으로 주었다.

신문대왕 때에 이르러 강수가 죽자 장사 지내는 비용을 나라에서 모두 지원해 주었다. 부의로 준 옷과 피륙이 특별히 많았으나 집안사람들은 그것을 사사로 차지하지 않고 모두 불공하는 데 돌렸다. 그의 아내가 먹을 것이 없어서 고향으로 돌아가려 하므로 대신들이 이 말을 듣고 왕에게 청하여 벼 100섬을 주었더니 그 아내가 사양하여 말하기를 "내가 천한 몸으로 남편을 따라 입고 먹었기 때문에 나라의 은혜를 입은 것이 많았습니다. 지금은 홀로 되었거니 어찌 나라의 후한 대우를 다시 받을 수 있겠습니까?" 하고는 끝내 받지 않고 고향으로 돌아갔다. 《신라고기新羅古記》에 이르기를 "문장에는 강수, 제문帝文, 수진守眞, 양도良圖, 풍훈風訓, 골번骨番"이라 하였으나 제문 이하는 사적이 유실되어 전을 만들 수 없다.

신라 때 명필 김생金生도 이곳 충주에서 태어났다. 그에 대한 기록이 《삼국사기》에는 다음과 같이 실려 있다.

김생은 부모가 한미하여 집안을 알 수 없으나 경운京雲 2년(711)에 태어났다. 그는 어려서부터 글씨를 잘 썼다. 일생에 다른 학문은 공부하지 않고 나이 80을 넘어서도 붓을 놓지 않고 글씨를 썼으며, 예서와 행서, 초서에 모두 신묘한 필법이 있었다. 지금도 이따금 그의 친필을 볼 수 있는데 학자들이 전해 오면서 이를 보물로 여긴다.

숭녕崇寧 연간에 학사 홍관洪灌이 진봉사進奉使를 따라 송나라에 가서 변경에 묵고 있었는데, 이때 한림대조 양구楊球, 이혁李革 등이 황제의 칙서를 가지고 객관에 와서 그림 족자에 글씨를 쓰고 있었다. 홍관이 그들에게 김생이 쓴 행서와 초서로 쓴 한 권을 보이니 두 사람이 매우 놀라 말하기를 "오늘날 왕우군王右君(왕희지)의 친필을 얻어 볼 줄 몰랐다" 하였다. 홍관이 말하기를 "이는 왕우군의 친필이 아니라 신라 사람 김생이 쓴 것이다" 하니, 두 사람이 웃으면서 말하기를 "천하에 왕우군이 아니고야 어찌 이렇게 훌륭한 글씨가 있겠는가?" 하였다. 홍관이 여러 번 말하였지만 끝까지 믿지 않았다.

송나라에는 또 요극일姚克一이라는 사람이 있어서 벼슬이 시중 겸 시서학사에 이르렀는데 필력이 대단하여 구양순의 솔경법率更法을 터득하였다. 그의 글씨가 비록 김생에 미치지 못하였으나 역시 솜씨가 기묘하였다.

충주시 노은면 가신리에 명성황후가 숨어 지낸 곳이 있다. 임오군란(고종 19, 1882)이 일어나자 명성황후는 장호원을 거쳐 충주 목사 민응식閔應植의 집을 찾았다. 그래도 불안했던 명성황후는 이름도 없는 초라한 이씨 성을 가진 총각의 집에 은신했다. 홀어머니와 함께 나무 장사로 근근이 살아가는 이 총각의 집은 천장이 낮아서 일어설 수도 없었다. 명성황후는 이 집에 머무르며 매일 금방산金傍山에 올라가 한양을 바라보며 난이 평정되기만을 빌었다. 피난을 마친 뒤 명성황후는 궁중에 돌아가 사례를 하기 위해 그 총각에게 소원을 물었다. 그러나 총각이 아무것도 바랄 게 없다고 하자 음성 군수 자리를 주었다. 그 후 이 지역 사람들은 그 집을 음성집이라고 불렀고, 명성황후가 매일 오르던 산을 국망산國望山으로 부르게 되었다.

치열한 싸움터였던 중원

자동차와 기차가 등장하기 전만 해도 경상도에서 서울로 가는 길은 두 갈래였다. 경상좌도에서는 죽령을 지나 충청도의 충주로 통하고, 경상우도에서는 조령을 지나 충주를 거쳐 갔다. 두 고개 모두 충주에 모여서 물길이나 육로로 한양으로 이어졌다. 이처럼 충주는 조선의 한복판이자 교통의 요지였다. 그래서 중국의 중앙인 형주荊州 또는 예주豫州에 비유되어 유사시에는 반드시 서로 점령하고자 했던 곳이 바로 이곳 충주였다.

충주에서 서쪽으로 달천을 건너면 속리산이고, 이 산에서 북쪽으로 뻗은 한 가지가 음성군 원남면 하노리 서편에 우뚝하게 솟아 있는 가막산(할아비산 혹은 할애비산)이다. 이 산은 음성읍 부용산으로 이어지고 다시 그곳에서 뻗은 산줄기 하나가 지금은 충주시 중앙탑면이 된 금천에서 그쳤고 하나는 가흥으로 이어졌으며, 나머지 산기슭은 달천 서쪽으로 빙 돌아갔다. 당시의 땅은 오곡과 목화 가꾸기에 알맞았다고 기록되어 있지만,

현재는 고추와 담배로 이름이 높으며 토질이 기름지고 산골 사이에 마을이 펼쳐져 있다.

충주는 고구려 때는 국원성國原城이라 불리다가 신라가 이곳을 빼앗은 다음 진흥왕 때는 소경小京을 설치했고 귀족들과 6부 호민을 옮겨 살게 했다. 경덕왕 때 이 지역을 중원경中原京으로 고쳐 불렀다.

충주시 중앙탑면 탑평리에 지리적으로 우리나라의 중앙부에 위치한다고 하여 '중앙탑'이라고도 불린 충주 탑평리 칠층석탑이 있다. 전설에 따르면 원성왕 때 신라 국토의 중앙 지점을 알아보기 위해 국토의 남북 끝 지점에서 같은 날 같은 시간에 같은 보폭을 가진 사람을 정하여 출발시켰더니 항상 이곳에서 만났기에 이곳에 탑을 세우고 나라의 한복판임을 표시했다고 한다. 탑평리 칠층석탑은 중원 문화의 상징이며 중원 문화권이라는 이름으로 나라 안에 널리 알려지게 되었다.

탑평리 칠층석탑에서 장호원읍 쪽으로는 선돌마을이 들어앉아 있다. 비석이 서 있어서 선돌마을로 불리는 이곳에 충주 고구려비가 있다. 중원 고구려비라는 이름으로 널리 알려진 이 석비는 마을 입구에 서 있던 입석에 불과했다. 그런데 1979년 이 고장의 향토에 관심을 두고 있던 예성동호회원들이 돌에 글자가 새겨져 있는 것을 발견하고 동국대학의 황수영 교수와 단국대학의 정영호 교수에게 이 사실을 알렸다. 두 교수를 중심으로 하여 구성된 조사단이 찾아온 것은 같은 해 4월이었다. 조사단이 높이 203센티미터의 돌을 살펴보고 잔뜩 낀 이끼를 조심스럽게 벗겨 내자 희미하게나마 수많은 글자가 모습을 드러냈다. 글자들은 오랜 비바람에 시달려 거의 닳고 문드러져 있었다. 모두 430자가 넘는 고졸하게 음각한 예서체의 한자들이었다. 그리고 놀랍게도 이 돌이 고구려시대의 비석이라는 사실이 밝혀졌다.

그때까지 밝혀진 고구려의 석비라고는 중국 땅이 되어 버린 만주 통구에 있는 이른바 광개토대왕릉비 하나뿐이었다. 따라서 아무도 거들떠보지 않았던 이 돌은 나라 안에서 오직 하나뿐인 고구려 석비로 남게 되었다. 규모는 조금 작지만 광개토대왕릉비와 형태가 비슷한 이 석비를 조사한 학자들은 거기에 새겨진 글자를 읽음으로써 비가 세워진 해를 알 수 있었다. 조사단은 고구려가 남쪽으로 뻗어 내려왔던 시기와 그 범위를 확실히 단정할 수 있는 획기적인 자료라고 평가하고, "이런 게 남아 있었다는 것은 신의 가호"라고까지 말했다. 5세기 장수왕 때 세워진 것으로 추정되는 이 석비는 고구려와 신라가 충돌했으며 또 신라와 백제가 모의하여 고구려와 싸웠다는 내용을 담고 있다. 길가의 돌멩이 하나, 풀 한 포기에도 역사의 숨결이 스며 있다는 자세로 지역의 역사를 살폈던 사람들의 값진 결과였다.

남한강 변에 있던 가흥창

충주는 토질이 좋아 부유한 자가 많았다고 여러 기록에 실려 있는데, 《택리지》에는 이렇게 기록되어 있다.

> 금천과 가흥이 가장 번성하다. 금천은 두 강이 마을 앞에서 합쳐진 다음 마

충주 탑평리 칠층석탑

통일신라의 중앙부에 세워졌다고 하여 '중앙탑'이라고도 한다.
현재 남아 있는 신라시대의 석탑 중 최대 규모이며 1962년에 국보로 지정되었다.

충주 고구려비

1981년 국보로 지정된 충주 고구려비는 고구려인이 당대에 직접 남긴 금석문인 동시에 국내 현존하는 유일한 고구려비라는 역사적 가치가 있는 문화유산이다.

을을 둘러 북으로 돌아 나간다. 동남쪽으로 영남의 화물을 받아들이고, 서북쪽으로는 한양에서 생선 및 소금을 교역하기 때문에 민가가 즐비하여 한양의 강촌마을과 흡사하다. 배의 고물과 이물이 잇닿아 있을 정도로 하나의 큰 도회를 형성하였다. 가흥은 금천 서편 10여 리 지점에 있다. 강이 동남쪽에서 서북쪽으로 흘러가고, 마을은 강 남쪽 기슭에 있다.

음성읍의 부용산의 한 가지가 강을 거슬러 우뚝하게 솟아서 남한강 변의 장미산이 되었는데, 이 산이 가흥의 주산이다. 행정 구역상 충주시 중앙탑면 장천리(옛 가금면 가흥리)는 현재 작은 마을로 쇠퇴했지만, 조선시대에는 나라 안에서 가장 큰 창고인 가흥창可興倉이 있었던 곳이다. '창倉'이란 나라의 세금을 한데 모으는 중심지가 되는 곳을 일컫는다. 가흥창은 충청도 북부의 일곱 고을 그리고 경상도의 일곱 고을에서 현물세로 거두어들인 쌀이나 베 혹은 특산물 등을 모아 수운판관水運判官을 시켜 서울로 싣고 가던 항구였고, 배에서 일하는 수부만도 4500명이나 머무르던 곳이었다. 또한 영남 지역에서 거두어들이는 30만 석의 미곡 중 20만 석을 낙동강으로 올려와 조령을 넘어 가흥창에서 서울로 보내게 했다. 이곳 사람들은 객주업으로 미곡을 출납하는 데 간여하여 많은 돈을 벌기도 했으며, 과거에 올라 높은 벼슬을 지낸 사람도 많았다고 한다.

그러나 가흥창은 남한강의 물길과 운명을 같이할 수밖에 없었다. 그때의 번성했던 흔적은 이제 찾을 수 없고, 조선 전기 문신 김종직金宗直이 이곳을 지나다가 남긴 〈가흥참可興站〉이라는 시만 세월 속에 남아 있다.

높고 가파른 계립령은

예로부터 남북을 그어 놓았네

북쪽 사람은 호화豪華를 다투고

남쪽 사람은 기름과 피 빨리네

우차牛車가 험한 고개를 넘어가니

농사 벌판엔 남정들이 없겠다

강변에서 밤에 줄지어 자는데

아전들은 왜 그리 욕심도 사나운가

작은 저자에 생선은 실오라기만 하고

초가집 주막에 술은 쌀뜨물 같은데

돈을 모아 유녀遊女를 불러오니

푸른 머리단장에 분홍 저고리 남치마

백성들은 살을 깎이는 것 괴로운데

아전들은 멋대로 취해서 지껄이네

게다가 또 말斗과 섬으로 이利를 보려 계교하니

조사曺司는 마땅히 부끄러움을 알아야 하리

관가의 부세는 십분의 일인데

어쩌다가 이분 삼분을 수운輸運하게 하는고

강물은 도도히 제 흐르며

주야로 구름과 이내를 불어 내는데

돛대가 협구峽口를 가득히 덮어

북쪽으로 앞을 다투어 내려가는구나

가흥창 터

충주시 가금면 가흥리는 가흥창이 있던 곳이다. 조선시대의 조창인 가흥창은
1465년에 설치되었는데, 경상도와 충주 지역에서 수납된 세곡을
서울의 용산창으로 운송했다.

가흥창 터 부근 남한강

조선시대 남한강 수로에 수십 개의 나루가 존재했다.
충주 지역 남한강 일대의 나루와 포구에는 덕흥창, 경원창, 가흥창, 목계나루 등이 있었다.

남쪽 사람들 낯을 찡그리고 바라보건만
북쪽 사람들 뉘라서 이 사정 알리

가흥창 부근이 조선시대까지만 해도 크게 번성했던 내륙 항구였다는 표시로 지금 그 터에는 주춧돌 몇 개와 깨진 기왓장만이 뒹굴고 있고, 남한강 기슭에는 아무런 탈 없이 무사히 지나가게 해달라고 용왕에게 제를 올리던 비원불悲願佛이라는 제단만 남아 있을 뿐이다.

번성했던 목계나루

조선 후기의 5대 하항 중 하나였던 목계木溪는 전성기에 호수가 800호 이상 되었던 큰 도회지로, 100여 척의 상선이 집결하던 곳이었다. 1948년에 하항의 기능이 소멸되었으나 조선 후기에는 마포 다음가는 한강의 주요 항구였다. 이중환은 《택리지》에서 "목계는 동해의 생선과 영남 산간의 화물이 집산되어 주민들은 모두 장사를 하여 부자가 된다"라고 했다.

1920년 3월 조선철도주식회사에서 조치원-청주 간 노선 공사를 시작하여 1928년에 충주까지 이어지는 충북선 철도가 놓이기 전까지 목계나루는 남한강 수운 물류 교역의 중심지였다. 태백시 창죽동 검룡소에서 발원한 남한강과 태백준령의 지맥인 부흥산에 이르러 큰 마을이 형성되어 뱃길로는 서울에, 뭍으로는 강원, 충청, 경상, 경기에 이르는 큰 길목이었다.

조선 후기 문신 조석윤趙錫胤은 목계와 고락을 함께하는 강상들의 삶을 〈고객행 賈客行〉이라는 시에 담았다. 시의 일부를 보자.

목계 강가 서너 집이
집집마다 장사로 생계를 꾸린다
호미 쟁기 버려두고 노 젓기 일삼아
해마다 이문 좇아 물결 따라다니지
이웃 사는 사람들이 함께 떠나니
오늘이 가장 길하다 하네
뱃머리서 술 걸러 강신에게 고사하여
건강하고 재물 많기를 빌고 또 빈다

목계나루가 번성했을 때 서울에서 소금 배나 짐배가 들어오면 아무 때나 장이 섰고, 장이 섰다 하면 사흘에서 이레씩이었다고 한다. 보통은 한 달에 한 번쯤 목계장이 섰는데, 날이 가물어 물길이 시원치 않거나 날이 추워 강이 얼어붙어 배가 오지 않을 때는 두 달에 한 번씩도 섰다고 한다. 그처럼 번성했던 목계장터는 1920년 후반 서울에서 충주로 이어지는 충북선 열차의 개통으로 남한강의 수송 기능이 완전히 끊기면서 규모가 크게 줄어들었다. 게다가 1973년 목계교가 놓이면서 목계나루의 나룻배도 사라져 목계장터는 쇠퇴의 길로 접어들었다. 오직 목계교회, 목계반점, 목계슈퍼 등 상호만이 남아 그 옛날의 목계나루를 떠올리게 할 뿐이다. 시인 신경림은 〈목계장터〉에서 번성했던 목계를 다음과 같이 노래했다.

목계나루

중원 문화의 발상지 충주는 육로는 물론 수운 교통에서 동서남북을 연결하는 요지였으며 그 중심에 목계나루가 있었다.

충주 청룡사 위전비

청룡사 위전비는 1692년에 세워진 것으로 당시 청룡사의 창건과 경영 등과 관련한 경비를 충당하기 위하여 신도들이 전답을 기증한 내용을 적은 비이다.

하늘은 날더러 구름이 되라 하고
땅은 날더러 바람이 되라 하네.
청룡 흑룡 흩어져 비 개인 나루
잡초나 일깨우는 잔바람이 되라네.
뱃길이라 서울 사흘 목계 나루에
아흐레 나흘 찾아 박가분 파는
가을볕도 서러운 방물 장수 되라네.
산은 날더러 들꽃이 되라 하고
강은 날더러 잔돌이 되라 하네.
산허리 맵차거든 풀 속에 얼굴 묻고
물여울 모질거든 바위 뒤에 붙으라네.
민물 새우 끓어 넘는 토방 툇마루
석삼년에 한 이레쯤 천치로 변해
짐부리고 앉아 쉬는 떠돌이가 되라네.
하늘은 날더러 바람이 되라 하고
산은 날더러 잔돌이 되라 하네.

목계의 서편인 충주시 소태면 청계산 자락에는 청룡사지가 있다. 청룡사青龍寺의 창건 연대와 창건자는 미상이나 고려시대에 지어졌다는 설이 있다. 조선 중기 충주 목사를 지낸 이만영李晩榮은 청룡사지를 들른 뒤 "걸어서 청룡사에 도착하니, 절도 한가롭고 스님 또한 한가롭다. 어찌하여 종소리 들리지 아니하는가, 아마도 어지러운 세상에 흘러 나갈까 두려워함이라"라는 시를 남겼다.

《택리지》에 따르면 청룡사지에서 서쪽은 강원도 원주고, 동쪽의 북창에서 서쪽의 청룡사에 이르는 지역을 강북이라 부른다 했다. 강에 임한 경치가 매우 좋으나 척박하여 남한강 남쪽에서 달천 서쪽까지의 기름진 땅에는 미치지 못했다. 이어지는 《택리지》의 내용을 보자.

> 목계에서 북쪽으로 10리쯤 떨어져 있는 내창촌內倉村(현 충주시 엄정면)이 있는데 천년에 걸쳐 이름난 마을이다. 산중에 들판이 트여서 바람기가 조용하고 지역이 매우 넓어서 여러 대를 사는 사대부들이 많다.

충주시 엄정면 가춘리 미레골은 예로부터 환란이 일어났을 때 피난처였다. 엄정면 괴동리 억정사億政寺 터에는 보물로 지정된 충주 억정사지 대지국사탑비가 있다. 그리고 그곳에서 3킬로미터쯤 북쪽으로 올라가면 고종 23년(1886) 진령군眞靈君 이씨가 지은 백운암白雲庵이 있다. 진령군 이씨는 본래 무당으로 명성황후의 비호를 받은 인물이라고 전해진다.

탄금대에 서린 한

가막산 일원에서 뻗은 산줄기는 한남금북정맥이라는 이름을 달고 속리산으로 이어지고, 그곳 서편으로 뻗은 맥을 소속리산小俗離山이라고 부른다. 《택리지》는 다음과 같은 내용으로 이어진다.

(소속리산부터) 한 줄기가 거슬러 뻗어 옥장산玉帳山과 팔성산八聖山 등이 되고 말마리秣馬里(현 음성군 생극면 팔성리)에서 그친다. 이곳이 기묘사화에 연루된 명현名賢 십청헌十淸軒 김세필金世弼이 벼슬에서 물러나 살던 곳이다. (…) 마을 앞으로 큰 내가 흐르므로 논에 물을 댈 수 있어 1묘에 1종을 거두는 곳이 많은 까닭에 예로부터 흉년 드는 해가 적었다. 이곳은 한양과 200리 거리이며, 여강驪江(여주로 흐르는 남한강)과 물길로 통하니 살 만한 곳이었다. 이 지역 사람들은 금천, 가흥, 말마리와 강 북쪽에 있는 내창을 충주의 4대촌이라 부른다.

충주에서 서울로 가는 길에 대문산이라는 작은 산이 있다. 달천이 남한강에 합류하는 합수머리 안쪽에 솟은 이곳은 신라 때의 악성 우륵于勒이 가야금을 타던 곳이라 하여 탄금대彈琴臺라 부른다. 《여지도서》에 실린 글을 보자.

《고기古記》에 따르면 가야국 가실왕이 당나라 악기를 보고 가야금을 만들고, 악사인 성열현省熱縣 사람 우륵에게 명하여 열두 곡을 지었다. 뒤에 우륵이 그 나라가 장차 어지러워질 것을 알고 악기를 지니고 신라 진흥왕에게 투항하였다. 진흥왕이 그를 받아들여 국원國原에 가두어 두고 주지, 계교, 만덕을 보내어 그 기술을 전수하게 하였다. 세 사람이 열한 곡을 배우고 나서 서로 말하기를 "이것은 번잡하고 또 음란하니, 우아하게 만들지 않을 수 없다" 하고 드디어 요약하여 다섯 곡을 만들었다. 우륵이 처음에는 듣고 노하였다가 그 소리를 듣고 나서는 눈물을 흘리면서 탄식하기를 "즐거우면서도 무절제하지 않

탄금대

탄금대는 충주시 칠금동에 소재한 구릉지인 대문산의 산정이다. 기암절벽을 휘감아 돌며 유유히 흐르는 남한강과 울창한 소나무숲으로 경치가 매우 좋은 곳이다.

고 슬프면서도 비통하지 않으니, 바르다고 할 만하구나" 하고는 왕 앞에서 연주하도록 명령하였다. 왕이 기뻐하였다.

탄금대 아래에서 거문고를 멈추었다고 해서 그곳을 금휴포琴休浦라고 부른다. 충주시 서쪽에 있는 월락탄月落灘이나 금천의 월탄月灘도 우륵이 놀던 곳이라 해서 이름 지어진 곳이다.

탄금대는 임진왜란의 격전지 중의 격전지로, 팔도대원수 신립申砬이 비장하게 최후를 장식한 곳이기도 하다. 선조 25년(1592) 4월 14일, 부산포에 상륙한 왜군은 채 보름도 지나지 않아 선산과 상주를 함락하고 문경으로 진격해 왔다. 신립은 충주 단월역에 군사를 주둔한 뒤 충주 목사 이종장, 종사관 김여물과 함께 새재를 정찰하고 작전 회의를 열었다.

신립이 두 사람에게 새재와 탄금대 중에 어느 쪽이 유리할 것인지 묻자, 김여물이 먼저 대답했다. "왜적은 큰 병력이지만 우리는 작은 병력을 가지고 있어서 정면으로 전투를 벌이기보다 지형이 험한 새재의 양쪽 기슭에 복병을 배치하여 틈을 보아서 일제히 활을 쏘아 적을 물리치는 것이 좋겠습니다. 그렇지 않으면 서울로 돌아가 지키는 것도 하나의 방법일 것입니다."

그러자 이종장 또한 비슷한 의견을 내놓았다. "적이 승승장구하고 있어서 넓은 들판에서 전투를 벌이는 것은 불리할 듯싶고, 이곳의 험준한 산세를 이용하여 많은 깃발을 꽂고 연기를 피워 적을 교란한 뒤 기습하는 것이 좋겠습니다." 하지만 신립의 의견은 달랐다. "적은 보병이고 우리는 기병이니 들판에서 기마로 짓밟아 버리는 것이 더 효과적인 전술이오. 또

우리 군사는 훈련이 안 되었으니, 배수의 진을 쳐야 합니다."

그 후 신립은 탄금대 앞에 배수진을 쳤다. 결국 왜군은 아무런 저항도 받지 않고 새재를 넘었는데, 그들은 조령의 중요성을 알았기 때문에 세 차례나 수색대를 보내 한 명의 조선군도 배치되어 있지 않음을 알고 춤추고 노래하면서 고개를 넘었다고 한다. 이어서 왜군은 충주 탄금대에 배수진을 친 조선 방어군을 전멸시켰다. 신립 장군이 새재에서 적병을 막았다면 전란의 양상이 바뀌었을 것이라고 하는데, 류성룡柳成龍은 《서애집西厓集》에 당시의 상황을 다음과 같이 기록하고 있다.

임진란에 조정에서 변기邊璣를 보내 조령을 지키게 했는데, 신립이 충주에 이르러서 변기를 휘하로 불러들여 조령의 지키는 일을 포기하였다. 적이 조령 길에 복병이 있을까 두려워 수일간을 접근하지 못하고 배회하면서 여러 번 척후로 자세히 살펴 복병이 없음을 알고 난 후에 비로소 조령을 통과하였다. 명나라 장수 이여송이 조령을 살펴보고 탄식하기를 "이 같은 천연의 험지를 적에게 넘기다니 총병總兵 신립은 참으로 병법을 모르는 자다"라고 하였다. 내가 이듬해인 계사년(선조 26, 1593)에 남쪽의 진중을 왕래하면서 다시 조령의 형세를 보니, 관문을 설치하고 양변을 따라 복병하면 적을 방어할 수 있을 것 같았으나 군읍에 씻은 듯이 사람이 없으니 어찌할 도리가 없었다.

충주 사람 신충원이라는 자가 의병으로 조령에서 적병의 중간을 꺾어 목을 베고 노획한 군공으로 수문장이 되었는데, 조령의 도로를 하나같이 알고 있어 그곳에 가기를 청하였다. 내가 조정에 아뢰어 공명첩空名帖(명목상의 관직을 내릴 때 쓰는 백지 임명장) 수십 장을 주어 그로 하여금 사람을 모집해서 성을 쌓게 하였다. 드디어 응암鷹巖에다 성을 쌓고 문루를 세우게 하며 유랑민을 모아 달천, 장항, 수회촌, 안보에 둔전을 하여 도로를 통하게 하라고 하였다. (…) 그러나 정유년(선조 30, 1597)에 왜적이 재차 움직였을 때 조령을 피했고 전라·충청도의 피난민들로 신충원을 찾아가 의지한 사람들이 산중에 꽉 찼었다. 사람들이 말하기를 성을 설치한 공 때문이라고 하였다.

조선의 최정예 부대를 거느렸던 신립은 문경새재를 넘어 밀고 올라오던 왜장 가토 기요마사와 고니시 유키나가를 맞아 분전했으나 참패했고, 천추의 한을 품은 채 남한강에 투신하고 말았다. 방어의 요지라고 강조하는 말이 되풀이되었지만, 정작 새재에 산성과 관문이 들어선 것은 임진왜란을 치르고도 100년이 더 지난 숙종 34년(1708)의 일이다. 문경읍 쪽에서 고갯길을 따라 10킬로미터 남짓 떨어진 산속에 첫째 관문인 주흘관主屹關이 있고, 거기서 3.1킬로미터 떨어진 곳에 둘째 관문인 조곡관鳥谷關이 있으며, 거기서 다시 3.5킬로미터 떨어진 곳에 셋째 관문인 조령관鳥嶺關이 있다. 그리고 남에서 북으로 4.5킬로미터가량 석성을 쌓았는데 지금은 허물어져 이름조차 남아 있지 않다.

어째서 신립이 문경새재에서 적을 막자는 부하 장수의 말을 따르지 않고 탄금대에서 배수진을 쳤는지 여러 의견이 나오고 있지만, 그때의 비장한 각오는 그가 군사들을 독려하기 위해 열두 차례나 오르내렸다고 해서 열두대라 불리는 바위에서도 엿볼 수 있다.

탄금대에서 멀지 않은 곳에 있는 대림산에는 신립 장군보다 한 세대 뒤의 사람으로 병자호란 때 활약한 임경업林慶業 장군이 어릴 때 무술을

탄금대 열두대

신립이 군사들을 독려하기 위해 열두 차례나 오르내렸다고 해서
열두대라 불리는 바위다.

닦았다는 삼초대三超臺가 있으며, 그의 위패를 모신 충렬사가 단월동에 있다. 임충민공 충렬사는 숙종 23년(1697)에 건립되었고 영조 3년(1727)에 충렬사로 사액을 받았다. 충렬사 경내에는 강당이 있고 사당 앞에는 어제달천충렬사비御製達川忠烈祠碑와 그의 부인 이씨의 정려비가 세워져 있다. 충렬사비에는 정조가 친히 지은 비문이 새겨져 있다.

임경업에 관한 이야기는 달천 하류에도 있다. 임경업이 젊었을 때, 매일 이른 새벽 절벽에 올랐다가 내려와 달천강의 물을 표주박으로 떠 마셨다. 그런데 어느 날 물을 떠 마시려 하자 강 속에서 갑자기 큰 이무기 한 마리가 방해하므로, 임경업이 크게 노하여 곧 그 꼬리를 잡아서 바위에 쳐 죽였다는 이야기다. 얼마 전까지만 해도 바위에는 그 흔적이 뚜렷이 남아 있었는데, 몇 해 전 길을 고치면서 손상되어 지금은 잘 보이지 않는다고 한다.

이연경과 원평리 석불입상

탄금대에서 이어지는 《택리지》의 내용을 보면 강을 건너 북쪽으로 가면 북창北倉이 있었다. 지금의 금가면 매하리인 이곳의 사리울은 한강의 여울이 살같이 빠르게 흐른다 하여 붙여진 이름이다. 그리고 북창의 서쪽이 바로 기묘사화에 연루된 명현 이연경李延慶이 거처한 곳이었다. 중종 연간에 홍문관 교리로 있었던 이연경은 조광조趙光祖와 교류가 깊어 축출될 뻔했으나 중종이 어필로 찬인록竄人錄에서 그의 이름을 지워 유배를 보내지 않았다. 그는 벼슬에서 물러난 뒤 나라에서 벼슬을 거듭 내렸으나 나아가지 않은 채 후학들을 길러냈다. 10대에 걸쳐 끊임없이 후손들이 과거에 합격했는데, 사람들은 이연경이 강가에 명당을 잡았기 때문이라 했다.

강을 따라 서쪽에 있는 월탄, 즉 지금의 금가면 하담리는 조선 선조 때의 선비 모당慕堂 홍이상洪履祥의 후손인 홍씨들이 사는 곳이다. 또 조선 중기 문신 하담荷潭 김시양金時讓도 이곳에 살았다. 경상 감사와 한성 판윤을 지낸 김시양은 인조의 뜻을 어기고 척화를 주장하여 영월로 유배되기도 했다.

충주시 신니면 원평리의 영남대로가 지나는 길목에 원평리 석조여래입상이 있다. 근처를 사람들은 '미륵댕이'라고 부른다. 원평리 석조여래입상은 신라 성덕왕 때 창건되었다가 병자호란 때 폐사되었다고 전하는 선조사지善祖寺址에 삼층석탑과 함께 나란히 서 있다. 원평리 석조여래입상은 동학 농민 혁명의 한 순간을 지켜본 증인이다. 고종 21년(1884) 9월 삼례에서 3차 봉기가 있었을 때 전봉준의 남접과 달리 최시형의 북접은 봉기에 반대했다. 결국 최시형의 휘하였던 손병희와 남접의 서장옥 부대가 화해하고 연합군을 이루어 북진하기로 한 곳이 바로 이 불상 앞이었다.

온천으로 유명한 수안보와 영남대로

충주시 수안보면에 있는 수안보온천은 예로부터 온천으로 이름난 곳이자 영남대로가 지나는 길목에 있다. 조선 전기 문장가 성현成俔이 지은《용재총화慵齋叢話》에는 "충청도 충주 안부역安富驛 큰길가에 온천이 있는데, 샘물이 미지근하고 별로 뜨겁지 않다"라는 기록이 있어서 이미 오래전부터 온천이 있었음을 짐작게 한다. 수안보온천에 관한 설명이 《한국지명총람》에는 다음과 같이 실려 있다.

200여 년 전의 일이다. 현재의 온천 지대가 농경지로 사용되고 있을 때 피부병을 앓던 한 거지가 이 근처의 볏짚 속에 살면서 땅속에서 솟아 나오는 온천수를 발견했다고 한다. 거지가 그 온수를 항상 먹고 씻고 하더니 드디어 병이 완쾌되었고 그 사실이 널리 알려지게 되었다. 처음에는 별 시설도 없이 우물을 파서 목욕을 하다가 1885년에 비로소 소규모의 남녀 목욕장이 판자로 만들어졌고, 1931년에야 근대식 목욕탕이 들어섰다. 1963년 10월부터 본격적으로 개발하여 종래의 120미터 광천鑛泉을 195미터로 더 파서 섭씨 42도의 온수를 뽑아내기 시작하였다. 이 온천은 단순 유황 라듐 온천으로 모든 피부와 위장 질환에 좋다고 한다.

수안보에서 영남대로 옛길을 가다가 만나는 역이 바로 수안보 옛길인 안부역이고, 안부역에서 소조령小鳥嶺을 넘으면 영남대로상의 큰 고개인 문경새재에 이른다. 한백겸韓百謙이《동국지리지東國地理誌》에서 계립령鷄立嶺이 없어지면서 개통되었다고 했고, 실학자 유형원柳馨遠은《반계수록磻溪隨錄》에서 "새재 길은 폭이 0.5 내지 1미터에 지나지 않고 경사도 급했다"라고 했던 고개가 바로 문경새재다. 한국 천주교 청

자연대에서 바라본 송계계곡

수안보에서 충주로 가는 길목에 있는 영남대로상의 아름다운 계곡이다.
맑은 계곡물과 넓은 암반, 깊은 소沼가 어우러져 있다.

충주 미륵리 석조여래입상

충주시 수안보면 미륵리에 있는 고려시대의 불상이다. 전체 높이가 10.6미터로, 모두 여섯 개의 돌을 쌓아 만들었으며 1963년에 보물로 지정되었다.

충주 미륵리 석조여래입상 후면

이 불상은 목이 굵으며 3도三道가 간신히 표현되었고 어깨가 발끝까지 계속되어 신체적인 입체감이 부족하다. 웅장한 규모의 석굴이 불상을 둘러싸고 있다.

주교구가 발간한 《연풍 순교 성지》에는 문경새재에 대한 글이 다음과 같이 실려 있다.

> 영남의 관문이자 충청도, 경상도를 가르는 문경새재는 박해를 피해 은신처를 찾아 나선 교우들에게는 한 많은 고개로 기억된다. 특히 제1관문 옆 수구문水口門은 오로지 신앙만을 위해 고향을 버린 선조들이 관원의 눈길을 피해 숨어 드나들던 가슴 벅찬 감회가 서린 곳이다.

충주 쪽으로 조금 가다가 만나는 충주시 수안보면 수회리의 깎아지른 듯한 벼랑을 두고 이행은 〈자연대설自然臺說〉이라는 한 편의 아름다운 글을 지었는데 《용재집容齋集》에 남아 전한다.

> 연풍에서 동북쪽으로 한참을 간 거리에 수회리水回里라는 마을이 있으니, 좌우로 모두 큰 산이다. 좌측 봉우리는 산기슭이 완만히 뻗어서 우측으로 돌아서는 깎아지른 벼랑이 되어 불쑥 시냇물 속으로 빠져들고 시냇물은 콸콸 흘러서 벼랑을 따라서 휘감아 도니 이 마을의 이름은 여기서 얻어진 것이다. 벼랑은 삼면이 모두 바위이고 높이는 10여 척이며, 위는 평평하고 넓어서 사람 100명이 앉을 수 있으며, 늙은 소나무 몇 그루가 있어 그 그늘이 짙다.
>
> 동행한 산수山水의 벗 홍자청洪子淸이 이름을 지어 달라고 청하기에 내가 자연대라 명명하였다. 자청이 무릎을 꿇고 말하기를 "소나무의 껍질을 벗기고 글자를 새긴 다음 먹으로 채우겠으니 그 설說을 지어 주십시오" 하기에 내가, "산이 우뚝함도 자연이요, 물이 흘러감도 자연이요, 벼랑이 산수의 형세를 점

거하여 독차지하고 있음도 자연이요, 오늘 우리가 이곳을 만난 것도 자연이요, 내가 그 자연스러움을 따라서 자연이라 한 것 또한 자연이라 할 것이다" 하였다. 이에 '자연대설'로 삼노라.

산수만 자연이 아니고, 사람도 자연의 일부인 것을 깨달은 이행의 글을 읽다 보면 《장자》(오강남 옮김, 현암사, 1999) '진인眞人'에 대한 글이 떠오른다.

이런 사람은 마음이 비고, 모습이 잔잔하고, 이마가 넓었습니다. 그 시원하기가 가을 같고, 훈훈하기가 봄 같았습니다. 기쁨과 노여움이 계절의 흐름같이 자연스럽고, 모든 사물과 어울리므로 그 끝을 알 수 없었습니다.

자연스러운 것이 가장 아름다운 것이고 자연의 일부인 사람도 그러하리라.

청풍명월의 고장 청풍은 사라지고

충주 탄금대 아랫부분의 달천에서 물을 거슬러 남쪽으로 가면 괴산과 속리산에 이르고, 다시 동쪽으로 거슬러 올라가면 지금은 충청북도 제천의 한 면이 된 청풍에 이른다. 충주댐에 수몰되면서 청풍문화재단지로 조성된 청풍은 '바람 맑고 달 밝은 고장'을 뜻하는 청풍명월淸風明月의 고장이기도 하지만, 남한강을 따라 한양으로 내려가던 뗏목꾼들에게 악명 높았던 황공탄惶恐灘 여울이 있었던 곳이기도 하다. 황공탄에 관한 《여지도서》의 설명은 다음과 같다.

> 청풍 관아 서쪽 20리 서창西倉 위에 있다. 위아래로 여울灘이 둘이다. 돌이 문지방처럼 가로 걸쳐져 있다. 성난 물결이 힘차게 내뿜으며 흐르면 매우 위험한 형세가 된다. 아래 여울에는 물이 돌아 나가면서 만든 연못이 있다. 그윽하게 깊어 검푸른빛이 난다. 본토박이들이 말하기를, 물밑은 모두 너럭바위인데, 두서너 곳은 가마솥처럼 돌이 파여 있으며 깊이를 헤아릴 수 없다고 한다. 날이 가물면 비를 내려 달라고 이곳에서 기우제를 지냈다.

《여지도서》에 실린 청풍의 풍속을 보자.

> 인심이 순박하지만 어리석어 예로부터 학문이나 무예에 종사하는 사람이 드물다. 산천의 경치가 비록 기묘하기는 하지만 대체로 깊고 험한 두메 사이에 훤하게 트인 곳이 전혀 없다. 또 경계 내에 논이 매우 드물다. 풍속이 화전火田 경작을 많이 하며 대개 조를 심는다. 게으르고 나태하며 구차하게 살아간다. 그 밖의 일에는 겨를을 내지 않아 인재가 거의 나오지 않는다.

아름답기로 소문난 고장이지만 공부를 게을리했다는 청풍에는 사대부의 정각이 많았고 의관을 곱게 차린 사람과 배와 수레가 모여들기도 했다.

제천시 청풍면은 1985년 충주 다목적댐이 완공되면서 27개 마을 중

두 곳을 제외한 모든 마을이 충주호에 잠기고 말았다. 우륵의 고향이기도 한 청풍은 조선시대까지 제천 지역의 중심이었다. 현종 때는 왕후의 관향이라고 하여 충청도에서 유일하게 도호부로 승격되기도 했다.

청풍의 중심지였던 읍리의 강가에 있던 한벽루寒碧樓(국가지정문화재 보물)가 시인 묵객들을 불러들였고 남한강 변 북진나루에 서던 청풍장은 제천 지역을 주무르던 가장 큰 시장이었다. 소금을 비롯한 각종 해산물과 비누, 석유, 성냥 등 온갖 산물이 거래되었던 청풍장의 북진나루는 서울에서 오는 돛단배들이 가지고 오는 여러 물품을 받는 봇짐장수들의 발길로 부산했다. 번성했던 읍내와 북창진 그리고 북진나루를 지키던 느티나무도 물에 잠기고, 수몰 지구에 서 있던 한벽루를 비롯한 문화재들은 청풍면 물태리에 있는 청풍문화재단지로 옮겨졌다. 한벽루 아래를 통틀어서 파수巴水라 부른 송시열은 〈청풍관중수기淸風館重修記〉를 남겼는데 다음과 같다.

> 청풍은 호서 지방에서 가장 높은 곳에 있는 고을이다. 토지는 메마르고 백성들이 드무니, 온 도에서 가장 두메산골이라고 한다. 그러나 강산의 경치는 동남 지방에서 으뜸이다. 풍속은 순박하고 일은 단출하여 관리는 다만 매화꽃이나 달빛의 점수나 매길 뿐이니, 그 깨끗한 운치를 알 만하다. 이러한 까닭에 도회지의 번잡함을 거리끼고 깨끗하고 조용한 것을 좋아하는 사대부들은 인사 문제와 관련된 공론을 꺼리지 않고 그 수령 자리를 구한다. (…)

청풍의 명산은 월악산月岳山이다. 《신증동국여지승람》에 "월악사는

제천 청풍 한벽루

한벽루는 1317년 고려 충숙왕 때 청풍현 출신 승려인 청공이 왕사王師가 되어 청풍현이 군으로 승격되자 이를 기념하기 위해 객사의 동쪽에 세운 건물이다.

© 유철상

충주호

충주호는 충주와 제천, 단양에 걸쳐 있는 인공 호수이다.
충주호 너머로 충주시 북동쪽 사이에 능선을 뻗은 계명산이 보인다.

월악산에 있다"라고 기록되어 있지만, 붕어빵에 붕어가 없는 것처럼 현재 월악산에는 월악사가 없다. 이 지역 사람들이 동양의 알프스라고 부르는 월악산에는 월악영봉을 비롯하여 중봉, 하봉 등의 산봉우리와 송계계곡, 덕주골 등 관광 자원이 즐비하다.

1984년에 열네 번째 국립공원으로 지정된 월악산은 신라의 마지막 왕자인 마의태자와 그의 누이 덕주공주가 망국의 한을 품고 은거한 곳이기도 하다. "월악산이 물에 비치고 항구골에 배가 닿으면 구국의 한이 풀릴 것이다"라는 말을 남기고 월악산에서 금강산으로 떠난 마의태자의 한이 풀릴 것인지 지금은 충주호의 푸른 물에 월악의 영봉들이 비치고 있다.

청풍을 두고 정인지는 시에서 "복사꽃 촌길은 신선의 지경이요, 단풍잎 시내와 산은 금수의 병풍이다"라고 노래했으며, 고려 후기 문신 안극인安克仁은 "물을 끼고 있는 백성의 삶은 곧 신선 지경이로구나. 구름에 치달은 조도鳥道는 인가의 연기와 통한다"라고 했다. 아쉬움으로 바라보는 남한강 물살 아래 청풍초등학교 자리에는 청풍현 객사가 있었고 청풍현 관아의 문루였던 금남루라는 누각이 있었다고 한다.

조선시대만 해도 청풍 근처에 북강진北江津이라는 나루가 북쪽 5리 지점에 있어서 제천으로 통했고, 황강진黃江津이라는 나루는 북쪽에 있으면서 원주로 통했다고 한다. 이곳에 수많은 상선이 머물렀으며, 이 지역에서는 누치, 쏘가리, 자라가 많이 잡혔다고 한다. 하지만 모두 충주댐이 생기기 전 맑은 강물이 유장하게 흐르던 시절의 이야기다.

청풍의 서편에 있던 황강촌은 수암遂庵 권상하權尙夏가 살던 곳이다. 송시열의 문인이었던 권상하는 남인이 정권을 잡자 관계 진출을 단념했

청풍문화재단지

충주댐 건설로 청풍의 문화 유적이 수몰될 위기에 처하자 수몰 지역의 문화재를 이전, 복원하여 단지를 조성했다. 향교, 관아, 민가, 석물군 등 43점의 문화재를 옮겨 놓았다.

고 청풍에 은거하면서 학문에 전념했다. 숙종 15년(1689) 기사환국으로 송시열이 제주에 유배되자 제주로 달려가 이별을 고한 뒤 의복과 서적 등을 가지고 돌아왔다. 그 뒤 송시열이 정읍에서 죽임을 당하기 전에 남긴 유언에 따라 청주 화양서원에 만동묘와 대보단을 세워 명나라의 선종과 의종을 제향했다. 권상하는 그런 의미에서 송시열의 학문과 학통을 계승한 수제자 중의 한 사람이었다.

제천시 청풍면 연론리에는 경심령驚心嶺이라는 고개가 있다. 연론리 남쪽에서 한수면 서창리로 넘어가는 길목에 있던 고개인데 조선시대에 청풍에서 충주로 가는 관행 길이었다. 그런데 고개가 너무 험해서 가마를 메고 넘을 수 없었으므로 가마에 끈을 달아 고개 위에서 끌어당겨 넘었다고 한다. 또 제천시 고암동에는 뱃재라는 고개가 있는데, 송학면 무도리로 넘어가는 길목으로 패현이라고도 했다. 옛날에 군사가 패한 곳이라고 하여 사람들이 넘기를 꺼렸다고 하며, 지금도 신행길은 피한다고 한다.

제천시 수산면은 본래 청풍군 원남면 지역이었다. 수산면 대전리大田里에는 큰 밭이 있었으므로 한밭 또는 한밭들이라고도 부른다. 단지실 동남쪽에 있는 임간리林間里는 인간寅艮이라고도 하는데, 산이 사방으로 둘러싸고 있다. 임간의 남쪽에 있는 사작재에 이르면 고갯마루에서 단양, 청풍, 문경, 충주로 가는 길이 갈라진다.

이곳 제천에서 거두어들인 세곡은 남한강에서 뱃길로 서울까지 갔는데, 《여지도서》에 다음과 같이 실려 있다.

쌀 134석 6두斗, 좁쌀 102석 1두, 콩 157석을 해마다 겨울 석 달 동안 충원

(현 충주) 산계강으로 거두어들인다. 포구로 내어 배에 싣고 물이 불어나기를 기다려 흘러내려와 닷새면 용산강에 이르며 머무른다. 짐을 땅에 내려놓은 뒤 호조에 바친다.

그 당시 제천에서는 쌀보다는 잡곡이 더 많이 생산되었음을 알 수 있고, 지금의 마포까지 물길이 좋으면 닷새쯤 걸렸다는 것을 알 수 있다.

의림지가 있는 제천

제천堤川은 사면이 산으로 둘러싸여 있다. 《신증동국여지승람》에 따르면 지세가 가장 높다고 되어 있는데, 그 말이 틀리지 않아 충주시보다 100여 미터가 더 높다. 충청북도 사람들은 제천 사람들을 두고 "속곳 바람으로 10리를 달려도 끄떡없다"라고 하는데, 이는 제천 사람들의 강인하고 끈질긴 기질을 두고 하는 말이다. 제천시의 한 면이 된 청풍을 이승소는 시를 통해 이렇게 칭송했다.

호남의 오십 성을 두루 다녀보았지만
경치 좋은 땅 오늘에야 그윽한 정취에 맞네
백 척의 푸른 다락 바람을 내려다보아 산뜻하고
푸른 벽 천길이나 쇠를 깎아 만든 듯싶다
산이 좋으니 사람으로 하여금 납극蠟屐(나막신에 초를 바름)을 생각하게 하고

강이 맑으니 나를 불러서 먼지 낀 갓끈을 씻게 한다
도원이 반드시 인간 세상이 아닌 것은 아니니
고기잡이 늙은이를 따라 이생을 보내려 한다

이승소가 말한 '도원'은 도연명의 《도화원기桃花源記》에 나오는 구절이다. 도연명은 책에서 "무릉의 고기잡이하는 사람이 어선을 타고 도원에 들어가 진秦나라 때 피난 와서 사는 사람을 만났는데, 참 살기 좋은 곳이었다. 돌아올 때 곳곳에 표를 하고 다시 찾아갔으나 찾지 못했다"라고 했다. 그만큼 청풍의 경치가 아름답고 살고 싶어지는 곳이었다는 이야기다.

제천군과 청풍군이 합쳐져 하나의 군이 된 것은 1914년이었다. 제천은 산이 낮아서 훤하고 명랑하며 또한 여러 대를 이어 사는 사대부들이 많았다고 한다. 북쪽에 있는 의림지義林池는 김제의 벽골제碧骨提, 밀양의 수산제守山提와 더불어 우리나라 최초의 3대 인공 수리 시설로 알려졌는데, 신라 때 큰 둑을 쌓고 물을 막아서 논에 물을 대던 곳이다. 전하는 이야기로는 신라 진흥왕 때 우륵이 의림지를 쌓았다고 하며 그 뒤 700여 년의 세월이 흐른 뒤 현감 박의림朴義林이 다시 쌓아 의림지라 이름 붙였다고 한다. 서편에 있던 후선정候仙亭은 김씨 집안의 것이었다고 하는데 지금은 사라지고, 대신 순조 7년(1807)에 새로 세운 영호정暎湖亭과 경호루鏡湖樓 등의 정자가 서 있다.

의림지의 면적은 15만 1470제곱미터쯤 된다. 가장 깊은 곳은 13.5미터쯤 되며, 오래된 소나무를 비롯한 나무숲이 우거져 제천 사람들의 아늑한 쉼터가 되고 있다. 의림지에는 '약붕어'라고 불리는 붕어와 순채가

의림지

전하는 바에 따르면 신라 진흥왕 때 우륵이 용두산에서 흘러내리는 개울물을 막아 둑을 만든 것이 의림지의 시초라고 한다.

많았다. 순채는 수련과에 속하는 여러해살이 물풀로 여름이면 물가를 온통 자색의 꽃으로 뒤덮이게 했지만 1913년 의림지를 고쳐 쌓을 때 거의 다 떠내려가 버리고 말았다. 또 하나 이름난 물고기가 '빙어'로 《임원경제지》에 따르면 본래 함경도 지방에 많았던 이 고기는 한겨울인 동지를 앞뒤로 하여 나타나므로 얼음을 깨서 그물을 던져 잡는데, 입춘이 지나고부터는 빛깔이 점차로 푸르게 되고 드물어져서 얼음이 풀리면 사라진다고 한다. 빙어가 사라지는 것을 제천 사람들은 땅속으로 들어간다고 표현한다.

제천의 북쪽은 원주와 가깝고 동쪽은 영월과 경계가 맞닿았다. 이중환은 제천을 "만첩 산중에 있는 깊은 산골이므로 참으로 난리를 피하고 속세를 피할 만하다"라고 했다. 《동사강목》을 지은 안정복이 제천에서 태어났고, 생육신의 한 사람인 원호元昊가 기거했던 곳이기도 하다. 집현전 직제학을 지낸 원호는 단종이 강원도 영월에서 연금 생활을 하는 것을 알고서 벼슬을 내놓고 제천시 송학면 장곡리에 살면서 관란정觀瀾亭이라는 정자를 지었다. 원호는 날마다 이 정자에 올라 단종이 있는 곳을 바라보면서 한숨을 짓고 탄식하다가 날이 저물면 비로소 돌아가고는 했으며, 철 따라 나는 과물果物을 나무 상자에 넣어 정자 밑을 흐르는 시냇물에 띄워서 단종에게 보냈다고 한다.

송학면 포전리浦田里는 개울가에 있어서 지어진 이름으로 개앗리로도 불렸다. 포전리 북쪽에 있던 점촌店村은 강원도 영월로 가는 관행 길 근처 주막이 있는 길가에 있어 주막거리라고도 불렸다. 나그네들이 쉬어 가던 그 주막집에서 하룻밤 묵으며 주막과 마음의 풍경을 〈주막집에 자면서〉라는 시로 남긴 사람이 김시습金時習이다.

> 외로운 주막에서 쓸쓸히 밤늦도록 앉았는데
>
> 나무 끝에 뜨는 달이 시원하고도 고요해라
>
> 무슨 일로 서편 창가의 내 마음을 흔드는가
>
> 외로운 베개에 의지하며 화포 금할 길 없네

사랑을 간직한 박달재

제천시 봉양읍 구학리의 배론은 주유산舟遊山 자락에 있다. 배론 동북쪽에 자리한 점말은 예전에 옹기점이 있어서 점골이라고도 부른다. 이 마을에 신유사옥의 주인공 황사영의 자취가 남아 있다.

정약용의 조카사위인 황사영黃嗣永은 정조 14년(1790) 사마시에 합격하여 진사가 되었고, 처가의 인도로 천주교도가 되었다. 정조 19년 한국에 온 중국인 신부 주문모가 지도하는 명도회明道會에 가입해 교리를 공부했다. 순조 원년(1801) 신유박해 때 배론으로 피신하여 토굴 속에서 주문모의 입국 후부터 신유박해에 이르기까지 교세 및 박해의 상황, 천주교를 널리 전할 방책 등을 명주 천에 적어서 동지 황심과 옥천희로 하여금 동지사 일행을 따라가 중국 북경에 머무는 구베아 주교에게 전달하게 하는 계획을 세웠다. 그러나 그 뜻을 이루지 못한 채 백서가 관헌에게 발각되어 9월 29일 체포되고 말았다. 같은 해 11월 5일에 세 사람 모두 사형에 처했다. 이 밀서를 '황사영 백서'라고 하는데, 이 사건 이후 천주교에 대한 조정의 박해가 한층 가혹해졌다.

조정에서는 이 문제가 국제적으로 심각해질 것을 염려하여 사건의 변명책으로 백서의 불리한 대목을 모두 고쳐 명주 천에 다시 써서 동지사 겸 진주사로 하여금 북경의 청제淸帝에게 보고하여 양해를 구했다. 백서의 원본은 의금부 창고 속에 보관했는데, 갑오경장 뒤에 발견되어 조선 천주교회의 주교인 뮈텔이 소유하게 되었다. 그 뒤 1925년 7월에 로마에서 조선인 79명이 시복식을 할 때 로마 교황에게 건네져 현재 로마 교황청에서 보관하고 있다.

철종 6년(1855) 제천 봉양읍에 배론 성 요셉 신학당이 건립되었는데, 철종 11년 경신박해 때 이곳으로 피신하는 신자들이 늘어나자 신학당에서 그들의 생계를 도우려고 옹기를 굽기 시작했다. 지금도 봉양읍과 백운면, 송학면, 청풍면의 옹기가 유명한 것은 그때 숨어들어서 배웠던 천주교 신자들 때문이다.

봉양읍 원박리에 박달재가 있다. "천등산 박달재를 울고 넘는 우리 임마/물항라 저고리가 궂은비에 젖는구려"라는 〈울고 넘는 박달재〉의 노랫말 속에 남아 있는 이 고개는 봉양읍과 백운면과의 경계에 있는 해발 504미터의 고개다. 제천에서 서울로 가는 관행 길이 나 있으며, 고려 고종 때 김취려金就礪가 거란군을 크게 물리친 곳이다.

박달재에도 다른 지역의 고개들처럼 슬픈 이야기가 남아 있는데, 경상도 선비 박달에 얽힌 이야기다. 한양으로 과거를 보러 가던 박달이 날이 저물어 이곳 재 아랫마을에서 하룻밤을 묵게 되었다. 그런데 주인집 딸인 금봉이와 금세 눈이 맞았다. 박달은 과거에 급제하면 곧바로 내려와 금봉이와 혼인하기로 굳게 약속하고 떠났다. 하지만 박달은 내려오지 않을뿐더러 소식조차 없었다. 결국 금봉이는 재만 바라보다 지쳐서 죽고 말았다. 박달은 그때 과거에 낙방하여 금봉이를 볼 면목이 없어서 돌아오지 못하고 있었다. 늦게야 돌아온 그는 그리움에 못 이겨 금봉이가 죽고 말았다는 소식을 듣고 실성하여 그녀의 이름만 부르다가 뒤따라 죽고 말았다. 그때부터 이 고개를 박달재라고 부르게 되었다 한다.

제천에서 태어난 인물 중 한말 의병 총대장으로 활동했던 유인석과 19세의 꽃다운 나이를 조국에 바친 청년 의병장 홍사구가 있다. 그 뒤로도 이강년, 정운경, 원용팔과 같은 사람들이 줄기차게 의병을 일으켜 싸웠는데, 제천에서 활약했던 의병들이 500여 명이 넘었다고 한다.

단양은 옛 고을이라 산수가 빼어나고

제천시 청풍면의 동편이 단양이다. 《신증동국여지승람》에 그 풍속이 "토지는 메마르고 백성들은 가난하여 검소하며 아껴 쓰는 풍습이 있다"라고 실려 있다. 《여지도서》에 따르면 형승은 "동남쪽으로 죽령이 압도하듯 버티고 있고, 서북쪽으로 금수산錦繡山이 우뚝 솟아 있으며, 강물이 한강으로 통하니 동남쪽의 길목이 되는 지역이다."

금수산의 주산이 되는 망덕봉望德峯 꼭대기에 큰 무덤이 하나 있는데, 아들을 바라는 사람이 벌초하면 소원을 이룬다는 이야기가 전해 온다. 그래서 많은 사람이 벌초하므로 잡초가 없고 금잔디만 덮여 있다. 단양丹陽의 고구려 때 이름은 적산赤山이다. 충숙왕 때 지금의 이름으로 고쳤다. 조선 태종 연간에 단양 군수를 지낸 이작李作의 기문에 "단양은 옛 고을이라 산수가 기이하고 빼어났으니, 그 청숙淸淑한 기운이 반드시 헛되게 축적되었을 리가 없다" 했고, 조선 전기의 문신 신개申槩는 "천 바위와 만 구렁에 한 강이 돌았고, 돌을 깎고 언덕을 따라 작은 길로 간다" 노래했다. 명종 연간에 단양 군수를 지낸 이황李滉은 〈단양산수기〉에 "시내와 골짜기가 아름다워서 구경할 만한 곳이 많다" 칭송했다.

조선 전기 빼어난 문장가인 김일손金馹孫은 단양에 세워진 이요루二樂樓를 두고 아름다운 글을 남겼다.

> 중원으로부터 동으로 가서 죽령을 향하면, 그 사이에 좋아할 만한 산수가 하나가 아니다. 황강黃江과 수산壽山 두 역을 지나면 청풍 땅이 다 되고, 한 고개를 넘어 단양 지경에 들어서면 장회원長會院이 된다. 그 아래에서 말고삐를 늦추면 점점 아름다운 지경으로 들어간다. (…) 대개 사람이 인仁과 지智의 성품을 갖추지 않은 이가 없으나 능히 그 인과 지의 발단을 확충하는 이는 적다. 능히 그 인과 지를 확충할 수 있음이 나의 분수를 넘는 일은 아니다. 산의 고요하여 옮기지 않는 것을 본받고 물의 흘러서 막히지 않는 것을 본받아서 한마음의 덕을 안정시키고 만물의 변함을 두루 이해한다면 두 가지의 참다운 즐거움을 내가 얻어 겸할 수 있을 것이다. (…)

김일손은 단양 지역 산수의 아름다움을 보면서도 인간의 도리와 삶의 이치를 깨닫고자 했다.

단양 지방에서 거두어들인 전세는 대부분 뱃길을 이용해 서울로 갔는데, 《여지도서》에 그 내용이 상세히 기록되어 있다.

> 쌀 26석 6두, 좁쌀 43석 9두, 콩 119석 12두를 1월에 거두어들인다. 물이 불어나기를 기다려 관아 앞 하진下津에서 배에 싣고, 청풍의 황강, 충주의 금탄, 강원도 원주의 흥원창, 경기도 여주의 백석강, 양근의 대탄, 광주의 두미강을 거쳐 댓새면 한강에 다다라 서울에 도착한다.
>
> 쌀은 광흥창에 바치고, 좁쌀은 별영청에 바치며, 콩은 선혜청과 광흥창, 군자창에 나누어 바친다.

단양의 아름다운 풍경을 두고 여러 문인이 글을 지어 남겼는데, 허목이 지은 〈단양산수기〉가 재미있다.

> 내가 오랫동안 떠도는 나그네가 되어 다니다가 11년 봄에 낙동강을 건너고 죽령을 넘어 단양으로 내려가서 운암雲巖의 수석을 구경하고 북쪽으로 강가에 이르렀으니, 여기는 대개 호서의 산수가 집중된 곳으로 강을 끼고 있는 것이 모두 산이다. 물이 꾸불꾸불 감돌아 흐르는 곳이 되어서 파란 물결이 끝없이 맑으며, 얕게 흐르다가 바위를 만난 곳은 여울이 되고 깊이 고여 있는 곳은 못이 되었다. 맑은 물결이 찰랑대며 끝없이 이어지고, 바위 벼랑 사이에 보이는 돌다리와 모래사장은 모두 곱고 깨끗하여 볼 만한 것들이다.
>
> 물을 따라 동북쪽으로 10리쯤 올라가면 마진馬津이 있는데, 여기에 와서

단양 도담삼봉

단양팔경의 하나로 남한강 상류 한가운데에 세 개의 기암으로 이루어진 섬이다.
가운데 큰 봉우리에는 절경을 한눈에 바라볼 수 있는 수각이 있다.

단양 석문

명승으로 지정된 단양 석문은 도담삼봉에서 상류 쪽으로 약 200미터 올라가 왼쪽 남한강 가에 있는 무지개 모양의 돌기둥으로 주변 경치가 아름답다.

산은 더욱 높고 물은 더욱 맑고 깊으며, 절벽은 더욱 깎아지른 듯하였다. 나는 가다가 자주 걸음을 멈추고 이리저리 돌아보며 즐기다가 석벽 밑에 배를 띄우고 놀면서 피리도 불고 시도 읊조리고, 따라간 몇 사람들과 함께 어울려 노래 부르고 마음껏 즐겼다.

이때 아침 안개가 활짝 걷히자 먼 산과 깊은 물이 보이지 않는 곳이 없고, 층암절벽 사이에 철쭉꽃이며 푸른 소나무가 맑은 물에 거꾸로 비치는데 맑고 아름다웠다. 새는 날개 펴고 날기도 하고 물고기는 뛰놀기도 하니, 고기와 새들도 나의 이 즐거움을 즐기는 것인가? 아니면 내가 물고기와 새의 즐거움을 즐기는 것인가? 그렇지 않고 나와 물고기와 새가 모두 서로 아랑곳없이 제각기 그 즐거움을 즐긴다면 그것을 즐거워하게 하는 자는 또 누구란 말인가?

지금은 충주댐에 수몰되어 그 정취를 찾을 길이 없지만 허목의 글을 보면 당시의 풍경이 산수화처럼 눈앞에 펼쳐진다.

단양을 이야기할 때 빼놓을 수 없는 것이 매포읍의 시멘트 산업이다. 옛날에 매질포관梅叱浦館이 있었으므로 매질포 또는 매포梅浦라 불린 이 땅은 원래 단양군 북일면에 있던 지역으로 안동천 주변에 있었다. 매포에 '파지 않아도 나올 정도'로 무진장 묻혀 있던 석회석을 원료로 시멘트를 만들기 위해 '삼천리표 시멘트 공장'이 들어선 것은 1962년이었다. 그 뒤 1964년에 '호랑이표 현대 시멘트 공장'이 들어섰고, 1969년에는 '천마표 성신 화학 공장'이 들어섰다. 조용한 시골 마을이었던 매포는 불과 몇 년 사이에 인구가 1만 명이 넘게 불어났다고 한다. 지금도 매포에서 만들어진 시멘트가 전국 곳곳의 공사 현장에서 쓰이고 있다.

매포읍 가까운 곳에 도담삼봉이 있다. 《여지도서》에 실린 글을 보자.

도담島潭은 관아의 북쪽 30리쯤에 있다. 강물이 흐르다 돌아 나가 맑은 연못이 된다. 쪽빛 푸른 물결이 찰랑이며, 돌 봉우리 셋이 연못 가운데 갑자기 솟아 있다. 가운데 봉우리는 높고 크며 단정하고 기묘하다. 다른 두 봉우리는 조금 낮지만 날카로워 좌우에서 가지런히 조화를 이루고 있다. 첩첩이 싸여 깊숙하며 높이 삐죽삐죽 솟아 있으니 마치 귀신이 깎아 세운 듯하다. 양쪽 기슭의 여러 산은 모두 부드럽고 아름다운 모습이니 좋아할 만하다. 또한 석문, 운주암과 서로 바라다보이며 은은하게 비치니 한번 노를 저어 물을 따라 오르내린다. 금강산에 이와 같은 물이 없고, 한강에 이와 같은 산이 없으니 우리 조선에서 제일가는 강산이 된다.

나라 안에 제일가는 기묘한 경치는 아니지만, 단양팔경 중 으뜸이고 바로 그 위쪽으로 신기하게 뚫린 석문이 있어서 사람들이 줄지어 찾고 있다.

바보 온달이 고구려 왕의 사위가 되어 쌓은 온달산성

단양의 북쪽은 영춘면이다. 황강촌, 단양과 더불어 모두 시내와 골이 험하고 들이 적다. 세종 연간의 문신 노숙동盧叔仝이 일찍이 시에서 "긴 강이 옷깃처럼 싸고 일만 산이 돌았다"라고 표현했던 것처럼 강이 휘돌아 가는 모습이 한 폭의 그림 같다. 언제나 봄이라는 뜻을 지닌 영춘永春에서 봄가을에 배를 타고 절벽을 끼고 돌면서 바라보는 경치는 선경 중의 선경이다.

영춘 북쪽에 있는 북벽은 절벽이 우뚝우뚝 우람하게 솟아 있어 기묘한 경치를 자랑한다. 가운데에 바위 하나가 있는데, 천길 높이로 하늘을 찌를 듯 솟아 있다. 그 위로는 마치 새가 날개를 펼친 모양과 같은 바위가 있으니, 용암龍巖이라고 부른다. 북벽에는 조선 영조 때 영춘 현감 이보상李普祥이 암각한 '북벽北壁'이라는 두 자가 지금도 남아 있다. 뒷말 동쪽 장발리에는 선돌바우가 있다. 선돌(입석)이라고도 하며 장군이 성을 쌓기 위해 마고할멈에게 돌을 부탁하여 마고할멈이 장발리에서 돌을 캐 성산 꼭대기까지 날랐는데 성이 다 될 즈음 온달이 패하여 성을 빠져나갔다는 소식을 듣고 마고할멈이 들고 있던 큰 돌을 던지니 그 돌이 날아가 세로로 섰다 한다. 또 다른 설에 의하면 온달을 도우러 달려오던 누이동생이 패전 소식을 듣고 그 자리에서 굳어 돌이 되었다고도 한다. 강 건너 상리에 쉬는들 혹은 쉬는돌은 온달이 성을 빼앗기고 달아나다가 바위에 윷판을 그려 놓고 쉬어 갔다는 전설이 남아 있다.

1894년 당시 영국 왕실의 지리학자였던 이사벨라 버드 비숍이 한강에서 배를 타고 영춘까지 올라왔는데 그때의 상황을 《한국과 그 이웃 나라들》(이인화 옮김)에 이렇게 기록했다.

이 읍(영춘)의 관아는 크고 불규칙하게 여기저기 서 있고, 훌륭한 출입문과, 해 뜰 때와 해 질 때에 관청이 열리고 닫히면서 귀가 먹을 정도로 시끄러운 소리를 내는 북과 그 밖의 기구들을 가지고 있다. (백성들에 의해 자발적으로 인정되지 않은) '훌륭한 관리'의 많은 돌비석, '하늘'에 봉사한 희생자들을 위한 넓은 터, 서원, 매우 더럽고 황폐해진 왕의 누각 등이 있다. 모두가 공손한 것은 아닌 군중들이 관청까지 우리를 따라왔는데, 나는 그곳에서 금강산까지의 길에 대한 정보를 얻기를 바랐다. 관아에 들어갈 때 하급 관리는 매우 오만했다. 잠시 동안 그의 불쾌한 행동을 참고 나서야 더러운 방으로 안내를 받았는데, 그곳에는 경멸적이고 악의 품은 얼굴을 하고서 우리를 거들떠보지도 않는 사또가 담뱃대를 옆에 두고 바닥에 앉아 있었다. 동양에서는 개인 면담이 드물었기 때문에, 그가 하인을 통해 짧은 대답을 내릴 때까지 우리는 뒤에서 몰려드는 군중들의 압력에 어려움을 겪으면서 입구 바깥에 서 있었다. 이것이 내가 한국 관아를 마지막으로 방문한 것이다.

비숍이 왔을 무렵 영춘군에는 1500여 명의 주민이 살았다고 하는데, 지금은 한갓진 시골의 면 소재지일 뿐이다.

영춘에서 소백산 쪽을 바라보면 보이는 산성이 온달산성이다. 온달산성은 고구려 평원왕의 사위 온달이 신라군의 침입 때 싸우다가 전사한 성이다. '바보 온달'이라고 불리던 온달이 평강공주를 아내로 맞이하면서 인생의 전환점을 맞는 《삼국사기》의 온달 이야기는 백제 무왕의 설화와 흡사하다. 《삼국사기》에는 영양왕 원년(590)에 온달이 왕에게 "신라가 우리 한수 이북의 땅을 빼앗아 군현으로 삼았으나 그곳 백성들은 통한하여 부모의 나라를 잊은 적이 없습니다. 저에게 군사를 주신다면 가서 반드시 우리 땅을 되찾겠습니다" 한 뒤, "계립현과 죽령 서쪽의 땅을 되찾지 못한다면 다시 돌아오지 않겠습니다"라고 하며 출정했다. 그러나 아단성阿旦城 아래에서 신라군과 접전을 벌이다 화살에 맞아 죽었다고《삼국사기》는 적고 있다.

여러 정황과 산성의 형태로 보아 온달산성은 고구려에서 쌓은 것으로 보이지 않고 신라 쪽에서 쌓은 성으로 추정된다.《신증동국여지승람》에는 "성산고성城山古城은 돌로 쌓았는데 주위 1532척, 높이 11척이고, 안에 우물 하나가 있는데 지금은 반은 무너졌다" 되어 있다. 비숍의《한국과 그 이웃 나라들》에도 온달산성을 찾을 수 있다.

> 영춘 위쪽의 급류는, 험하고 거의 접근할 수 없는 내리막 위에 있었고, 앞서 말한 절벽들 사이로 돌출해 나왔다. 그 절벽들에는 바깥벽이 언덕 꼭대기로 둘러싸인 매우 오래된 요새지의 유적이 있다. 그 유적은 둘레가 762미터, 바깥쪽의 높이가 7.6미터, 안쪽은 0.3~3.7미터, 그리고 두께는 2.7~3.7미터이다. 그것은 잘 정돈되어 있었고, 위에서 직선거리로 6미터를 내려오면, 좁은 길에 인접해 있는 두 개의 문이 있는데, 한 번에 한 사람만 들어갈 수 있다. 그러나 그 쇠락함은 어떤 힘으로도 막을 수 없다는 것만은 확실하다. 벽은 모르타르가 쓰이지 않고 두께는 15센티미터가 넘지 않는 작은 돌조각으로 매우 효과적으로 짜여 있다. 한국 건축의 전통에 대해서는 잘 모르지만 남산과 북한산의 요새지들을 잘 안다는 밀러 씨가 생각하기로는, 이 요새지는 그것들보다 훨씬 이전의 것이었다.

온달산성의 둘레는 683미터로 큰 편은 아니다. 치우친 봉우리와 북쪽으로 흘러내린 비탈에 둘러쌓은 테뫼식 산성으로 바깥쪽에서 보았을 때 높이는 북벽과 남벽이 7~8.5미터, 동벽이 6미터가량이지만, 급한 비탈 위에 두께 4미터쯤 되는 성벽을 쌓았으므로 안쪽에서 볼 때의 높이는 그 절반쯤이 된다. 비탈의 경사가 70도 남짓한 서벽의 경우에는 안벽 높이가 1미터가량이지만 바깥쪽은 10여 미터나 된다. 현재 강줄기에 직접 면하여 가장 경사가 급한 서북쪽 성벽 100미터가량이 무너져 내렸지만 다른 부분은 대부분 온전히 남아 있다.

성벽은 납작납작하게 잘라낸 점판암을 안팎으로 쌓았는데 벽면뿐만 아니라 구석구석까지도 흙을 전혀 쓰지 않고 돌로만 쌓았다. 성벽 돌 사이의 틈을 다시 작은 돌로 메워 벽 전체가 마치 벽돌로 쌓은 듯 매끈하게 마감되었으므로 지형을 따라 부드럽게 곡선을 그리며 돌아가는 모습이 아름답기 이를 데 없다. 그뿐만 아니라 성벽의 돌을 수평이 아니라 지면의 경사와 거의 직각이 되도록 하고 안팎 벽 사이 돌들을 켜켜이 가로세로로 놓아 '우물 정井' 자로 엇물리게 하는 등 치밀하게 계산하여 튼튼하게 쌓았다. 《여지도서》에 실린 온달산성은 다음과 같다.

> 돌로 쌓았다. 둘레는 1523척, 높이는 11척이다. 안에 우물이 하나 있는데, 지금은 반쯤 허물어졌다. 경험 많은 노인들 사이에 대대로 이어서 전하기를, "바보 온달이 고구려 왕의 사위가 되어 을아단을 지키겠다고 성을 쌓았다" 한다. 관아의 남쪽 7리에 있다.

온달산성에서 가까운 소백산 자락에 천태종의 총본산으로 전국에 108개

온달의 공깃돌

고구려 온달 장군이 신라와 싸우기 위해 이 지역에 주둔하고 있을 때 심심풀이로 이 돌로 공기받기를 하며 힘자랑을 했다는 전설이 전한다. 돌의 크기는 어른의 한 아름쯤 된다.

단양 온달산성

온달산성은 삼국시대 때 한강을 차지하기 위해 고구려와 신라가 치열한 전투를 했던 곳으로 고구려 평원왕 사위 온달 장군의 무용담과 함께 평강공주와의 사랑 이야기를 전하고 있다.

의 말사를 거느린 구인사救仁寺가 있다. 현대식 콘크리트 건물로 지어진 구인사는 1945년부터 원각圓覺 상월上月이 이곳에 터전을 마련하고 천태종을 중흥했다. 소백산의 비로봉, 연화봉, 국망봉, 신선봉 등 구봉팔문九峰八門 중 제4봉인 수리봉 밑에 풍수지리설에서 말하는 금계포란형의 한가운데 연꽃 모양의 지형에 자리 잡은 이 절은 짧은 기간 동안 크게 발전했다. 2002년 강원도 지역에서 나는 소나무로만 지어진 국내 최대의 대웅전을 비롯하여 5층 대법당 등 절 건물들도 전국 최대 규모를 자랑하며, 신도들 역시 단일 사찰로는 전국에서 제일 많다. 애국불교, 대중불교, 생활불교라는 3대 지표를 내걸고 있다.

소백산 아래에 온달이 수양했다는 전설을 지닌 온달동굴이 있다. 《신증동국여지승람》의 기록을 보자.

> 성산 아래에 석굴이 있어 높이가 11척 남짓이고, 넓이가 10여 척쯤 되며, 깊숙이 들어가 끝이 없고 물이 철철 나와 깊이가 무릎에 닿는데, 맑고 차기가 얼음과 같다. 고을 사람이 횃불 열 자루를 가지고 들어갔는데 끝이 보이지 않아서 횃불이 다되어 돌아왔다.

온달동굴은 1979년에 천연기념물로 지정되었다. 남한강 변의 물이 휘돌아 가는 곳에 동굴 입구가 있어 수위가 높아지면 동굴에 물이 차므로 동굴성 생물은 찾아볼 수 없지만 지형 경관이 매우 화려하고 아름답다. 동굴의 길이는 760미터쯤 되고 내부에는 단지 몇 개의 석순이 있을 뿐인데, 이 석순들이 갖가지 기이한 모양을 하고 있다. 동굴은 일직선으로 뻗은 수평 동굴로, 통로 오른쪽의 맑은 물속에는 남한강에서 지하수로를 타고 들어온 민물고기가 살고 있다.

영춘을 비롯하여 영월, 단양, 청풍 등지에서 거두어들인 세곡은 대부분 남한강 뱃길로 실려 갔다. 몇십 섬에서 몇백 섬까지 곡식을 실은 배들은 비가 와서 강물이 불어나기를 기다렸다. 강물이 잠잠해지고 서해에서 썰물이 올라올 때쯤 배를 출발하면 경기도의 이포나루나 양근나루에 하루면 도착할 수 있었다. 배에서 짐을 내린 뒤 다시 서해에서 바닷물이 거슬러 올라올 때를 이용하여 천천히 노를 저어 상류로 올라갔다고 한다.

7

세속을 떠난 속리산이 품은 땅

구비구비 흐르는 세월의 흔적을 찾아

산 좋고 물 좋고 인심 좋은 괴산

속리산에서 흘러내려 동쪽으로 나아가는 물길은 상주시를 지나 경상도 낙동강으로 들어가고, 서쪽으로 나아가는 물길은 충주 달천이 되어 한강으로 들어가며, 남서쪽으로 나아가는 물길은 보청천이 되어 금강으로 들어간다.

산줄기 하나가 북쪽으로 가서 청주시 명암동에 있는 것대고개(상봉고개, 상봉재)가 되고, 다시 달천을 끼고 서북쪽으로 경기도 안성시 죽산면에 이르러서 칠장산이 된다. 칠장산에서 한강을 따라 서북쪽으로 간 산줄기는 흩어져서 한강 남쪽의 서운산과 광덕산 등 여러 산이 되고, 서남쪽으로 간 산줄기는 오산과 평택 쪽으로 이어진다.

그 맥이 진천에서는 금북정맥으로 이어지고, 목천에서는 성거산의 마일령磨日嶺(천안시 목천읍 송전리와 성거면 천흥리에 걸쳐 있으며 만일령晩日嶺으로도 불린다)으로 이어진다. 전의면에서 산줄기는 국사봉으로 이어지고, 금강 북편 예산군 신양면에서 공주시 정안면으로 넘어가는 차령이 된다.

그 차령산맥의 거친 기세를 잠시 꺾는 곳이 바로 금강이다. 금강 하구는 충청도와 경상도를 가르는 경계인 셈이다. 금강을 넘으면 전라도 군산과 김제평야가 펼쳐진다.

고구려 때 잉근내仍斤內였던 괴산槐山이 지금의 이름으로 고쳐진 것은 조선 태종 13년(1403)이다. 《세종실록지리지》에 "땅이 기름지고 메마른 것이 반반이며, 기후가 차고 더운 것이 알맞다" 기록된 괴산의 당시 가옥 수는 445호이고, 인구는 1303명이었으며, 군정은 시위군이 66명이고, 선군이 137명이었다. 박두진 시인이 〈괴산 군민의 노래〉에서 "산 좋고 물도 좋고 인심도 좋다" 노래한 괴산을 두고 조선 전기 문신 조계생趙啓生은 시에 "한줄기 물은 흰 비단 같이 흐르고, 사면의 산은 층층한 성 같이 둘렀다" 했다.

괴산군 괴산읍 동부리에서 고종 25년(1888) 벽초碧初 홍명희洪命憙가 태어났다. 홍명희는 1919년 괴산읍에서 만세 시위를 주동하다가 감옥에 갇혔다. 그가 감옥에서 나온 뒤로 어려워진 집안 형편 때문에 이사해서 잠시 살았던 옛 공주시 장기면 제천리 달천에는 푸르고 푸른 강이 흐른다. 동부리에서 괴산교를 건너면 보이는 한옥이 홍명희의 옛집이다. 본래는 400제곱미터(1200평)쯤 되는 대지에 50여 명의 식솔을 거느린 큰 저택이었다고 한다.

이 집에서 태어난 홍명희는 장길산, 홍길동과 더불어 조선의 3대 도적으로 꼽히는 임꺽정을 내세워 일제 강점기 최고의 문학적 성과로 꼽히는 《임꺽정》을 썼다. 이 소설 속에서 홍명희는 조선시대 서민의 생활 양식을 총체적으로 담아냈고, 그 당시 부조리한 사회 현실을 가감 없이 묘사했다.

홍명희는 소설을 통해서 인간이 인간답게 살아야 하는 이유를 설명했고, 누구나 이 세상에서 평등하다는 것을 강변했고, 무엇보다 이 세상에서 중요한 것은 사랑이라는 것을 강조했다.

1930년 신간회 주최 제2차 민중대회 좌익 운동에 가담하면서 조선문학가동맹의 중앙 집행 위원장이 된 홍명희는 1948년 남북 연석회의에 참석하기 위해 평양에 갔다가 그대로 북한에 남았으며, 북한 최고인민회의 제1기 대의원을 거쳐 부위원장을 지냈다. 과학원 원장, 조국평화통일위원회 위원장 등 여러 직책을 거쳤으며, 1968년 80세에 세상을 뜬 뒤 북한의 혁명열사릉에 묻혔다.

홍명희의 사상적 성향을 어떤 사람들은 배타적 민족주의자 또는 사회주의자로 보기도 한다. 하지만 중요한 것은 일본 제국주의가 종말을 고한 남한에 친일파가 득세해 가는 상황에서 고심 끝에 북한을 선택할 수밖에 없었으리라는 점이다. 수년 동안 금기시되던 북한 문학이 널리 개방되면서 허물어졌던 생가를 다시 복원한 홍명희 생가에 문학 기행 차 찾아오는 사람이 많아졌다.

괴산의 청천면에 있던 용화동을《택리지》는 다음과 같이 적고 있다.

> 청천의 남쪽에는 용화동龍華洞이 있다. 서남쪽으로 속리산과 아주 가까우나 크게 험하지 않고, 자그마하게 들판이 열렸으나 땅은 매우 메마른 편이다. (…) 그 남쪽에 율치栗峙가 있다. 용화동의 물이 청천에서 속리산 물과 합쳐져 북쪽으로 괴강과 송계로 흘러 들어가는데 물가의 위아래로 경치 좋은 곳이 많다.

이승소가 "청안 땅 다달으니 날이 저무는데, 관청이 쓸쓸하기 종의 집과 비슷하네, 돌발 메말라 사람 사는 집 적고, 모점茅店 집 거친데 풀과 나무가 많네"라고 노래한 청안淸安은 1914년까지 하나의 독립된 현이었다. 고려 때 청당현淸塘縣과 도안道安을 합하여 청안이 되었다. 청당은 일명 청연淸淵으로, 고려 초 청주에 소속시켰고 뒤에 감무를 두어 도안을 합하여 겸임하게 했다. 도안현은 본래 고구려의 도서현道西縣인데, 신라 때 도서都西로 고쳐서 고려 현종 9년(1018) 청주에 소속시켰으며 조선 태종 5년(1405)에 두 고을의 백성이 적고 땅이 좁다 해서 합치고 지금 이름으로 고쳐서 감무를 두었다가 태종 13년에 전례에 의하여 현감을 두었다. 고종 32년(1895)에 군으로 승격했고, 1914년에 괴산군에 편입되었는데 청안, 증평, 도안 3개 면과 청원군 북이면, 오창면 일부가 관할 지역이었다.

조선 전기 문신 진의귀陳義貴는 청안을 두고 다음과 같은 시를 한 수 읊었다.

뭇 산은 평야를 둘러 있고
외로운 성 산머리에 의지했네
바람이 비를 불어 연기같이 흩어지네
산 기운이 함께 유연하네
무지개 끊어진 곳 어디 메인가
갈까마귀 깃들이니 해 저물려 할 때로세
한가한 사람 발 걷고 난간에 의지해 있으니

가을 물이 앞 내에 가득하네

하지만 청안은 이름만 남고 괴산군의 속한 자그마한 면이 되고 말았다.

괴산군에 속하던 증평출장소가 나라 안에서 가장 규모가 작은 증평군이 된 것은 2003년 가을이다. 원래 청안군 근서면 지역으로 1914년 군면 통폐합에 따라 증천曾川과 장평莊坪의 이름을 따서 증평이 되었고, 1949년 읍으로 승격되었다. 증평군에서 가장 번잡한 곳은 장뜰 또는 장동莊洞으로 불리던 장평인데, 원래 나무꾼들이 나무를 팔던 곳이 변하여 지금의 번화가가 되었다.

청천 선유동계곡

괴산군 청천면에 청천창青川倉이 있었고, 청천면 청천리에는 우암 송시열의 묘소와 신도비가 있다. 청천면 소재지에서 송시열의 묘로 오르는 길은 계단이 줄을 지어 이어진다. 숨 가쁘게 올라가 송시열의 묘 뒤편에 서서 보면 청천 소재지 너머의 모든 산이 송시열의 묘소를 향해 달려오는 듯하다. 이 묘소가 바로 장군대좌형의 명혈로서 송시열의 후손들이 선택한 길지 중의 길지다. 옛사람들은 청주 상당과 괴산 청천을 아울러 중국의 산둥 지역과 비슷하다고 말했다. 그런데 황현의 《매천야록》에는 송시열과 같은 조선 명신들의 후손들에 대한 웃지 못할 이야기가 실려 있다.

괴산 화양서원

송시열을 제향한 서원으로, 1696년 사액을 받았다.
당시 서원 중에서도 가장 잘 알려진 서원이었으나 고종 때 대원군에 의해 철폐되었다.

화양구곡 파천

송시열이 산수를 사랑하여 화양동에 은거하면서 이곳 9곡을 경천벽, 운영담, 읍궁암, 금사담, 첨성대, 능운대, 와룡암, 학소대, 파천으로 이름지었다 한다. 화양 제9곡인 파천은 개울 복판에 흰 바위가 펼쳐 있으니 티 없는 옥반과 같은 곳이다.

괴산 송시열 묘

원래 송시열의 묘소는 수원 무봉산에 있었으나 1697년 숙종 때 이곳으로 옮겨 왔으며 묘 좌우에는 망주석, 문인석, 무인석이 한 쌍씩 세워져 있다.

송시열 묘비

송시열 묘 앞에 세워져 있는 묘비다. 1736년 영종 때 세워진 묘비는 전면이 묘표, 측면과 후면이 묘갈 형식으로 쓰여 있다.

이문영의 궤변

충무공의 봉사손奉祀孫 이문영李文榮은 외양이 고요하고 기운도 약해 보였다.

병자년(고종 13, 1876) 봄에 구로다 기요타카黑田淸隆가 강화도에 함대를 정박하고 있을 때 조야가 놀라고 두려워했다. 그때 이문영이 마침 대원군을 방문하자 대원군은, "그대는 충무공의 사손이니 왜놈을 격파할 좋은 계책이 있습니까?"라고 농담 섞인 말을 하였다. 그는 즉시 "대감은 걱정하지 마십시오"라고 대답하였다. 대원군이 "그 계책이 무엇입니까?"라고 묻자, 그는 "충무공의 8세손이 이처럼 못났으니, 가토 기요마사加藤淸正의 8세손인들 무슨 용맹이 있겠습니까?"라고 하므로 이 말을 들은 사람들은 포복절도하였다. 이때 전한 말을 들면 구로다 기요타카는 가토 기요마사의 8대손이라고 하며, 이문영은 충무공의 8대손이라고 하였다.

송시열과 이순신의 후손들

선비로는 우암 송시열을 추대하고 충훈忠勳으로는 충무공 이순신을 추대하였으므로, 조선에서는 그들의 후손들을 후하게 대우하여 다른 명신의 가문의 자손과 비교할 수도 없었다. 그러나 그 두 집안 후손들은 관직에 있으면서 재물을 탐하였으므로, 청렴결백하다는 소문을 들은 인물이 없었다.

남쪽에는 속리산이 있고, 동쪽에는 도명산과 가령산 등이 우뚝 서 있으며 그 북쪽에서 산줄기는 백두대간으로 이어진다. 속리산 줄기가 고리처럼 감싸 안았으므로 북쪽은 막혔고 남쪽은 통했는데 그 안에 유명한 마을

괴산 선유동계곡

이중환은 선유동계곡을 화양동계곡과 함께 "금강산 남쪽에서 으뜸가는 산수"라고 칭송했다. 물과 숲이 어우러진 바위 경치가 빼어나 화양구곡과 마찬가지로 아홉 경치를 꼽는다.

이 많다. 예로부터 이 지방에서는 쇠金가 산출되었고, 또 관가와 궁실을 지을 재목이 넉넉하게 나와서 평야에 사는 사람은 모두 여기에 와서 교역하기도 했다.

소나무가 무성한 괴산군 청천면 송면리는 문경, 괴산, 청주 세 고을의 경계였다. 이곳에서 조금 떨어진 청천면 관평리에 선유동계곡이 있다. 일명 선유구곡仙遊九曲으로도 불리는 이곳은 화양구곡華陽九曲에서 화양천을 좀 더 거슬러 올라간 곳에 위치한다. 화양구곡처럼 물과 숲이 어우러진 바위 경치로, 이름조차 1곡에서 9곡까지 차례로 선유동문仙遊洞門, 경천벽擎天壁, 학소암鶴巢岩, 연단로鍊丹爐, 와룡폭臥龍爆, 난가대爛柯臺, 기국암碁局岩, 구암龜岩, 은선암隱仙岩이라고 불러 화양구곡과 비슷한 점이 많다. 화양동계곡이 남성적인 아름다움을 품고 있다면, 이곳 선유동계곡은 여성적이다. '화양동을 먼저 보지 말고 속리산을 먼저 봐야 한다'라는 말은 화양동 경치가 비록 규모는 작지만 속리산 경치보다 아름다워서 화양동을 먼저 보면 속리산의 아름다움을 모르게 된다는 뜻이다. 이 말처럼 화양동의 경치가 빼어나 한 발 한 발 구곡을 따라 걷다가 보면 세상을 잊고 내가 나마저 잊고 걷다가 저절로 자연이 되고 신선이 되는 경이를 느낄 수 있는 곳이 화양동 구곡에서 선유동 구곡으로 이어지는 길이라면 과찬일까? "냇가 바위 벽에 집 한 칸을 짓고, 조용히 앉아 성현의 교훈을 받들며 한치라도 더 올라가 보려네." 주자의 운곡정사雲谷精舍를 본떠서 지은 암서재 벽에 걸어둔 송시열의 친필 현판에도 내가 품은 그 마음이 서려 있는데, 세월도 흐르고 강물도 흐른다.

고개가 많았던 괴산의 연풍

이화령을 넘기 전에 만나는 고을이 괴산군 연풍면이다. 이곳은 조선시대 하나의 현이었다. 서거정이 시에서 "시내 소리가 땅을 다한다" 했고, 조선 영조 때 이름난 시인 이병연李秉淵이 "푸른 산은 역 마을과 잇달았는데, 절반은 흰 구름 속에 들어 있구나"라고 노래했던 연풍의 경계는 동쪽으로 경상도 문경현까지 11리, 남쪽으로 같은 현 경계까지 13리, 서쪽으로 괴산군 경계까지 33리, 북쪽으로 충주 경계까지 50리였고, 서울까지의 거리는 362리였다.

옛날 원님들이 부임할 때 첩첩산중이라 하여 울고 왔다가 살아 보니 순박하고 어진 인심이라 떠나는 것이 아쉬워 울고 갔다는 연풍延豐의 고구려 때 이름은 상모上芼였다. 고려 현종 9년(1018)에 장연長延으로 고쳐서 장풍현長豊縣과 함께 충주에 속하게 했다. 조선을 개국하고 태조 3년(1394)에 두 현을 합하여 감무를 두고 장풍현이라 일컬었고, 태종 3년(1403)에 지금의 이름으로 고쳤다. 그 후 태종 13년에 규례에 의거 하여 현감으로 만들었고, 세종 11년(1429)에 충주의 동촌東村을 분리해 붙이고, 성종 7년(1476)에 또 충주의 수회촌水回村을 분리해 붙였다.

《신증동국여지승람》에는 연풍의 산천 중 다음과 같은 기록이 있다.

> 계립령鷄立嶺은 세속에서 마골재麻骨岾라 한다. 현 북쪽 43리에 있다. 고구려의 온달이 말한 "계립현과 죽령 서쪽이 우리에게로 돌아오지 않으면 나도 돌아오지 않겠다"라고 한 것이 바로 이 땅이다. (…) 조령은 초점草岾이라고도

수옥폭포

괴산면 연풍에 있는 폭포이다. 고려시대 공민왕이 홍건적을 피해
이곳에 피신했었다고 하며, 근처에 수옥정이 있다.

괴산 원풍리 마애이불병좌상

원풍리 마애이불병좌상은 지상에서 높이가 12미터나 되는 암벽을 우묵하게 파고 그 안에 두 불상을 나란히 배치한 마애불로서 우리나라에서는 희귀한 예다.

한다. 현 동북쪽 15리의 경상도 문경현 경계에 있는데, 험하고 막힌 요해지要害地다. 이화현伊火縣은 현 동쪽 7리 문경현 경계에 있다.

백두대간에 자리한 이 일대의 고개들은 높아서 이화령을 오르려면 연풍에서 구불구불한 길을 한없이 올라가야 닿을 수 있었다. 이화령 아래에 터널이 뚫리고 중부 내륙 고속 도로가 개통되면서 유서 깊은 이 고개들의 기능이 사라져 버리고 말았지만 수옥폭포와 원풍리 마애이불병좌상은 지금도 그 자리를 지키고 있다.

연풍면 유하리 동쪽에서 행촌으로 넘어가는 고개인 응고개는 응현, 영고개, 영현으로도 불리는데, 지형이 잘록하여 매처럼 생겼다. 옛날 유도柳島로 귀양을 오는 사람이 이 고개를 한번 넘으면 영원히 돌아가지 못했다고 한다. 유하리 아랫버들미 서남쪽에 있는 오수물은 예전에 마을 중간으로 흐르는 개울 양쪽에 오리나무가 있었다고 해서 붙여진 이름이고, 유하리 오수물 옆에 있는 유도는 달천의 한 지류인 쌍천이 휘돌아 가면서 작은 섬이 형성된 곳으로 옛날 유배지였다고 하는데, 이 지역에 사는 그 누구도 이곳이 귀양지였음을 아는 사람이 없다. 바로 근처인 오수물 앞에는 1904년에 경광국이라는 사람이 지은 정자 일가정一可亭이 있다.

연풍 현감 김홍도 이야기

연풍면은 조선시대의 빼어난 화가였던 단원檀園 김홍도金弘道가 정조

15년(1791)부터 5년 동안 현감으로 재직했던 곳이다. 무엇을 그려도 우리 그림답게 그렸다는 평을 받는 김홍도가 이곳 연풍에 현감으로 있으면서 어떤 활약을 보였는지에 대한 자세한 기록은 없다. 하지만 김홍도가 연풍 현감으로 부임하면서부터 연풍을 포함한 삼남 지방에 내리 3년 동안 가뭄이 극심해 기근이 심했다. 정조 17년에 충청 감사 이형원李亨元이 충청도 일대의 기근 상황을 돌아본 후 "연풍은 두 번째로 피해가 심한 지역에 속하는데, 수령이 나라의 곡식에 의지하지 않고 나름대로 곡식을 나누어 주어 죽을 끓여 먹어 굶주린 백성들이 살아났습니다"라는 내용의 장계를 올렸다. 하지만 다른 지역과 비교할 때 현감에게 상을 줄 정도는 아니라고 했다. 그 뒤 정조 19년 정월에도 충청 위유사 홍대협洪大協에게 정조가 연풍의 사정을 묻자 그가 답한 내용이 《일성록》에 다음과 같이 적혀 있다.

> 여러 해 동안 관직에 있으면서 잘한 일이 하나도 없고, 관장官長의 신분으로 기꺼이 중매를 하고, 하리下吏에게 집에서 기르는 가축을 강제로 바치게 하여 따르지 않는 자에게 화를 내고 심지어 전에 없는 모질고 잔인한 형벌을 내렸습니다. 또 들으니 근래에 사냥을 한다면서 온 고을의 군정을 조발調發하여 결원 수에 따라 날짜를 계산하여 분배해서 벌금을 거두니 경내가 술렁거리고 원망과 비방이 낭자하다고 하였습니다. 그런 까닭에 연풍현의 이방吏房을 잡아다 조사하니, 그가 바친 공초供招가 소문과 털끝만큼도 차이가 없었습니다. 백성을 가혹하게 대하는 이러한 부류는 엄하게 감처勘處해야 합니다.

정조는 김홍도를 현감직에서 물러나게 했다. 김홍도는 유능한 관리자는 아니었고 신선과 같은 삶을 살고자 했던 전형적인 예술가였던 모양이다. 조선 후기 여항 문인 조희룡趙熙龍의 《호산외사壺山外史》에 따르면 김홍도는 끼니를 잇지 못하는 생활 속에서도 그림값 3000냥을 받아 2000냥으로 매화를 사고, 800냥으로 술을 사 친구들과 매화를 감상하며, 나머지 200냥으로 쌀과 나무를 샀다고 한다. 이와 같은 글을 보면 김홍도는 풍채와 태도가 좋았으며, 도량이 넓고 구애받는 것이 없어서 마치 신선과도 같았던 듯싶다. 이러한 김홍도를 정조는 현감으로 천거할 만큼 무척이나 아꼈는데, 정조의 시문집인 《홍재전서弘齋全書》에는 "김홍도는 그림에 교묘한 자로 그 이름을 안 지 오래다. 30년 전 초상을 그렸는데, 이로부터 무릇 회사繪事(그림)에 속한 일은 모두 홍도로서 주장하게 하였다"라고 쓰여 있다.

연풍향교延豊鄕校는 중종 10년(1515)에 창건되었고, 김홍도가 일한 연풍 풍락헌豊樂軒은 충청북도 유형문화재로 지정되어 연풍초등학교에서 관리하고 있다. 인조 6년(1628) 장풍현이 연풍현이 되자 현종 4년(1663)에 현감 성희위成熙胃가 조령 아래에 있는 지금의 자리에 동헌을 처음 지었다. 1912년에 개교한 연풍보통학교가 1920년부터 교사로 사용하면서 흥영관興英館이란 편액을 달았으며, 1965년에 중수하고 1972년 현재의 자리로 이전했다.

연풍초등학교학교 건너편의 천주교회는 본래 죄인들과 천주교도들을 박해하는 데 앞장섰던 연풍의 포도청이 있던 자리이다. 1963년 옛날 죄인들을 문초하던 포도청 터를 매입한 후 그 일대의 논을 사들여 천주교

성지를 조성했는데, 연풍성지는 1984년 교황이 한국을 방문했을 때 성인이 된 황석두의 순교 정신을 기린 곳이다.

괴산군 연풍면과 충주시 수안보면 경계에 위치하는 소조령(작은새재)을 넘으면 문경 땅이다. 문경새재의 제3관문이라고 불리는 조령 관문은 경상도에서 서울로 통하는 큰 길목인데, 이 새재는 조선 태종 때 처음 길을 열었다. 그러나 임진왜란 당시 조선군 총사령관이던 신립이 문경새재가 아닌 탄금대에 진을 설치했다가 대패해서 두고두고 이야깃거리를 만들어 낸 곳이기도 하다. 조령은 숙종 34년(1708) 산성을 쌓고, 영조 28년(1752) 조령 관문을 설치했다. 연풍에서 백두대간에 걸쳐 있는 문경새재는 험준한 두 산 사이에 위치하여 길은 그다지 넓은 편이 아니다.

깨달음의 연못에서 얻은 석불

조선 전기 문인 김분金汾이 지은 시에 "물소리는 수풀 밖에서 급하고, 산빛은 난간 앞에 많다"라고 했던 연풍 정자산亭子山에 각연사가 있다. 현재의 소재지는 괴산군 칠성면 태성리고 산의 이름은 칠보산七寶山이다. 일곱 개의 보물이 묻혀 있다는 칠보산 자락에 자리한 각연사는 신라에 불교가 처음 공인되던 법흥왕 때 승려 유일이 창건했다고 한다. 창건 설화에 따르면, 원래 칠보산 너머 칠성면 쌍곡리 사동(절골) 근처에 절을 지으려고 공사를 하던 중이었는데, 이상하게도 자고 일어나면 목재를 다듬을 때 나오는 대팻밥이 하나도 남아 있지 않았다. 수상한 생각이 든 유일이 잠을 안 자고 지켜보았는데 까치들이 대팻밥을 하나씩 물고 어디론가 날아갔다. 유일이 뒤를 따라가 보니 현재 각연사 자리에 있는 연못에 까치들이 대팻밥을 떨어뜨리고 있었다. 유일이 놀라서 그 연못을 보니 광채가 솟아나고 거기에 석불이 놓여 있었다. 유일은 사동에 짓던 절을 연못이 있는 곳으로 옮기고 '깨달음이 연못 속에서 비롯되었다'라는 뜻으로 절 이름을 각연사覺淵寺라 지었다. 그때의 불상이 각연사 비로전에 있는 석조비로자나불좌상이라고 한다.

각연사는 고려 초에 통일이 중창하면서 큰 절이 되었고, 이후 여러 차례 중수를 거쳐 1899년에는 비로자나불 개금불사가 이루어졌다. 1965년과 1975년에도 몇 차례 중수했지만 절 규모는 크지 않아서 현존하는 당우로는 비로전, 대웅전, 칠성각, 산신각, 요사채 두 동이 있을 뿐이다. 대웅전은 조선 후기에 세워졌으며 정면 3칸, 측면 2칸의 맞배지붕 다포집이다. 법당 동쪽에 흙으로 만든 높이 1.3미터의 승려상이 하나 있는데, 각연사를 창건한 유일이라고도 하고 중국의 달마라고도 한다. 대웅전 바로 위쪽에 있는 건물이 비로전이고, 그 안에 보물인 석조비로자나불좌상이 있다. 화강암으로 조성된 이 불상은 비로전 내에 봉안된 주존불로, 광배와 좌대가 하나도 손상되지 않은 완전한 형태를 갖추고 있다. 이 불상에 지성으로 기도하면 영험이 크다고 하여 신자들이 줄을 잇고 있는데, 조각 수법과 양식으로 보아 신라 하대인 9세기에 조성된 것으로 보인다.

'칠보산 778미터'라고 쓰인 표석 앞에 서면 각연사 뒤쪽으로 보개산(보배산)이 보이고, 모양이 단정하고 수려해서 마치 군자와 같은 자태를 지녔다는 군자산君子山이 한눈에 들어온다. 군자산은 일명 군대산軍岱

山이라고도 하는데, 칠성면 도정리에서 사평리까지 펼쳐진 칠성평야의 남쪽을 가로막고 있다. 군자산은 예로부터 영산靈山으로 알려져 이 산에서 기도하면 귀한 자식을 얻는다는 전설이 전해진다. 산 중턱에는 신라 때 고승 원효가 불도를 닦았다는 원효굴이 있다. 조선 중기에 발간된 《괴산군읍지》에 따르면, 이 산에는 허물어져 가는 백화성白和城이라는 성이 있었으나 지금은 그 성터를 찾아볼 길이 없다. 보개산을 돌아 솟아오른 산이 덕가산이고, 쌍곡계곡 너머로 단풍이 활활 타는 산이 장성봉이다.

칠성면 율지리와 장연면 추점리에서 자라는 나무가 천연기념물로 지정된 미선나무다. 물푸레나무목으로 열매 모양이 부채를 닮아 미선나무라고 불리는 관목이며, 우리나라에서만 자라는 한국 특산 식물이다. 볕이 잘 드는 산기슭에서 자라는 이 나무는 높이가 1미터에 달하고, 가지는 끝이 처지며 자줏빛이 돌고, 어린 가지는 네모져 있다. 꽃은 지난해에 형성되었다가 3월에 개나리꽃 모양의 흰색 꽃이 잎보다 먼저 수북하게 달린다. 연분홍색 꽃이 피기도 하지만 흔치 않다. 개나리꽃은 향기가 없지만 미선나무 꽃은 향기가 뛰어나다. 미선나무는 괴산군과 진천군 일대에서 자란다. 미선나무가 자생하는 지형은 거의 돌밭으로, 척박한 곳에서 자라는 독특한 생태를 가지고 있다.

괴산 각연사 비로전

보개산을 뒤로 한 정남향으로 깊은 산속 양지바른 언덕에 자리한 각연사는 누가 보아도 천혜의 명당이라 생각되는 곳이다. 비로전은 비로자나불을 모시고 있는 법당이다.

괴산 각연사 석조비로자나불좌상

각연사 석조비로자나불좌상은 불상이 앉아 있는 대좌와 몸 전체에서
나오는 광배가 모두 갖춰진 완전한 형태의 불상으로,
진리의 세계를 두루 통솔한다는 의미를 지닌 비로자나불을 표현한 것이다.

비야 오지 마라 대추 꽃이 떨어지면

보은 사람들이 대추를 자랑하듯이 대단치도 않은 것을 가지고 크게 자랑한다는 뜻으로 쓰는 '청산, 보은 사람 대추 자랑하듯 한다'라는 말이 있다. '청산, 보은 색시 입처럼 뾰족하다'라는 말은 말 그대로 보은의 처녀들이 대추를 많이 먹어서 입이 대추씨같이 뾰족하다는 말이다. '청산, 보은 처녀는 장마 지면 운다'라는 말이 만들어지게 된 연유는 대추 산지인 청산, 보은 처녀들이 장마가 지면 대추 흉년이 들어 시집갈 밑천이 없어질 것이라는 말이다. "비야 비야 오지 마라/대추 꽃이 떨어지면/보은 청산 시악시/시집 못 가 눈물 난다"는 옛 노래도 남아 있는 청산과 보은의 대추는《택리지》에서도 찾아볼 수 있다.

> 청산靑山은 북쪽 보은報恩과 경계가 맞닿았는데, 보은은 땅이 매우 메마르다. 오직 관대館垈(현 보은군 마로면 관기리 일대)가 속리산 남쪽과 증항甑項(현 속리산면 구병산 근처) 서편에 위치하여 들이 넓고 땅이 기름지니 살 만한 곳이다. 청산과 보은 두 고을은 모두 대추가 잘 되어서 백성들이 대추를 팔아 생계를 꾸린다.

보은은 대전, 청주, 상주, 영동으로 연결되는 교통의 요지다. 삼국시대에는 백제, 신라, 고구려의 군사적 충돌이 잦았던 곳이다. 보은 북쪽에 우리나라 산성을 대표할 만한 석축 산성인 삼년산성三年山城이 있다.《삼국사기》에 따르면 삼년산성은 신라 자비왕 13년(470)에 상주의 사벌성

© 유철상

보은 삼년산성

삼년산성은 470년에 만들어진 한국 최초의 석성이다.
삼국 통일에 결정적인 역할을 한 수많은 전투 중에서도 함락되었다는 기록이
단 한 번도 나오지 않을 정도로 삼년산성은 철옹성이었다.

沙伐城을 점령한 신라가 보은으로 나와 쌓은 것이다. 이 성은 고구려의 남진을 저지하면서 백제와의 대립에서 측면 공격을 할 수 있는 전략 지점이어서 신라가 서북 지방으로 진출하는 데 가장 중요한 전초기지가 되었다. 즉 삼년산성은 신라가 삼국 통일을 이루는 데 중요한 토대가 되었다.

삼국시대에는 보은 일대를 삼년군三年郡 또는 삼년산군三年山郡으로 불렀다. 군의 이름을 따라 산성의 이름이 붙은 것 같지만, 《삼국사기》에는 성을 쌓는 데 3년이 걸렸기 때문에 삼년산성으로 부른다고 기록되어 있다. 한편 《세종실록지리지》에는 오항산성烏項山城으로, 《신증동국여지승람》과 《충청도읍지》에는 오정산에 있다고 하여 오정산성으로 기록되어 있다.

삼년산성은 소지왕 8년(486)에 이찬 실죽實竹을 장군으로 삼아 경상도 일선(현 경상북도 구미)의 장정 3000명을 징발하여 개축했다고 한다. 1980년대까지만 해도 민가가 20가구쯤 있어서 성안의 마을을 삼년성 그리고 성 밑의 마을은 성밑이라고 불렀다는데, 민가는 성 밖으로 옮겨지고 현재 성안에는 보은사라는 절이 하나 있을 뿐이다.

보은 북쪽에 딸린 회인면은 조선 후기까지만 해도 회인현懷仁縣이었다. 백제 때 미곡현未谷縣이 었고 신라 때 매곡昧谷으로 고쳐서 연산군의 영현으로 삼았고 고려 초에 회인으로 고쳤다. 그 뒤 1914년에 회인군을 회남, 회북 등으로 쪼개면서 보은군에 딸린 하나의 면으로 전락하고 말았고, 2007년에는 회북면을 회인면으로 변경했다. 회인은 조선시대에는 청주, 문의, 회덕 등지에서 속리산 법주사로 갈 때 지나는 곳이므로 보은으로 가는 도로가 발달했다.

'회인현에 감사 든 것 같다'라는 말이 유래했는데, 이는 좁은 회인골에 감사가 든 것처럼 박신거리며 소란스럽다는 뜻이다. 이승소의 시에 "거듭된 멧부리와 겹겹의 고개 멀리 서로 연했고, 길은 양羊의 창자처럼 둘렸으니 말이 나아가지 못하네"라고 했던 회인의 진산은 하마산何麽山이었다고 한다. 회남면과 회인면 그리고 수한면 사이에 걸쳐 있는 국사봉 정상에는 수령 300년이 넘는 소나무가 있다. 그 주변에는 고려시대의 명장 최영이 쌓았다는 좌월대坐月臺도 있다. 회인면 부수리와 애곡리 사이에 있는 아미산蛾眉山(매곡산)은 모양이 나비의 눈썹을 닮았다고 하여 이런 이름이 붙었는데, 이 산에는 둘레 627미터, 높이 3~4미터의 석성인 매곡산성이 있다.

보은군 회인면과 청주시 상당구 가덕면의 경계에는 피반령皮盤嶺이 자리 잡고 있다. 피반령이 《신증동국여지승람》에는 피반대령皮盤大嶺이라는 이름으로 "고을 북쪽 15리에 있으며, 고갯길이 아홉 번 꺾여 가장 높고 위험한 곳이다"라고 쓰여 있다. 회인면 쌍암리 지바위에서 신문리로 넘어가는 고개가 먹고개고, 회인면 쌍암리에서 내북면 세촌리 느리울로 넘어가는 고개가 보은장을 보러 다닐 때 넘었던 장고개다.

보은 회인에서 태어난 인물로는 공직과 홍윤성을 들 수 있다. 공직龔直은 신라 말에 이곳 회인의 장군이 되어 견훤의 휘하에 있던 사람으로 견훤이 후계자를 정하는 과정을 보고 그의 아들 영서와 함께 고려 태조 왕건에게 갔다. 고려 태조 왕건은 그에게 대상大相을 제수했다. 공직은 벼슬이 좌승左丞에 이르렀고, 시호는 봉의奉義다.

조선 전기의 문신인 홍윤성洪允成은 젊어서 불평객不平客으로 행동에 구속받지 않았는데, 문종 원년(1450) 식년문과에 병과로 급제하여 승문원 부정자에 임명되고, 무재武才가 있어 특별히 사복시 주부를 겸했다. 문종의 명을 받아 《진서陳書》를 찬술할 때 좌랑으로서 참여하면서 수양대군과 인연을 맺었다. 그 뒤 문종이 죽고 어린 단종이 즉위하자 수양대군에게 왕이 어리고 나라가 위태로우니 정국을 바로잡을 큰일을 모색해야 한다고 진언하고는 권람權擥을 모사謀士로 천거했다.

단종 원년(1453)에 수양대군이 단종의 보좌 세력인 황보인, 김종서 등 원로대신을 살해하여 제거하는 계유정난을 일으킬 때 적극적으로 가담하여 홍윤성은 정난공신이 되었다. 이어서 사복시 판관으로 승진하고 장령을 거쳐 세조 원년(1455)에는 판사복시사가 되었다. 같은 해 세조의 즉위를 보좌한 공로를 인정받아 홍윤성은 좌익공신이 되었다. 예종 1년(1469) 사은사로 명나라에 다녀온 뒤 영의정에 올랐으며 이듬해에 성종의 즉위를 보좌한 공으로 좌리공신이 되었다. 홍윤성은 성질이 사나워서 권세를 얻은 뒤에는 행의를 돌아보지 않고 오로지 기세로 다른 사람을 죽이는 일까지 있었으나, 세조는 그가 정안공신이라는 이유로 단지 책망만 할 뿐 벌을 주지는 않았다.

8

충청도와 경상도의 길목

추풍령 굽이마다 한 많은 사연

산 높고 물 맑은 옥천

옥천沃川은 신라 때 고시산군古尸山郡이었고 조선 태종 때 지금의 이름으로 바뀌었다. 북쪽으로 금강과 인접하고, 서쪽은 대전과 고개 하나를 사이에 두고 있다. 옥천은 산천이 수려하고 깨끗하며 흙빛이 맑아서 서울의 지세와 비슷하다. 《택리지》에는 "들이 매우 메말라서 논에서 수확이 적고, 주민은 오직 목화를 심어 생계를 유지하는데, 이곳 땅이 목화 재배에 알맞기 때문이다"라고 기록되어 있다. 하지만 지금은 목화 대신 포도와 감 등이 자리를 차지하고 있다. 옥천에 대해 남수문은 기문에서 "산 높고 물 맑으며, 땅이 기름지고 물산은 풍부하다"라고 했다.

금산, 영동, 옥천을 지나는 금강을 '적등강赤登江'이라 부르며 강물은 남쪽에서 북쪽으로 흐른다. 경부선 철교가 보이는 이원면에 옛날 적등진이라는 나루가 있었다. 옥천과 영동 중간에 위치하여 영남과 호서를 잇는 중요한 길목이었다. 추풍령을 넘고 금강을 건너 서울로 통하는 요충지였던 적등원 옆에는 적등루라는 누각이 있었지만 지금은 누각이 있었다는 사실조차 아는 사람이 별로 없다. 서거정은 〈적등루기〉에 이렇게 쓴 바 있다.

> 옥천은 사무가 번잡한 고을로 남쪽의 집중지다. 서울에서 충청도로 가고 충청도에서 경상도로 가는 길목이어서 사신과 여행자들의 오가는 말굽과 수레가 날마다 서로 잇따라 있다. 군의 동남쪽 30리쯤에 속읍이 있으니 이산利山이라 하고, 강이 있어 넓이 수십 리에 가로질렀으니 적등이라 한다. 그 위에 원이 있고 누각이 있으니 참으로 큰길 거리의 중요한 곳에 자리 잡고 있다. 크게 더울 때나 몹시 추울 때나 모진 바람 불고 비 오는 괴로운 날에 길가는 이들이 여기에 와서 머물고, 혹은 물을 건너기 어려울 때나 길이 늦었을 때, 마소가 모자라거나 도둑의 염려가 있을 적에는 여기서 쉬기도 하고, 누에 올라 구경하기도 하고 하룻밤 묵기도 한다. 추울 때는 따뜻하게 해 주고 더울 적에는 서늘하게 해 주니, 사람들에게 덕을 줌이 어찌 적다 하겠는가. 그러나 건물을 지은 지가 오래되어 헐어서 거의 없어지게 되었다.

조선 전기 문신 이직李稷은 "오가는 길손들이 하루에 만 명이 넘어, 다투어 강을 건너는데 배는 한 척뿐. 다시 적등루에 올라 시를 지으니, 갈매기도 한가로이 물 가운데 떠 있구나"라고 노래했는데, 사실 바다와 멀리 떨어져 있으므로 당시 적등진에서 갈매기는 볼 수 없었을 것이다.

적등진을 지난 물길은 옥천 동쪽에 있는 청성면에 와서 속리산 자락의 보은군 내북면 하궁리에서 비롯된 보청천과 합쳐지고, 서쪽으로 굽이져 흘러 금강이 된다. 적등강의 동편이 장수, 무주, 영동, 황간, 청산, 보은이

적등진

영남 지역 선비들이 추풍령을 넘어 서울로 가던 중요한 길목으로,
적등진과 이원이라는 원집이 있었다. 지금은 경부선 열차가 지나고 있다.

고, 서쪽이 진안, 용담, 금산, 옥천이다. 장수, 무주, 용담, 진안은 전라도 땅이고, 옥천, 보은, 청산, 영동, 황간은 충청도 땅이다. 무주와 장수는 덕유산 밑에 있는데, 큰 산과 깊숙한 골짜기들이 많다.

성인이 주신 아들 송시열

적등진 근처의 이원면 용방리 구룡촌은 뒷산 봉우리가 아홉 개로, 아홉 마리의 용이 구슬을 두고 다투는 구룡쟁주형九龍爭珠形의 명당으로 알려졌다. 그래서인지 이 마을에서 조선시대의 큰 학자인 우암尤菴 송시열宋時烈이 태어났다. 그의 자취를 기념하기 위하여 '송우암 선생 유허비'를 세우고, 용문영당龍門影堂을 지어 송시열의 영정을 모시고 해마다 제사를 지내고 있다.

《조선왕조실록》에 3000번이 넘게 언급된 송시열은 조선 선조 40년(1607) 충청북도 옥천군 이원면 용방리 구룡촌에 있는 외가에서 태어났다. 송시열의 아버지 송갑조는 송시열이 태어나기 전날 밤 종가의 제사를 모시기 위해 청산에 가 있었다. 그날 밤 꿈에 공자가 제자들을 거느리고 오더니 한 제자를 가리키며 "이 사람을 그대에게 보내니 잘 가르치게"라고 했다. 그런 연유로 송시열의 어릴 적 이름을 '성인이 주신 아들'이라는 뜻으로 성뢰聖賚라고 지었다.

송시열은 27세 때 과거에 응시했으나 시관試官들로부터 규정에 맞지 않는다는 이유로 떨어질 뻔했으나, 수석 시관이었던 최명길崔鳴吉이

"장차 이름난 대유학자가 될 사람이며, 평범한 논설이 아니다"라고 주장하여 장원으로 급제했다.

송시열은 조선의 동인, 서인, 노론, 소론의 4당파 중 노론의 영수였다. 그가 화양동에 행차하자 지금의 청주시 미원면에서부터 수많은 사람이 그 길에 부복했다고 하며, 그를 모신 향배 서원이 70여 군데, 사액 서원만도 37개에 달했다. 송시열은 계집종이 죽자 제문을 지어 묻어 주었고, 한 필밖에 없던 말이 호랑이에게 물려 죽자 먹지 말고 매장하게 했다. 그는 생전에 쇠고기를 먹지 않았다. 사람들이 그 연유를 묻자 사람을 위해 경작을 하는데 나중에 잡아먹는 것은 가혹하기 때문이라고 했다.

율곡 이이의 학문을 이어받은 기호학파의 중심인물이었던 송시열은 기사환국으로 제주도로 유배되었다. 장희빈이 낳은 아들(훗날의 경종)에게 원자 호칭을 부여하는 문제로 숙종 15년(1689)에 발생한 기사환국으로 서인이 축출되고 남인이 세력을 잡았고 그 와중에 송시열이 세자 책봉을 반대하는 상소를 올린 것이다. 그러다가 서울로 압송되어 가던 중 전라도 정읍에서 사약을 받았는데, 땅에는 거적 한 장만이 깔려 있었다. 제자들이 자리가 추하니 바꾸는 것이 좋겠다고 권하자, 송시열은 "선인(아버지)께서는 돌아가실 때 이만한 자리도 못 까셨네"라고 거절한 뒤 사약을 마셨다고 한다. 그날이 숙종 15년 6월 8일로 그의 나이 83세였다.

그곳이 차마 꿈엔들 잊힐 리야

옥천 사람 남문수는 기문에서 "옥천은 충청도의 이름 있는 고을이다. (…) 영특한 인재들이 여기에서 나온다. 그러므로 선비들의 학문이 다른 고을에 비해 으뜸간다" 했다. 이런 인재의 고장에서 시인 정지용이 태어났다. 우리나라 사람들의 마음에 오랜 그리움으로 남아 있는 고향에 대한 애틋한 감정을 샘물처럼 솟아나게 한 〈향수〉의 시인 정지용은 1903년 충청북도 옥천군 옥천읍 죽향리 하계마을에서 태어났다. 이 지역 사람들이 구읍舊邑이라고 부르는 하계마을은 일제 강점기에 철도가 놓이기 전까지는 옥천의 중심지였다. 정지용의 집안은 가난하기 이를 데 없었다. 정지용의 아버지는 만주를 방랑하며 익힌 한의술로 고향에서 한의원을 하며 농사를 지었다. 정지용은 4대 독자였다. 12세에 결혼했으며, 14세에 "엷은 졸음에 겨운 늙으신 아버지"와 "검은 귀밑머리 날리는 어린 누이" 그리고 "아무렇지도 않고 예쁠 것도 없는 사철 발 벗은 아내"가 있는 고향 옥천을 떠났다.

정지용은 대학 시절 조선과 일본 두 나라의 잡지에 〈카페·프란스〉, 〈이른 봄 아침〉, 〈바다〉, 〈향수〉 등을 발표하여 문단에 신선한 감각과 이미지를 보여 줬다는 평가를 받으며 큰 반향을 일으켰다. 진정한 한국의 현대시는 정지용에게서 시작되었다는 견해가 있을 만큼 우리 문학사에 뚜렷한 획을 그은 정지용은 1950년 한국전쟁 와중에 홀연히 서울에서 사라졌다. 북한군 문화선전대에 참여했다고도 하고 북한군의 폭격에 사망했다는 설도 있다. 학계와 가족들은 정지용이 납북된 것으로 보았으나 정부

정지용 생가

정지용은 옥천에서 태어나 보통학교를 졸업할 때까지 이곳에 살았다.
본래 생가가 허물어져서 1996년 옛 모습 그대로 복원했다.

에서는 월북 작가로 분류하여 그의 작품은 어둠 속에 묻혀 버렸고 학계에서는 연구조차 불가능했다. 그러다가 1988년에 와서야 비로소 정지용의 시가 해금되면서 1989년 5월 14일 옥천읍 한가운데 있는 관성회관 옆 공원에 정지용의 동상과 시비가 세워졌다.

한편 지금은 옥천군에 속하는 하나의 면이 된 청산현靑山縣 객관 북쪽에 있는 백운정白雲亭을 두고 조선 전기 문장가 김수온金守溫이 지은 기문을 보자.

> 내 고향이 청산에서 떨어지기를 겨우 십여 리여서 왕래할 적에는 반드시 그 정자 아래를 지나게 된다. 그러므로 여기 감무監務로 있는 이를 내가 알고 사귀지 않은 사람이 없다. 금년 여름에 최군이 청산에 와서 정무를 살핀 지 마침 2년이 되었는데, 내게 편지를 보내기를 "이제 동헌 위에 있는 조그만 정자를 고쳤는데, 바로 선생님께서 일찍이 오르시던 정자입니다. 어찌 정자의 이름을 짓고 그 이름을 기록하여 두 고을의 자제들에게 외우도록 하지 않겠습니까"라고 하였다.
>
> 나는 화답하기를 "(…) 정자가 넓은 들을 굽어보고 가까이는 큰 시내를 안고 있다. 밝은 달을 끌어당기며 맑은 바람을 끌어안고서 실컷 바라보는 것이 진실로 이 정자의 경치다. 이런 뜻으로 정자의 이름을 짓는 것도 좋을 듯하지만, 이는 정자에게 중요한 것이 아니다. 이 고을 이름이 청산이니 만일 이름을 짓는데 백운이라 하지 않고 딴 이름으로 짓는다면 이는 온갖 사물을 널리 아는 사람이라 할 수 없다. 왜 그러냐 하면 푸른 산에는 흰 구름이 없는 데가 없고, 흰 구름에는 푸른 산이 없는 경우가 없기 때문이다. 옛사람의 시에 '청산은 백운

밖에 푸르고 푸르며, 백운은 청산 속에 희고 희다靑山靑靑白雲外, 白雲白白靑山中'라고 한 것이 이를 두고 말함이다.

이 고을은 높은 산과 큰 물 사이에 있어 겹겹한 봉우리와 첩첩한 멧부리가 울울하고 창창하니, 그대가 만일 새벽에 이 누각 위에 올라가서 눈을 들어보면 흰 구름이 유연하게 생겨 마치 부슬부슬하고 자욱해서 금세 하얀 옷과 같고 금세 또 푸른 개와 같을 것이다. (…) 세상에는 푸른 산과 흰 구름을 사랑하여 병풍에 그것을 옮겨 그리는 사람이 있다. 자네는 청산의 수령으로서 백운정에 올랐으니, 어찌 살아 있는 그림 속의 한 신선 같은 선비가 아니겠는가? 나는 늙고 병들어 대여섯 번 글을 올려 물러가기를 청하였으니, 혹 주상의 은택을 입어 고향으로 돌아갈 것을 허락하시어 그대와 함께 이 정자 위에서 술 한잔 마셨으면 창안백발蒼顔白髮로 더욱 청산과 백운에 마땅할 것이로다" 하였다.

개혁가의 아내는 노비가 되어

옥천은 김옥균의 부인과 딸이 이곳 아전의 노비로 팔려와 고난의 시절을 보낸 곳이기도 하다. 김옥균의 부인 유씨가 친한 일본인에게 보낸 편지가 1895년 3월 7일자 일본 신문 《시사신보》(이규태, 《한국여성의 의식구조》 제2권 재인용)에 다음과 같이 실렸다.

갑신 시월 열이렛날(음력)의 밤, 이 큰 변이 일어나 일이 어떻게 되어 나갈지 가슴 조이고 있었던지라, 두 밤을 새운 열아흐렛날에는 소신을 잡아 가두라는 명이 내렸다 하거늘 세상 일이 이렇게 되면 숨는 것이 도리임을 아는 바이오나 이렇다 겁을 먹는 것은 아니며, 그저 겁결에 조급히 일곱 살 먹은 딸년을 업고 오래 살아 정든 집에서 빠져나왔던 것입니다. (…)

형세가 이러하니 우리 운명도 다했나 보다고 일단은 체념도 했사오나 다시 맘을 가다듬어 어린애 다시 들추어 업고 친정을 등지고 이름도 모르는 마을들을 발 가는 대로 맡겨 충청도 천안의 시집에 찾아들었던 것입니다. 생각했던 대로 이 집도 민족閔族이 노리던 터라 포도청의 포졸들이 옹기종기 망을 보고 있는지라 바로 발길을 돌려 배고파 울어대는 딸년을 달래가며 친정 선조의 묘소가 있는 옥천으로 발길을 돌렸던 겁니다.

시월도 가고 동짓달에 접어들면서 그 땅에 이르러 아는 이의 집에 숨어 있었사오나 운이 없어 옥천 현감에게 눈치를 채여 을유 정월 열아흐렛날 한 계집 염탐꾼과 포리 때문에 포승에 얽히우는 치욕을 당해 옥천 옥사에 갇힌 몸이 되었던 것입니다.

오랜 옥중의 쓰라림을 견딘 끝에 정鄭 모라 하는 아전 집에 비녀婢女로 하천되어 팔려가게 되었습니다. 이 정 모란 분은 친정아버지에 입사한 적이 있는 노인으로 지난날의 은혜를 생각하여 따로 한 집을 새로 짓고 비녀로서가 아니라 힘닿는 대로 극진히 대해 주어 우리 모녀는 4년 동안 이와 같은 목숨을 이을 수가 있었나이다. 하오나 이 동안의 어려움이란 비길 나위가 없고, 인간 세상에 있을 수 있는 온갖 괴로움을 고루 참고 이보다 더한 고생도 있으려니 맘을 달래어 살았사오나 숙업宿業을 못다 하고 여액餘厄을 못다 치루었음인지 가주家主 정씨가 현청縣廳의 관금을 횡류했다는 죄과로 가산이 남김없이 몰수되고 우리 모녀는 다시 몰수된 재산 품목에 끼어 팔려 나갔던 것입니다. (…)

한 시대의 뛰어난 천재이자 혁명가였던 김옥균의 아내와 딸이 혁명의 실패로 노비가 되어 주인의 재산 품목에 끼어 이 땅을 떠돌았다.

김옥균의 아내가 옥천에 있을 때 일본식 선술집 같은 가게에서 일하며 딸과 함께 근심 걱정으로 하루하루를 근근이 보내고 있었다. 그때 김옥균을 흠모했던 병참부 사령관 육군 보병소좌 미나미 고시로南小四郎가 박영효의 조선인 통역관 이윤태李允杲와 함께 백방으로 수소문해 김옥균의 아내와 딸을 옥천에서 찾아냈다. 그 뒤 두 모녀는 내무대신인 박영효의 비호를 받으며 살고 있었다.

조선 정부로부터 김옥균에 대한 특사의 명이 있자 후쿠자와 유키치福澤諭吉는 문하생이자 당시 대의사代議士였던 고가네이 곤자부로小金井權三郎가 조선으로 건너가게 되자 그에게 김옥균의 위패를 김씨 유족에게 전해 달라고 부탁한다. 고가네이 곤자부로가 김옥균의 아내를 만난 것은 1895년 5월 10일 경성 전동 거리에 있는 유진근兪鎭瑾의 집이었다. 유진근은 미망인의 친동생이다. 구스우 도스케葛生東介의 《김옥균》(윤상현 옮김)에 당시 정황이 고가네이 곤자부로의 회고로 남아 있다.

> 미망인은 금년 47세로, 키가 크고 피부가 거무스름하여 언뜻 보아도 그녀가 현명한 부인임을 알 수 있으나, 얼굴빛에 떠도는 초조함은 12년간 떠돌며 숨어 지낸 모습임을 상기시키기에 충분하다. 조선 관습상 부녀자가 이처럼 외국 남자를 마주 대하는 것은 좀처럼 없는 일로, 미망인은 처음 나를 만났음에도 불구하고 두려워하거나 머뭇거리는 모습 없이 말씨가 명석하고, 행동거지는 침착하니 진정 김옥균 씨의 영규令閨(남을 높이어 그의 아내를 이르는 말)로 부끄러

울 것이 없는 여장부였다. 그녀의 딸은 방년 29세로, 맑은 눈동자에 새하얀 치아, 그리고 몸은 가냘프고 피부는 희며 어머니를 닮아 키가 컸다. 또한 어머니에게 물려받았는지 그 기상도 굳세며, 선천적으로 영리한 아름다운 처녀였다. 그리고 나와 미망인 두 사람이 대화할 때에는 항상 자신의 몸을 낮춰 어머니 뒤쪽에 가려 비스듬히 앉아 손님을 대하는, 그 초연하고 다정다한多情多恨한 모습(기자는 그 모습이 '춘화추월春花秋月'에 이를 바가 없다고 말한다)에는 비록 말은 하지 않았으나 느끼는 바가 컸다. 모녀의 생활은 매우 검소하여 오래된 하얀 옷도 몇 번인가 기우고 빨아 단정하게 입은 모습으로 다시 한번 우아한 인품을 자아낸다. 살구나무의 가벼운 비단이 비로소 따뜻함에서 벗어났는데杏子輕紗初脫暖. 배꽃 핀 깊은 뜰에 절로 바람이 잦구나梨花深院白多風.

모녀의 풍모를 이렇게 평한 고가네이 곤자부로가 미망인과 나눈 이야기는 다음과 같다.

"작년 김씨가 흉변을 당한 보도를 접하고 난 이래, 그 지인 중에는 그를 위해 추모하며 공양하려는 자가 틀림없이 많을 것이다. 그렇지만 가장 빨리 불단을 세워 위패를 모시고 불사佛事를 드린 것은 아마도 우리 집일 것이다. 그러니 만일 김씨가 죽은 후에도 혼령이 있다면 꿈속의 넋이라도 자신이 그리워하던 곳에 반드시 위패가 있어야 한다. 다행히 나는 김씨와 아주 친한 관계였기에 그의 조국에 가서 내가 김씨의 유족을 만나 내가 김씨를 생각하는 마음을 전하고 이 위패를 친히 미망인에게 드려야 한다"고 하였다. 말이 미처 끝나기도 전에, 미망인은 나를 향해 "지금 후쿠자와 선생의 귀한 제자인 당신을 만나는 것은 마치 남편의 은인인 선생을 만나는 것과 같이 생각되며, 또한 죽은 남편의 친구인 귀하를 만나는 것 역시 죽은 남편을 만나는 것과 같습니다."라고 하였다.

말을 마친 미망인은 두 눈에 가득 고인 눈물을 터트리며 오열했다. 그 모습에 일행들은 아무 말도 못 하고 망연자실한 채 조용히 눈물만 흘릴 뿐이었다. 미망인의 이야기는 계속 이어진다.

지금 또 귀하에게 죽은 남편의 생사生死 전후 사정을 자세히 들을 수 있게 되었으니 어찌 비통함을 견딜 수 있겠는가. 우리의 감정이 이내 값은 감정에 빠진 것을 부디 책망하지 말아 주시길. 이 몸은 정이 남아 있는데此身爲有情, 또 어찌 죽음을 참으라 하는가又何忍死耶. 남편이 살아 있을所天在世 때, 부족하나마 저의 딸이 남자였다면 저 멀고 험한 파도를 넘어 일본으로 건너가 사려 깊은 선생의 은의를 감사드리고 싶어도 여자의 허약한 몸으로 어떻게 생각하는 바를 전달할 수 있겠는가. 다만 마음만 공연히 안타까울 뿐. 더욱이 당시에는 조선의 변란이 횡행할 때라 한 치 앞을 내다볼 수 없는 위험에 언제 제가 당할지 염려되어 바람에도 걱정하는 신세이다 보니 서간 또한 쓸 수가 없었고 이 변란 중에 겨우 목숨만 유지할 수 있었을 뿐. 언제고 편지를 보내 선생께 용서를 바라고자 하니 바라건대 귀하가 다행히 소첩의 심경을 헤아려 주셨기에 선생에게 대신 사과해 주오. 실은 후쿠자와 선생의 후의는 죽어도 잊을 수 없다고 떨어지는 눈물을 닦으면서 말하길 수차례. 선생의 마음에 깊게 감동한 듯 보였다.

> 나는 이 말을 듣고 미망인을 위하며 말하길, (…) 따님 역시 나이가 젊어 앞날이 창창하니 지금부터 자신의 뜻을 세워 도쿄로 유학을 떠나 훗날 조선여자교육의 선구자가 되었으면 하니 부인의 고견이 어떠한지 결정해 주시길 바란다. 다행히 이 일이 성사되면 비단 따님의 행복뿐만이 아니라 하늘에 있을 남편 김옥균의 혼도 역시 편안하게 눈을 감을 것이다. 따님이 만일 도쿄에 유학가게 된다면 학비 같은 문제는 내게 여러 방법이 있으니 굳이 부인이 염려할 필요 없다.

김옥균의 아내는 고가네이 곤자부로의 권유를 정중히 사양했다고 한다. 그때 김옥균의 딸이 일본으로 유학을 가서 신교육을 받았더라면 어떠한 일이 일어났을까? 드라마보다 더 드라마틱한 역사의 격랑을 살다 간 사람들, 그 몇 사람들에 의해 역사는 일보 일보 진전해 온 것이다.

학은 날아갔어도 누는 그대로 있고

길동군吉同郡이었다가 신라 경덕왕 때 지금의 이름으로 고쳐진 영동永同은 "풍속이 소박하고 너그러움을 높이 여긴다"라고 《여지도서》에 실려 있다. 1914년 행정 구역 개편에 따라 황간현과 합쳐져서 영동군이 되었으며 황간은 하나의 면이 되었다. 황간黃澗은 본래 소라召羅였다가 신라 경덕왕 때 지금의 이름이 되었고 영동현의 영현領縣으로 삼았다. 고려 현종 때 경산부京山府에 속하고 뒤에 감무를 두었다. 《여지도서》에 황간은 "백성들의 풍습이 순박하고 조심성이 많으며 검소하고 재물을 아끼니 영남 지방의 기풍이 있다"라고 실려 있다. 그런데 이와 다르게 옛날 충청도 황간의 인심이 나빠서 볼기를 혹독하게 때렸다는 데서 나온 '더러워 황간읍에 가 볼기 맞겠다'라는 말도 있다. 황간의 읍성을 두고 이첨은 다음과 같은 기문을 남겼다.

황간은 산골 마을로서 동서로 가는 사신들이 수십 리를 가야만 위험한 곳을 벗어나게 된다. 이제 이미 큰 언덕에 의지하여 성을 쌓았는데, 큰 시내를 끼고 해자를 파서 백성들이 살 수 있는 한계를 지었으니, 가히 성을 완전히 하여 사람들을 모은 것이 된다. 그러나 제도를 바야흐로 새롭게 하는 터에 공관이 낮고 비좁은데 왜 증축해서 올라가 노닐 만한 곳을 만들어 답답한 마음을 통창하게 하고, 맑고 시원한 것을 맞아들여 마음을 비워서 백성들을 다스리게 하지 않는가. (…) 옛날 현으로 승격되기 전에는 사는 백성이 적고, 소나무와 참나무만이 하늘을 가려 가장 그윽하고 깊숙한 데다가, 들짐승이 맘대로 뛰놀고 도둑들이 노략질하기 때문에 여기를 지나는 자는 반드시 떼를 지어야만 비로소 다니곤 하였다. 경오년에 지금 공주 목사로 있는 영주永州 이언李𡶶이 전삼사 좌윤으로서 비로소 이 고을 감무가 되매, 백성들의 고통스러움을 개탄하고 이것을 없애기 위해 힘써서 호구가 날마다 늘고 전답은 날마다 개간되고 사람을 해치는 자는 모두 사라지게 하였다. 이에 나무를 베어 내고 돌을 쪼개어 이 성을 쌓아서 며칠 안 되어 공사가 완성되어, 백성들은 성에 전보하게 되고 성은 덕德에 보전하게 되었으니 이후의 공이 더욱 빛이 있도다. (…)

황간의 초강천 주변 높다란 언덕배기에 가학루라는 정자가 있다. 영동 가학루는 조선 태조 2년(1393)에 황간 현감을 지낸 하첨河詹이 처음 세웠고 그 뒤 경상도 관찰사 남재南在가 '가학루'라는 편액을 달았다고 한다. 가학駕鶴이라는 이름은 '천지의 시초를 초월하고 도의 본체와 어울려 바람을 타고 노니는 신선이 된다'는 뜻을 담은 것이다. 영동군 황간의 송계서원에 제향된 조선 전기 문신 조위曺偉가 〈가학루중수기〉에 다음과 같이 썼다.

> 황간 고을은 층층한 산마루를 의지하고 절벽을 굽어보고 있다. 동남의 모든 구렁의 물들이 그 아래로 꺾이어 서쪽으로 흐르는데, 세차게 흘러 돌에 부딪히면 거문고와 비파, 피리 같은 소리가 주야로 끊이지 않는다. 고을 서쪽 5리쯤 되는 곳에 봉우리가 우뚝 솟아 들여다보고 섰는데, 가운데 청학굴青鶴窟이 있다. 바위골이 그윽하고 깊으며 연기와 안개가 아득하여 지나가는 사람은 인간 세상 경계가 아니라고 의심한다. (…)

임진왜란 때 불타 버린 것을 광해군 때 다시 세웠고 이후 역대 황간 현감들이 여러 차례 중수했으며 충청북도 유형문화재로 지정되었다. 정면 4칸의 팔작지붕 집인 가학루는 측면의 한쪽은 3칸이고 다른 한쪽은 2칸인 독특한 구조인데, 여러 차례 고쳐 짓는 와중에 지금처럼 달라진 것으로 보인다.

세종 때 정승을 지낸 이원李原은 가학루를 두고 다음과 같은 시를 읊었다.

영동 가학루

황간향교 앞 초강 위쪽에 자리 잡은 가학루에서 바라보면
추풍령을 넘나드는 모든 길손을 한눈에 바라볼 수 있다.

집이 공중에 높이 솟았으니
여기 올라와 종일토록 머무네
구슬 같은 봉우리 난간에 닿아 빼어났고
금 같은 시냇물은 마을을 안고 흐르네
길은 긴 들 밖으로 나갔고
성은 큰 들머리에 임해 있네
이것은 아마도 선경仙境 속에서
학을 타고 바람 따라 노님인가 의심하네

서거정은 가학루를 두고 "황주는 참으로 맑으니, 가서 머물고 싶네. 학은 날아갔어도 누각은 그대로 있고, 산은 높고 물은 스스로 흐르네. 나는 새의 등을 굽어보고, 바로 큰 자라 머리에 올랐다네. 한없는 등림登臨의 흥은 긴 노래로 멀리 원유편遠遊篇을 부르네"라고 노래했다.

가학루에서 금강의 지류인 초강을 따라 내려가다 보면 명승으로 이름이 높은 월류봉에 이른다. '아름답다' 하고 경탄하면서 꿈에 취한 듯 바라보는 장소는 더는 설명이 필요 없는 명승인데, 그런 장소 중의 한 곳이 월류봉 일대다.

황간읍 원촌리에 한천서원寒泉書院이 있었다. 숙종 때 건립하여 영조 때 사액을 받은 한천서원 터에는 정조 때 이곳 유림들이 세운 우암 송시열 유허비가 있고, 월류봉 자락을 중심으로 냉천팔경으로 불리는 한천팔경寒泉八景이 있다. 냉천팔경이라고도 불리는 한천팔경은 황간면 원촌리 일대의 여덟 경승지, 즉 월류봉月留峰, 화헌악花軒嶽, 용연대龍淵

ⓒ유철상

초강

금강 상류의 한 지류이다. 경상북도 상주시 화서면 봉황산에서 발원하여 초강리에서 금강으로 흘러든다.

월류봉

월류봉은 원촌리 뒷산으로 깎아 세운 듯한 층암절벽이 공중에 우뚝 솟아 있고
시냇물이 이를 껴안고 돌아 흐르며 고색창연한 비각과 초당이 있다.

臺, 산양벽山羊壁, 청학굴靑鶴窟, 법존암法尊菴, 사군봉使君峯, 냉천정冷泉亭을 말한다.

월류봉은 원촌리 뒷산으로 깎아 세운 듯한 층암절벽이 공중에 우뚝 솟아 있고 시냇물이 이를 껴안고 돌아 흐르며, 고색창연한 비각과 초당이 있다. 화헌악은 봄이 되면 붉은 비단을 깔아 놓은 듯이 진달래와 철쭉으로 뒤덮이며, 용연대는 반석 밑으로 물굽이가 소를 이루고 있다. 산양벽은 태초의 모습을 간직하고 있는 듯한 깎아 세운 절벽이며, 청학굴은 가을이면 단풍이 다홍빛으로 물들고, 법존암은 옛날 암자터로 현재 황간면 원촌마을로 추정하고 있다. 사군봉은 흰 비단을 덮어 놓은 듯한 설경으로 이름이 높으며, 냉천정에는 영조 때 창건된 한청정사寒泉精舍가 있으며 냉천이라 불리는 참샘은 설수가 녹아 층암절벽으로 내려와서 고인 샘이라고 한다.

월류봉 북쪽에는 성덕왕 19년(720) 의상의 십대제자 중 한 사람인 상원이 창건했다는 유서 깊은 절 반야사般若寺가 있다. 이 절에서 만나는 풍경이 호랑이를 닮은 너덜 지대다. 백화산 기슭에서 흘러내린 돌무더기가 쌓여서 이루어진 너덜경이 포효하는 호랑이 모습 같다고 해서 반야사 호랑이라는 이름이 붙었다. 가까이에서 바라보면 너덜 지대인데 멀리서 바라보면 완벽한 호랑이의 형태를 보이니 자연이란 얼마나 위대한 연출자인가를 느낄 수 있는 곳이 반야사의 호랑이 모양 너덜이다.

영동군 황간면 노근리에 한국전쟁의 상처가 남아 있다. 노근리 경부선 열차가 지나는 쌍굴다리에서 미군의 노근리 학살 사건이 벌어졌던 것은 1950년 7월 26일에서 29일 사이였다. 7월 23일 200~300명에 이르

노근리 쌍굴다리

한국전쟁 당시 미군들에 의해 이 지역 주민 300여 명이 무차별 죽임을 당한 곳이다.
교량 옆에는 당시 탄흔이 흰색 동그라미로 표시되어 있다.

는 마을 주민들을 피난시켜 이동 도중인 7월 26일 미군의 폭격기들이 폭격을 감행하는 가운데 미군들의 기총 소사로 수많은 피난민이 사망한 사건이다. 거창이나 산청 또는 남원의 양민 학살이 토벌대들이 저지른 만행이었다면 노근리 사건은 미군들이 한국전쟁의 와중에 저지른 만행이라고 볼 수 있을 것이다.

노근리로 들어가는 쌍굴의 시멘트 벽에는 그날의 흔적들이 총알 자국으로 남아 있다. 이곳 노근리 목화실마을은 맨 먼저 목화를 재배했다고 알려진 따스함과 포근함의 고장이기도 하다.

삼도봉 넘어가는 장꾼 보게

황간 근처 상촌면에서 물한계곡을 따라간 곳에 충청북도 영동과 경상북도 김천 그리고 전라북도 무주가 만나는 삼도봉이라는 민주지산이 있다. "삼도봉 넘어가는 장꾼 보게/무주장 보는 놈 짚신짝 꿰지고/황간장 보러 가는 놈 줄달음친다"라는 옛 노랫말에 남아 있는 삼도봉 정상에 고즈넉한 돌탑이 있었다고 한다. 이 고개를 넘는 나그네들이 발끝에 채는 돌을 주워 쌓아 만들어진 것인데, 충청도의 것이 제일 컸고, 다음은 경상도, 가장 작은 것이 전라도의 것이었다. 어느 해 봄날 이곳에 놀러 왔던 전라도 사람이 그것을 보고 심술이 나서 가장 큰 충청도의 것을 무너뜨렸고, 그것을 본 경상도 사람이 전라도의 것을 헐어 버리고 말았다. 그러자 전라도 사람이 다시 올라와 경상도의 것을 헐어 버려 돌탑이 모두 사라져 버렸다. 이렇게 생긴 지역감정을 타파하자고 세운 탑이 화합의 탑이다.

정몽주鄭夢周의 문인으로 조선 건국에 참여했던 조선 초기 문신 윤상尹祥이 금유琴柔에게 보낸 글에서 "산수가 맑고 기이해서 시 짓는 데 도움 될 만한 것이 진실로 많다"라고 했던 영동은 북쪽으로 속리산과 남쪽으로 덕유산의 사이에 있다. 영동의 동편에는 추풍령이 있다. 《여지도서》에 추풍령이 다음과 같이 쓰여 있다.

> 추풍령秋風嶺의 산줄기가 조령에서 뻗어 나와 상주목을 거쳐 황간의 동쪽 경계에 이르러 평평한 육지를 끊을 듯 솟아 있다. 영남 지방에서 서울로 향하다가 충청도에 이른 사람들은 반드시 이 길을 택한다. 그런 까닭에 임진왜란 때 조정에서는 조방장 장지현張智賢을 파견하여 이곳에서 막아 지켰다. 적의 군대가 대규모로 이르니 우리 군대가 허물어져 흩어졌다. 장지현은 종일 힘껏 싸웠지만 화살이 다 떨어져 죽었다. 이는 미리 막아서 지키지 않은 탓에 일어난 일이니, 가슴 아픈 일이라고 할 수 있다. 그 뒤 영장 한지韓樍가 건의하여 황간으로 진영을 옮겨 지키고 경비하는 대책을 삼으려 했으니, 지리의 형세와 군사에 관한 업무를 깨달았다고 할 수 있다.

추풍령은 백두대간이 지나는 곳이며 지금은 경북 고속 도로가 지나는 중요한 길목이다. 김천 직지사 부근에서 황간으로 넘어야 할 때 이곳을 꼭 통과해야 했으며 일본인들의 왕래가 잦았다. 특히 쇠전(우시장)이 크게 섰던 김천장과 명주와 곶감이 유명했던 상주장 등을 다니던 보부상과 소장사들의 중요한 길목이었다. 황간과 김천에 큰 장이 서면 오가던 장꾼들이 모여들고, 한편에선 풍각쟁이들의 품바 소리가 구성지게 이어졌다.

"껑충뛰었다 제천장/신발 없어 못 보고/바람 불었다 청풍장/선선해서 못 보고/청주장을 보잤더니"라는 구성진 〈장타령〉에 힘든 줄도 모르고 넘는 추풍령은 그다지 높거나 웅장하지 않다. 오기택이 부른 "구름도 자고 가는 바람도 쉬어 가는/추풍령 굽이마다 한 많은 사연"이라는 〈추풍령〉의 노랫말을 놓고 보면 추풍령은 높은 고개처럼 보이지만 실상은 야트막하다. 땅이 기름진 데다 물이 많으므로 물 대기가 쉬워서 한재旱災가 없다고 한다. 하지만 2002년 홍수 때 추풍령 일대와 김천 일대가 큰 화를 입었다.

추풍령 아래에 있는 고개가 괘방령이다. 영동군 매곡면 어촌리와 김천시 봉산면 그리고 대항면 경계에 있는 큰 고개인 괘방령은 예전에 임지로 가는 관원들이나 과거를 보러 가던 선비들이 넘나들던 고개다. 추풍령은 그 이름을 따라 추풍낙엽처럼 낙방한다고 여겼고 괘방령을 넘으면 급제를 하거나 오래 근무를 한다고들 여겼기 때문이다. 그 괘방령이 《여지도서》에는 다음과 같이 실려 있다.

> 괘방령掛榜嶺은 추풍령이 과협過峽이 되었다가 뒤에서 갑자기 우뚝 솟아서 수락산이 된다. 서남쪽으로 뻗어 황악산이 되고, 중간에서 움푹 내려앉아 괘방령이 된다. 금산군(현 김천시)에서 영동현으로 거쳐 가려는 사람은 반드시 이 괘방령을 거쳐야 한다. 그런 까닭에 사사로이 다니는 사람이나 장사꾼에 이르기까지 모여서 간다. 또한 지키고 경비하는 곳 가운데 하나이다.

영동 도마령

도마령은 영동군 황간에서 전라북도 무주로 넘어가는 고개다.
'말을 키우던 마을' 혹은 '칼 찬 장수가 말을 타고 넘던 고개'라는 데서 유래한 이름이다.

영동은 바람이 많기로 소문난 지역이다. 백두대간의 능선이 낮아지며 골짜기들을 만들어 낸 것이라 그 골짜기로 바람이 몰리기 때문이라고 한다. 일정한 거주지가 없이 방랑 생활을 한다는 뜻으로 쓰이는 말 중 '오늘은 충청도요, 내일은 경상도'라는 말이 딱 들어맞는 고장이 바로 김천과 영동이다. 이곳에서 바람의 신 영동할미에게 제사를 지내는 풍습이 시작되었는데, 그 연유는 이렇다.

조선 중엽에 어떤 벼슬아치가 저녁밥을 먹은 뒤 갑자기 숨이 끊어지면서 그와 동시에 큰바람이 불어와 나뭇가지가 부러지고 돌멩이가 날아다녔다. 그 바람을 죽은 벼슬아치의 귀신이 억울해 나타난 것으로 여긴 주민들이 돈을 모아 제사를 올리자 바람이 잔잔해졌다. 그때부터 시작된 이 제사는 '영동할미제'로 굳어져 해마다 음력 2월 초하룻날 제사를 지내게 되었다. 영동할미제는 내륙 지방에서 이곳 영동이 유일하고, 해안 지방에서는 남해안과 제주도에서만 이어지고 있으나 지금은 그 명맥이 끊어질 위험에 처해 있다.

무주 한풍루냐 영동 금호루냐

송호유원지라 불리는 송호리의 양산장터 뒤편 강변에 있는 약 86제곱미터(2만 6000여 평)의 소나무숲은 조선 중기 한 연안 부사가 황해도 연안의 소나무 씨를 받아다 낙향할 때 뿌려 이루어진 것이라고 한다. 현재 4000여 그루의 소나무가 시원한 그늘을 만들어 내며 피서철이면 수많은

© 유철상

송호유원지

금강의 물길을 거슬러 온 배들이 소금을 싣고 왔던 소금실들 바로 옆에 자리 잡은 곳이다.
강물이 깨끗하고 수령 100년 이상 된 소나무숲이 있다.

사람이 찾아온다.

금강 변에는 용이 승천했다고 전해지는 용바위가 있고, 1938년에 전북 무주군의 한풍루寒風樓를 뜯어다 지은 금호루錦湖樓라는 정자가 있었다. 정면 3칸, 측면 2칸의 팔작지붕집인 무주의 한풍루가 이곳 영동으로 옮겨져 금호루라는 이름을 갖게 된 연유는 한풍루가 일제 강점기에 포교당으로 사용되면서 일본인에게 소유권이 넘어가게 된 데 있다. 그 소유권자가 한풍루를 영동군 양산면의 이명주라는 사람에게 팔아 영동으로 옮겨지게 된 것이다. 그리하여 무주 사람들과 영동 사람들 간에 크고 작은 시비가 연이어 일어났다. 호남의 4대 누각으로 손꼽히는 귀중한 문화재를 어떻게 해서든지 되찾고자 하는 무주 사람들과 이유야 어떻든 합법적으로 사들인 누각을 내줄 수 없다는 영동 사람들 간의 싸움이었다.

'20여 년 동안 영동에 있지만 우리 것'이라는 무주 사람들과 '헐어다 지은 이상 우리 것'이라는 영동 사람들의 주장이 첨예하게 맞서는 중에 무주 유지들로 구성된 '한풍루 복구추진위원회'가 영동군민들이 어떠한 요구 조건을 내걸어도 따르겠다고 진정해서 겨우 무주로 되돌려지게 되었다. 그때 영동군민들이 요구한 조건이 무엇인지는 제대로 알려지지 않았지만 일제 강점기에 수난당한 문화재가 어디 한풍루뿐이겠는가. 지금도 수많은 귀중한 문화재들이 일본으로, 유럽으로 반출된 뒤 돌아올 줄을 모르고 있다. 경복궁 안에 있는 원주 법천사지 지광국사탑을 비롯한 몇 점의 국보들은 되돌아왔지만 군산 발산리의 불교 유물들은 고산 봉림사에서 일본인들에 의해 옮겨져 지금도 돌아올 줄 모르고 타향살이에 눈물만 흘리고 있다.

소나무숲 안쪽의 소금실들판은 옛날에 금강의 물길을 거슬러 온 삼남 일대의 배들이 가지고 온 소금 집산지로 명성이 자자했다. 그러나 큰 홍수로 강줄기가 변경되면서 그 일대는 들판이 되고 말았다.

양산을 가세 양산을 가요

양산陽山은 또한 〈양산가〉의 고장이기도 한데, 그 노래에 얽힌 이야기는 다음과 같다. 신라와 백제는 한반도의 남쪽에 위치하여 각각 동쪽과 서쪽을 차지한 나라였기 때문에 가까우면서도 먼 나라였다. 평화의 나날은 짧고 대부분 전시戰時였다. 무열왕이 집권했을 때는 말 그대로 일촉즉발의 시기였다. 그때 김흠운金歆運이라는 화랑이 있었고, 그에 대한 기록이 《삼국사기》에 자세히 실려 있다.

김흠운은 내밀왕奈密王의 8대손이요, 아버지는 집찬 달복達福이다. 흠운이 소년 시절에 화랑 문노의 문하에 다녔는데, 당시 화랑 무리들이 '아무개는 전사하여 지금까지 이름을 남기고 있다'라는 이야기를 하니 흠운이 감개 깊은 얼굴로 눈물을 흘리면서 이에 격동하여 그와 같이 되고자 했다. 같은 문하에 있던 승려 전밀이 말하기를 "이 사람이 만일 전쟁에 나가면 반드시 돌아오지 못할 것이다" 하였다.

영휘 6년(655)에 태종 대왕이 백제와 고구려가 변경을 막고 있음을 분하게 여겨 정벌을 계획하였는데, 군사를 동원하게 되자 흠운을 낭당대감郎幢大監

으로 삼았다. 흠운은 행군할 때 집 안에서 자지 않으며 바람과 비를 무릅쓰고 군사들과 함께 고락을 같이하였다. 백제 지역에 도달하여 양산 밑에 진을 치고 조천성助川城을 침공하려 하였더니 백제군이 밤을 이용하여 급격히 달려와서 먼동이 틀 무렵에 보루를 기어올라 들어오므로 우리 군사가 놀라서 자빠지고 엎어져서 진정시킬 수가 없었다. 적이 이 어지러운 틈을 타서 급히 쳐서 날아오는 화살이 빗발처럼 쏟아지는데 흠운이 말에 앉아 창을 잡고 적을 막았다. 대사 전지가 권고하여 말하기를 "지금 적이 밤중에 들어와 지척에서도 서로 알아볼 수가 없으니 공이 비록 죽더라도 남들이 알지 못할 것이다. 더군다나 공은 신라의 진골이며 대왕의 사위이므로 만일 적의 손에 죽는다면 백제의 자랑거리가 되고 우리의 심중한 수치가 될 것이다" 하니, 흠운이 말하기를 "대장부가 이미 몸을 나라에 바친 이상 살고 죽는 것을 남이 알거나 모르거나가 매한가지다. 어찌 구태여 명예를 바라겠느냐?" 하고 꿋꿋하게 서서 움직이지 않았다. 좌우에서 말고삐를 잡고 돌아가기를 권하니 흠운이 칼을 뽑아 뿌리치고 적들과 싸워 두어 명을 죽이고 자신도 죽었다.

보기당주步騎幢主 보용나寶用那가 흠운이 죽었다는 말을 듣고 "그는 가벌이 귀족이며 세도가 등등하여 남들이 그를 사랑하고 아끼는 처지에 있음에도 오히려 절개를 지켜 죽었다. 더군다나 나는 살아도 이익 될 것 없고 죽어도 손실될 것이 없다" 하고 드디어 적진으로 달려가서 적 서너 명을 죽이고 자신도 죽었다.

대왕이 소식을 듣고 몹시 슬퍼하여 흠운과 예파에게 일길찬 위품을 주고, 보용나와 적득에게 대나마의 위품을 주었다. 당시 사람들이 이 소문을 듣고 〈양산가〉를 지어 그들을 애도하였다.

이러한 이야기를 듣고 일연은 다음과 같이 평했다.

신라인은 인재를 알아볼 방법이 없음을 근심하여, 무리지어 함께 노닐도록 하고 그 행동거지와 의리를 살핀 후에 등용하고자 하였다. 그리하여 얼굴이 잘난 남자를 뽑아 화려한 옷을 입혀서 '화랑'이라고 부름으로써 그들을 받들게 하였다. 여러 낭도가 사방에서 모여들어 도리와 의기로써 서로 충고하기도 하고 노래와 음악으로써 서로 즐겁게 놀기도 하며 좋은 산수들을 유람하는데, 아무리 멀어도 못 가는 데가 없었다. 이로 인하여 그 사람됨의 악함과 바름을 알게 되어, 선량한 이를 택하여 조정에 천거하였다. 그러므로 김대문金大問이 "어진 재상과 충신이 여기에서 나오고 훌륭한 장수와 용감한 군사가 여기에서 양성된다"라고 한 말이 바로 이것이다. 3대의 화랑이 무려 200여 명이나 되었는데, 그들의 빛나는 이름과 아름다운 사적들이 기재된 바와 같다. 흠운 같은 이도 역시 화랑의 한 사람으로서 나랏일에 목숨을 바칠 수 있었으니, 그 이름을 욕되게 하지 않았다고 이를 만하다.

그러나 그때 불렀던 〈양산가〉는 전해지지 않고, 이 지역의 사람들의 입에서 입으로 전해져 온 〈양산가〉만 남아 있을 뿐이다.

양산을 가세 양산을 가요
모링이 돌아서 양산을 가세
난들 가서 배 잡아타고
양산을 가세 양산을 가요

양산을 가세 양산을 가요
잉어가 논다 잉어가 논다
양산 창포장에 잉어가 논다
양산을 가세 양산을 가요
자라가 논다 자라가 논다
양산 백사장에 금자가 논다
양산을 가세 양산을 가요
장게가 논다 장게가 논다
양산 수풀 속에 무구리 장게가 논다

칡넝쿨 다리를 건너 영국사에 간 공민왕

금강 일대의 산천이 빚어낸 아름다운 경치 여덟 곳을 일컬어 양산팔경이라고 한다. 영국사, 봉황대, 비봉산, 강선대, 함벽정, 여의정, 용암, 자풍당이 그것이다. 이 중《정감록》의 십승지지와 비슷한 지형에 자리한 영국사寧國寺는 충청북도 영동군 양산면 누교리 천태산(지륵산) 중턱에 있다. 본래 영국사는 지금 대웅전이 있는 곳에서 천태산의 주봉 쪽으로 100여 미터쯤 들어간 곳에 있다가 이곳으로 옮겼다고 한다. 신라 문무왕 때 원각국사가 창건했고 그 후 효소왕이 신하들을 거느리고 피난했던 곳이라는 이야기가 전해 온다. 고려 문종 때 대각국사 의천이 중창하면서 국청사로 개칭했으며, 고려 고종 때 안종필安鍾弼이 왕명을 받아 탑과 승탑

및 금당을 중건하고 산 이름을 천주산天柱山이라고 했다.

영국사로 고쳐 부르게 된 것은 고려 공민왕 때다. 원나라의 홍건적이 개성까지 쳐들어오자 왕은 신하들을 데리고 이원면 마니산성으로 피난을 갔다. 당시 국청사였던 이곳에 나라와 백성의 평안을 빌기 위해 온 왕의 뜻을 알아차린 신하와 백성들은 천태산에서 걷어온 칡넝쿨로 구름다리를 만들었다. 구름다리를 지나 절로 간 공민왕은 국태민안을 위해 기도했고, 그 후 기원대로 나라와 백성이 편안해지자 부처님께 감사드리며 절 이름을 영국사라고 바꿔 부르게 했다. 또한 이때 칡넝쿨로 다리를 만들어 건너간 마을은 누교리라고 부르게 되었다. 이 절의 맞은편에는 팽이를 깎아 놓은 듯한 뾰족한 봉우리가 있는데, 공민왕은 그 봉우리에 왕비를 기거하게 하면서 옥쇄를 맡겨 두었다고 한다. 그 뒤 조선 세조 때 세사국사가 산 이름을 지륵으로 바꾸었다고 하나 신빙성은 별로 없다.

영국사에는 고려 초의 것으로 추정되는 영동 영국사 승탑(국가지정문화재 보물)이 있다. 팔각원당형 석조 승탑으로 높이는 1.76미터다. 옥신석 각 면에는 우주가 정연하게 조각되어 있고, 정면에는 직사각형 형태의 문비가 조각되었다. 옥개석은 낙수 면에 기왓골이 있고 상륜부도 완전한 편이다. 바로 근처에 영동 영국사 원각국사비(국가지정문화재 보물)가 있다. 이 비는 고려 명종 10년(1180)에 원각국사를 추모하여 세운 것이다. 꿇어앉은 거북 위에 점판암 1매석으로 만든 비신을 세우고 이수를 얹은 고려시대의 보통 양식인데, 이수는 그 옆에 방치되어 있을 뿐이다. 표면 중앙에 직사각형의 전액篆額을 양각하여 3행 6자로 '圓覺國師碑銘'(원각국사비명)이라고 쓴 이 비는 건립 연대가 뚜렷하여 다른 탑비 연구에 큰 도움을 주는 값진 유물인데도 아이들이 장난하고 몰지각한 사람들이 이름을 새기기도 하여 지금은 전각을 세워 보존하고 있다.

충청북도 시도유형문화재로 지정된 영국사 대웅전은 정면 3칸, 측면 2칸의 다포계 맞배지붕집으로 조선 중기 이후의 건축물이다. 대웅전 안에는 삼존불이 모셔져 있고, 신장탱화와 삼장탱화가 걸려 있다. 사람으로 치면 젊은 청년 같다고나 할까. 생기가 넘쳐나는 듯하다.

절 뒤쪽에 푸른 대숲이 바람결에 넘실댄다. 절 마당 한쪽에 보물로 지정된 영동 영국사 삼층석탑이 있다. 아름답기 이를 데 없는 이 삼층석탑은 옛 절터에 쓰러져 있던 것을 1942년 옮겨 세운 것이다. 탑의 재질은 경주 장항리 서 오층석탑 재질과 비슷하다. 이층 기단 위에 삼층의 탑신을 세웠고, 면석과 일층 옥신이 거꾸로 놓여 있다. 옮겨 세울 때 잘못 복원한 것임을 알 수 있는데, 초층 탑신부에 문비가 조각되어 있으며 자물통과 원형 문고리까지도 나타나 있는 탑이다.

한편 이 절 바로 밑에 천연기념물인 영동 영국사 은행나무가 있다. 우리나라에서 그 크기가 다섯 손가락 안에 든다는 영국사 은행나무는 키가 18미터에 둘레가 6.4미터다. 수령이 600년이 넘는다는 이 나무는 밤이면 서럽게 운다고 전해진다(실제로 이곳 사람들은 그 소리를 들었다고 한다).

커다란 자연석 화강암을 기단으로 한 영동 영국사 망탑봉 삼층석탑(국가지정문화재 보물)은 각 면에는 우주를, 중앙에는 탱주를 하나 두어 양쪽에 단상 하나씩을 음각했다. 기단이나 탑신부의 양식과 수법으로 보아 통일신라 후기에 세워진 것으로 추정된다.

영동 영국사 대웅전

천태산이 품고 있는 천년 고찰 영국사는 공민왕이 홍건적의 침략을 피하여 이곳에서 나라의 안정과 국민의 평안을 기원한 곳이다. 대웅전은 석가모니불상을 모시는 법당이다.

아름다운 자풍당 글 읽는 소리

강선대降仙臺는 봉곡리 강가에 있다. 바위 절벽이 솟아올라 높직한 대를 이룬 곳에 노송 몇 그루가 서 있다. 꼭대기의 정자에 오르면 굵은 소나무들 사이로 강물과 먼 산줄기가 상쾌한 풍경화를 그려 낸다. 이곳 강가 바위 위에 구름이 자욱하더니 하늘에서 신선이 내려와 옥퉁소를 불다가 구름을 타고 승선했다는 전설이 있다. 또한 선녀가 내려와 목욕하며 놀았다는 전설과 함께 같은 봉곡리에 있는 함벽정涵碧亭은 낙조가 일품인 정자이자 옛 시인들이 시를 읊고 학문을 강론하던 강당이기도 했다. 여의정如意亭은 노송이 우거지고 사철 정경이 아름다운 곳이다. 강 가운데는 용암龍巖이 우뚝 솟아 있다. 강선대로 내려와 목욕하는 선녀를 훔쳐보던 용이 격정을 참지 못하고 다가가자 선녀는 놀라서 도망을 가고, 용은 그 자리에 굳어 바위가 되었다는 전설이 전해 온다. 인조 때 문신이자 충청도 순찰사를 지낸 동악東岳 이안눌李安訥은 이곳의 절경을 이렇게 노래했다.

하늘 신선이 이 대에 내렸음을 들었나니
옥피리가 자줏빛 구름을 몰아오더라
아름다운 수레 이미 가 찾을 길 없고
오직 양쪽 강 언덕에 핀 복사꽃만 보노라
백척간두에 높은 대 하나 있고
비 갠 모래 눈과 같고 물은 이끼 같구나

강선대

송호유원지 건너편 금강 기슭에 자리 잡은 육각 기와 정자로, 양산팔경 중 하나다.
하늘에서 신선이 내려와 옥퉁소를 불다가 구름을 타고 승선했다는 전설이 있다.

물가에 꽃은 지고 밤바람도 저무는데

멀리 신선을 찾아 달밤에 노래를 듣노라

봉곡리에서 금강 건너편 동쪽에 자리한 자풍당資風堂은 양강면 두평리에 있는 서당이다. 조선 전기에 창건되어 풍곡당이라 했는데 광해군 6년(1614)에 정구鄭逑가 이곳에서 자법정풍資法正風으로 강학했으므로 자풍서당이라 이름을 바꾸었다고 한다. 여러 차례 중수를 거쳐 오늘에 이른 자풍당은 정면 5칸, 측면 2칸의 맞배지붕집으로 충청북도 유형문화재 로 지정되었다. 자풍당의 글 읽는 소리 또한 양산팔경 중 하나로 꼽힌다.

양강 들머리의 수두리에 있는 봉황대鳳凰臺는 옛날 봉황이 깃들던 곳이라 하여 이런 이름이 붙었는데, 조망이 매우 아름다운 곳이다. 비봉산飛鳳山은 수두리 건너편 가곡리에 있고 낙조가 아름답기로 유명하다. 옛날에는 고층산 또는 남산이라 했는데 봉황이 하늘을 나는 형상이라 하여 비봉산이라 불리게 되었다. 용소봉에서 뻗어 내려 한창 크고 있을 때 물동이를 이고 가던 동네 아낙이 "산이 크는 것을 보소" 하고 소리치는 바람에 그만 주저앉고 말았다는 전설이 서려 있다.

박연의 고향

양산팔경을 빚고 내려온 금강 줄기가 영동 땅을 떠나기 전 다시 한번 둥그렇게 휘감는 영동군 심천면 고당리 상고당에 박연朴堧의 사당이 있다. 조선 세종 때 음악 이론가로 크게 활약한 박연은 거문고의 왕산악, 가야금의 우륵과 함께 우리나라 3대 악성의 한 사람이다.

박연은 고당리에서 고려 우왕 4년(1378)에 태어나 조선 세조 4년(1458)에 81세를 일기로 세상을 떠났다. 34세가 되던 해에 집현전 교리로 벼슬을 시작한 박연은 사간원 정언, 사헌부 지평 등을 거쳤다. 세종 즉위 후에는 관습도감 제조에 임명되어 음악 분야에 전념하며 국악의 기반을 닦았다. 그는 향악과 당악, 아악의 율조를 조사하고 악기 보법 및 악기 그림을 실은 악서를 편찬했으며, 각종 아악기를 제작했다. 또한 종묘에서 제사를 지낼 때 올리는 종묘 제례악을 바로잡는 등 국악 분야에서 중요한 일들을 해냈다. 그가 만든 종묘 제례악은 조선왕조가 무너진 지 오래인 오늘날에도 서울 종묘에서 엄숙하고 장엄하게 연주되고 있다.

박연은 국산 경돌로 편경을 만들기도 했다. 편경은 두께가 각각 다른 'ㄱ' 자 모양의 경돌 16개를 아래위 두 단으로 매달아 두드리는 가락 타악기이며, 온도와 습도의 영향을 가장 적게 받으므로 다른 악기 조율의 기준이 된다. 우리나라에서는 고려 예종 11년(1116)에 송나라에서 편경을 들여와 썼고 공민왕 때와 조선 태종 때도 명에서 편경을 들여와 사용했는데, 세종 때 경기도 남양에서 경돌을 발견함으로써 국산 편경을 만들 수 있게 되었다. 박연은 공조 참의, 중추원사를 거쳐 벼슬이 예문관 대제학에까지 이르렀다.

수양대군이 단종의 측근 대신들을 없애고 실권을 잡은 계유정난 때 아들 계우마저 죽임을 당했으나 박연은 여러 가지 공을 세운 원로대신으로 인정받아 목숨만은 건진 채 파직되었다. 그 후 고향으로 내려온 박연

난계사 박연 영정

박연은 수많은 악기와 악보를 만들어 냈으며, 조선 초기 궁중 음악을 정리하여 국가의 음악 체제를 세우는 데 기여했다.

옥계폭포

일명 박연폭포라고도 불리는 옥계폭포는 충청 지역에서
가장 아름답고 웅장하기로 유명하다. 깎아지른 절벽에서 물보라를 일으키며 쏟아지는
물줄기가 주변의 수려한 경관과 어울려져 장관을 이룬다.

은 5년 뒤에 세상을 떠났다. 박연의 뜻은 고향에서마저 오랫동안 묻혀 있다가 1972년 영동 고당리에 난계사蘭溪祠를 세우고 그 문화재적 가치를 인정받아 충청북도기념물로 지정되었다. 그 후 해마다 가을이 되면 이곳에서 난계예술제를 열고 있다.

박연 사당에서 가까운 곳인 영동군 심천면 고당리에 아름다운 옥계폭포가 있다. 깎아지른 듯한 절벽에서 20미터의 높이로 쏟아져 내리는 옥계폭포에서 박연이 대금 불기에 열중했다고 하고 우암 송시열 역시 이 옥계폭포를 즐겨 찾았다고 한다.

천오산의 약산에서 흘러내리는 옥계폭포는 사람의 하체 부분에 해당하며 여인을 상징하는 폭포의 정상에는 3.4미터 정도 깊이의 선녀탕이 있다. 날씨가 좋거나 특별한 날에는 하늘의 선녀들이 내려와 선녀탕에서 목욕을 하고 간다고 한다.

9

미호천 주변의 고을들

과거, 현재, 미래의 시간이 한곳에

충청북도 서부를 질러 흐르는 미호천

금강 지류인 지금의 미호천은 이중환의 《택리지》에 "마일령의 동쪽과 거대령의 서쪽 중간에 큰 들이 펼쳐져 있는데, 두 산맥에서 흘러내리는 물이 들 가운데서 합쳐져 작천鵲川(미호천)이 된다. 작천은 진천, 칠정七亭의 동남쪽에서 근원하여 금강 상류의 부용진(현 세종특별자치시 부강면 남쪽)으로 들어간다"라고 쓰여 있다. 김정호가 작성한 〈대동여지전도〉에서는 '동진東津'이라고 표기되어 있다. 《한국지명총람》을 보면 "음성군 삼성면 마이산에서 발원하여 남쪽으로 흘러 (…) 연기군 동면 합강리에 이르러 금강으로 들어감"이라고 기록되어 있으며, 1918년에 발간된 《조선지지자료》에는 "미호천의 발원지는 충청북도 음성군 삼성면과 경기도 안성시의 일죽면이며, 하구는 연기군 동면과 남면 사이로, 길이는 89.2킬로미터"라고 기록되어 있다. 동진 또는 작천이었던 이름이 언제 미호천으로 바뀌었는지 정확하지는 않아도 충청북도 음성군 대소면의 미곡리와 삼호리에서 글자 한 자씩을 따서 지은 것으로 보이며, 그 발원지는 음성군 음성읍 감우리 보현산 북쪽 계곡에서 제일 높은 곳에 있는 옻샘이다.

미호천의 동쪽 산줄기 옆이 청안과 청주, 문의다. 그중에서 청주는 충주와 청주를 합해서 충청도를 만들고 현재는 충청북도의 도청이 소재하고 있는 데서 알 수 있듯이 비약적인 발전을 거듭하고 있다. 미호천 서쪽에서 휘돌아 북쪽은 목천과 전의로 이어지고, 남쪽은 연기에 이르기까지 산빛이 아름답고 고우며 들의 형세가 겹겹으로 감싸서 감여가堪輿家는 살기를 벗었다고 평한다. 금산, 옥천과 비교할 때 더욱 평탄하고 토지가 매우 기름져서 오곡과 목화 가꾸기에 알맞다.

미호천의 동쪽은 큰 들이 되어 동남쪽으로 40여 리까지 통했다. 현재 청주시 청원군 남이면의 들 가운데 산 하나가 있는데 여덟 봉우리가 병풍처럼 펼쳐져 있어 팔봉산이라 부른다. 팔봉산은 남쪽에서 서북쪽으로 향했으며 등성이와 기슭이 들 가운데 서리어 있어서 동쪽으로 청주시 상당산성 앞에 있는 상봉재(것대고개, 상봉고개)와 마주하고 있다. 그 무렵만 해도 청주 시내를 흐르는 무심천의 흰 모래와 맑은 냇물, 평평한 산등성이 그리고 약한 기슭이 경기도 장단군과 흡사했다고 한다.

유명한 음성 고추와 담배

《여지도서》에 "검소함을 높이 여기며, 곡식 농사를 많이 짓는다" 한 음성은 진천의 북동쪽에 자리한다. 음성陰城은 고구려 때는 잉홀현仍忽縣으로 불리다가 신라 때 지금의 이름으로 고쳤다. 음성을 서거정은 시에서

"음성은 오랜 고을인데, 양지골에는 아침 햇볕이 깨끗하다. 산이 좋으니 병풍이 천 폭이요, 시내가 맑으니 옥玉이 한 둘레로다. (…) 못 둑의 무성한 숲에 잠시 앉아서, 푸른빛이 옷에 뚝뚝 듣게 맡기노라" 했다. 조선 전기 충청도 관찰사를 지낸 양희지楊熙止도 "땅이 궁벽하니 산이 고을을 감추었고, 숲이 그윽하니 새가 사람을 부른다. 창 바람은 벼루 물을 말리고, 처마 햇빛은 발 티끌을 쏜다" 노래했다.

음성은 금왕의 무극광산으로 호황을 누렸지만 지금은 고추와 담배로 유명하다. "아버지는 나귀 타고 장에 가시고/어머니는 건너 마을 아저씨 댁에/고추 먹고 맴맴/담배 먹고 맴맴"이라고 하는 동요가 떠오르는 음성은 마당에 빨간 고추와 집에서 피울 노란 잎담배가 널려 말려지는 고장이었다. 당시 음성 사람들은 고추하고 담배만 먹고 산다는 농담이 있을 정도였다. 오늘날 금연 정책 때문에 그다지 사람들에게 친근하게 다가가지 못하는 담배지만, 한때는 농가의 큰 소득원이자 사람들에게 친근한 기호 식품이었다.

음성에는 오갑산, 수리산, 부용산, 가섭산 등이 솟아 있다. 음성의 진산 가섭산迦葉山에는 여러 병을 낫게 한다고 알려진 약수가 나오는 석정石井이 있다. 산 중턱에 있는 폭포는 떨어지는 물소리가 특이하여 많은 사람이 찾는 명소다. 산 정상에는 동쪽으로 이류면 대소리에 있는 마산馬山과 북쪽으로 삼성면 대사리에 있는 마이산(일명 망이산望夷山)에 응하는 봉수대가 있었지만 지금은 그 터에 통신 중계소가 들어서 있다. 가섭산에는 가섭사라는 절이 있다. 고려 공민왕 때 왕사였던 나옹이 창건했고, 인조 2년(1624)과 1938년에 크게 중건했다. 음성읍 감우리와 동음리 경계에 있는 보현산普賢山 자락에 만인萬人을 살릴 수 있는 가활지지可活之地가 있다고 전해져 온다.

음성군 원남면 주봉리에 있는 백마산白馬山은 남한강과 금강의 분수령이며, 충청북도의 북부와 남부를 양분하는 경계가 된다. 이 근처의 모든 산이 이 산을 보고 엎드려 절하는 형국이라 이 지방의 조종산祖宗山이라 여긴다. 산 중턱의 굴에서 백마가 나왔다고 해서 백마산이라 부르게 되었다고 한다. 사시사철 경치가 수려하여 속칭 소금강小金剛이라고도 한다. 가뭄이 심할 때 산에서 기우제를 지내면 비가 온다고 한다. 또 이 산에는 명당이 많으나 묘를 쓰면 주민들이 해를 입으므로 묘를 쓰지 못한다고 한다. 산중에는 고려 때 창건한 대흥사가 있었지만 폐사되었고 그 절터 부근에 지금의 백운사가 있다. 산 정상 가까이에 암석군이 있는데, 모양에 따라 상촉암上燭岩, 관모암官帽岩, 장수암將帥岩, 군함암軍艦岩, 상좌바위, 범바위, 쌍둥이바위 등으로 부르며 이 산 아래에 백마령이 있다.

생극면 차곡리에 있는 수리산愁離山은 차의산 또는 수레내산이라고도 부른다. 해발 644미터로 맑은 날엔 서울의 동대문이 보인다고 한다. 수리산 서쪽 중턱에 있는 '수리산못'은 권근에 얽힌 일화를 간직하고 있다. 권근이 묏자리로 잡아 놓은 땅에서 물이 솟아나 걱정하고 있을 때 마침 길을 가던 승려가 이곳에 못을 파면 물이 그칠 것이라고 했다. 그래서 그대로 따랐더니 더 이상 물이 나오지 않아 무사히 장사를 치를 수 있었다고 한다. 한편 이곳 생극면 방축리에는 권근과 《용비어천가》를 지은 그의 아들 권제權踶 그리고 손자 권람權擥의 묘가 있다.

소이면에는 고려 말에 배극렴裵克廉이 은거했다는 국사봉國師峯이 있다. 그런 연유로 이 태조가 이곳으로 세 번이나 찾아와서 정사를 의논했다고 한다.

감곡면 왕장리 매산 밑에는 조선 후기에 통군을 지낸 민응식의 집터가 있다. 이 집에 명성황후가 임오군란 때 피난 와서 살았다고 한다. 그 뒤에 집을 헐고 천주교당을 세웠으며, 지금은 민통군 집터라는 이름으로 불리고 있다. 감곡면 주천리에는 자점보라는 큰 보가 있었다. 조선 인조 때 역적으로 죽임을 당한 김자점金自點이 장호원읍의 백족산에 부친의 묘를 썼는데, 그 묏자리가 비룡상천형飛龍上天形이었다. 용이 오르려면 물이 있어야 한다는 술사들의 말에 따라서 이곳에 큰 보를 만들었다고 한다.

맹동면 통동리 일대는 모기가 없는 것으로 유명해 여름 피서객들이 즐겨 찾는 곳이다. 이 모기가 없어진 이유에 대한 재미있는 전설이 전해져 온다. 강감찬姜邯贊 장군이 군사를 이끌고 이곳 맹동 지방에 이르러 잠을 자게 되었다. 그런데 모기들이 극성스럽게 달려들어 잠을 잘 수가 없었다. 화가 난 장군이 제일 큰 모기를 붙잡아 주둥이를 뽑은 뒤 직접 부적을 써서 불에 태워 공중에 날리면서 주문을 외웠다. 그러자 그렇게도 극성을 부리던 모기들이 어디론가 사라지고 말았다고 한다. 다른 지방에서도 이와 비슷한 내용으로 전승되고 있는 이야기들이 많다.

삼성면 용성리 '유월샘' 이야기도 재밌다. 어느 해 삼성면 백운산白雲山 자락에 심한 가뭄이 들었다. 먹을 물조차 없어 사람들이 죽어가자 마을 사람들이 우물가에서 6월 한 달 동안만이라도 물이 나오게 해달라고 간절히 빌었다. 마을 사람들의 지극한 정성에 감동해서 그런지 샘에서 물이 솟아올라 해갈이 되었다. 그런데 칠월 초하루가 되니 우물물이 말라 버렸다. 그 뒤로 매년 6월 초하루가 되면 샘이 솟았다가 6월 말이 되면 물이 말라 버려서 이 샘을 두고 '유월샘'이라고 부르게 되었다.

금왕읍 육령리에는 예순터고개가 있다. 옛날에 인가도 없고 수목이 우거져 이 고개를 넘으려면 예순 사람 이상이 되어야 넘을 수 있었다고 해서 붙여진 이름이다.

조선 전기 문신 서강徐岡이 시에 "닭이 울자 관도官道로 향하였는데, 머리를 돌이키니 벌써 아침 햇빛이로구나. 고목은 가는 대로 서로 연달았고, 먼 멧부리는 바라보면 다시 에워싸네"라고 노래한 음성의 옆 고을이 진천이다.

살 제 진천, 죽어 용인

진천鎭川의 고구려 때 이름은 금물노군今勿奴郡이다. 고려 때는 강주降州라 불리다가 조선 태종 13년(1413)에 지금의 이름이 되었다. 예로부터 진천에는 '진천에서 살다가 죽어서는 용인으로 간다'라는 말이 전해지고 있다. 중국 사람들이 하는 말 중에 '항주에서 태어나 광동에서 살다가 소주에서 죽는다'는 경치 좋은 항주에서 태어나 음식물이 풍부한 광동에서 살다가 소주의 질이 좋은 관 속에 몸을 누인다는 말이다. 그런 의미에서 진천의 저 말은 '살기는 산천이 아름다운 진천이 좋고 죽은 뒤는 땅이 좋은 용인이 좋다'는 말일 것이다. 이 말은 다음의 전설에서 유래한다. 경기도 용인시 처인구 이동읍 묘봉리에 한 젊은 남자가 살고 있었다. 어느 날 낮잠을 자다가 산꼭대기로부터 굴러 내려온 수천 근 되는 바위에 깔려 죽었다. 그 남자의 혼령이 저승에 있는 염라대왕에게 갔는데, 염라대왕이 그를 보더니 "아직 천수天壽가 다 되지 않았는데 왜 그리 빨리 왔는가?" 하고서 그를 돌려보냈다. 다시 이승으로 돌아왔지만 시신이 바윗덩이에 눌린 채 이미 흙으로 덮여 있었으므로 접신할 수가 없어 혼령으로 떠돌아 다녀야만 했다. 그러던 어느 날, 충청도 진천의 어느 부잣집의 죽은 지 얼마 안 된 외아들의 몸으로 들어가게 되었다. 다시 살아난 그는 진천의 아내와 함께 용인의 아내도 거느려 각각 아들을 삼 형제씩 두고 천수를 누렸다고 한다. 그런데 후일 그가 죽자 용인과 진천의 아들들 사이에서 혼백 다툼이 생기게 되었다. 그리하여 그 아들들은 관청에 송사를 냈고 그 송사를 맡은 진천 군수가 "그가 살아서는 진천에 있었으니 죽어서는 용인으로 가라"라는 판결을 내려서 결국 용인의 아들들이 제사를 모시게 되었다고 한다.

청주와 비교해 볼 때 산이 많지만 진천평야처럼 넓은 평야도 있다. 산이 겹겹이 있고 또 큰 내가 많지만 모두 화창한 기운이 있고 땅이 제법 기름지다. 진천의 기우제는 좀 독특하다. 비가 오지 않으면 부녀자들이 물가에 서서 키로 물을 떠 가지고 까부르거나 비옷을 입고 서로 물을 끼얹으며 '장마요'라고 소리를 치며 키를 씌운 여자를 앉혀 놓고 물을 뿌리기도 한다. 이와 비슷하면서도 또 다른 기우제가 있다. 진천 군수가 초평면의 소두머니라는 곳의 냇물에서 마치 타작을 하는 것과 같이 도리깨질을 한다. 말라붙어 가던 냇물에서 도리깨질을 한다는 것은 마냥 하늘만 바라보며 비가 내리기를 기다리는 소극적인 방법이 아니라 어떤 일이 있어도 추수를 해야 한다는 의지와 집념, 절박함의 발로였다고 할 수 있다.

《택리지》에 "(칠장산에서 흘러나와) 서남쪽으로 간 맥은 진천에서는 대문령大門嶺이 되고, 목천(현 천안시 동남구 목천읍)에서는 마일령磨日嶺이 되며"라고 했다. 대문령은 조선시대 충청도와 경기도를 잇는 큰 고개이다. 《신증동국여지승람》에 "대문령은 고을 서쪽 35리에 있으니 이곳이 경기도 안성군의 경계다"라고 실려 있다. 수많은 사람이 오고간 대문령은 지금의 진천군 백곡면 양백리 청학동과 경기도 안성시 금광면 상중리 사이에 있는 배티고개다. 그런 연유로 배티고개 서남쪽 길가에 있는 넓은 바위를 길손들이 많이 쉬어 갔다고 해서 '앉은바위'라고 부른다.

대문령과 가까운 거리에 있는 백곡면 갈월리의 큰 고개인 엽돈재는 조선시대 협탄령脇呑嶺이라 불렸다. 진천읍에서 천안시 입장면으로 넘어가는 이 고개 길목에 고려 때 협탄소脇呑所가 있었다. 진천읍 행정리에는 조선시대에 한양으로 가는 교통의 요지였던 잣고개가 있다.

진천군 이월면 사곡리의 육판산六判山은 '판서 여섯 사람이 태어날 명당이 있다'는 산이고, 이월면 송두리의 일산자리는 조선 세종과 세조가 피부병을 고치기 위해 초정으로 가던 길에 진천의 북평에서 하룻밤 자고 갔는데 그때마다 이곳에 해를 가리는 우산日傘을 꽂았다고 한다. 덕성산, 무제산, 장군봉, 두타산 등이 솟구친 아래에 펼쳐진 진천군 문백면 봉죽리에는 송강松江 정철鄭澈의 묘가 있다.

진천군 광혜원면에는 조선시대 역원인 광혜원廣惠院이 있었고 그 옆에는 정자가 있었다. 그곳에서 새로 부임하는 충청 감사와 퇴임하는 감사

진천에서 대문령 가는 길

이중환의 《택리지》에도 나오는 큰 고개인 대문령 길이다.
고개를 넘어가면 안성시 칠장사에 이른다.

가 서로 관인官印을 주고받으며 임무를 인수인계했다고 한다. 진천뿐만 이 아니라 이 일대에서 모르는 사람이 없는 큰 저수지인 초평저수지는 미호저수지라고도 부르는데, 1945년에 착공하여 1958년에 준공되었다. 이 저수지가 만들어지면서 생팔리, 소도평, 화암, 오경 등의 네 개 마을이 사라지고 말았다.

진천의 명물은 문백면 구산동리(구곡리) 세금천에 가로질러 놓은 농다리(농교籠橋)다. 고려시대에 축조되었다고 전해지며 원래는 100미터가 넘었다고 하지만 현재 길이는 93.6미터 정도이다. 이 다리의 특징은 교각의 모양과 축조 방법에 있다. 작은 낙석을 가지고 돌의 뿌리가 서로 물리도록 물고기 비늘 모양으로 쌓았는데, 속을 채우는 석회물의 보충 없이 돌만 가지고 한 것이다. 큰 장마가 저도 다리가 떠내려가지 않도록 축조한 기술이 전국적으로 유례가 없다고 한다. 농다리는 동양에서 가장 오래되고 긴 다리에 속한다. 옛날에는 하상이 낮아 어른이 서서 다리 밑을 지날 수 있었다고 하나 지금은 복개로 하상이 높아졌다. 상판석의 돌은 아름다운 무늬를 잘 보여 주고 있는데, 전해 오는 말로 이 다리를 놓은 사람은 고려 때 권신인 임연林衍이라고 한다.

임연이 이곳에 있을 때의 일이다. 몹시 추운 어느 겨울날, 냇가에서 세수하고 있는데 건너편에서 젊은 부인이 내를 건너지 못해 애를 태우고 있었다. 소리를 질러 이유를 물었다. 아버지가 돌아가셨다는 소식을 듣고 친정에 가는 길인데 강물이 세차게 흐르므로 건너갈 수가 없어서 그러고 있다 했다. 딱한 사정을 듣자마자 임연은 용마를 타고 돌을 실어다 다리를 놓았다고 한다. 그 당시 다리를 놓은 용마는 기운이 다 빠져서 죽었다

농다리

진천군 문백면 구곡리 세금천에 가로놓인 다리다.
석회물의 보충 없이 오로지 돌만으로 쌓은 다리로, 고려시대의 것이다.

고 하며, 용마에 실었던 마지막 돌이 떨어져 그대로 둔 것이 마을의 용바위라고 한다. 이 다리는 나라에 변고가 생길 때마다 며칠씩 울었다고 하는데, 경술국치 때와 한국전쟁 당시에 며칠씩 울어서 마을 사람들이 잠을 못 이루었다고 한다.

진천읍 연곡리 보련산 자락 옛 절터에 삼국시대 목탑을 본떠 지은 보탑사가 있고, 진천읍 상계리 계양마을(장수터)은 삼국 통일의 위업을 달성한 신라 장군 김유신金庾信이 태어났다는 곳이다.

바로 부근에 있는 연곡리 보련골은《정감록》을 믿는 사람들이 모여 화전을 일구며 살았던 곳이며, 그곳에 비면에 글씨가 새겨져 있지 않은 백비白碑가 있다. 보물로 지정된 진천 연곡리 석비는 전체 높이가 3.6미터에 비신의 높이가 2.13미터로 귀부와 이수를 갖추었으며 전반적인 조성 수법이 뛰어나다는 평가를 받는다. 누구의 것인지, 처음부터 비문을 새기지 않았는지 아니면 세월에 비문이 사라졌는지 알 길이 없다.

내륙 지방의 관문이었던 부강포구

세종특별자치시 부강면 문곡리는 부강약수로 이름이 높았다. 그리고 부강리에는 옛 시절 이름이 높았던 부강포구가 있었다. 금강 상류 지역에 자리했던 부강포구는 금강 수운의 가항可航 종점이었으며, 수운에 이용되는 하항河港이었던 까닭에 충청도 내륙 지방의 관문 역할을 하기도 했다. 또한 서해에서 생산되는 어염魚鹽과 일용 잡화들이 이곳으로 모이고 일대에서 생산된 농산물도 집산되던 경제의 중심지였다. 대전, 청주 등 충청도 내륙 도시의 근대화 과정에서 중요한 역할을 담당했던 부강포구를 청주대학 경제학과 김신웅 교수는 충청 지역 경제 발전의 모체와 시원始原이라고 평했다. 전성기에는 초사흘과 보름에 한 번씩 지내는 배 고사 떡만 얻어먹고도 인근 사람들이 살 수 있을 정도였다. 배들이 싣고 온 해산물이 얼마나 많았는지 조기로 부채질하고 미역으로는 행주를 삼았으며 명태로 부지깽이를 할 수 있을 정도였다고 한다. 부강포구의 규모가 어떠했는지 짐작할 수 있는 말들이다.

부강포구가 있었던 부강중학교 앞(신한부강공장, 오뚜기식당 일대) 금강변은 강폭이 넓고 수심이 깊어 300여 척의 배가 한꺼번에 정박할 수 있었고, 배를 매어 놓을 수 있는 아름드리 버드나무가 즐비하게 서 있어 삼버들로 불렸다고 한다. 강경이나 군산 등지에서 보름 이상 걸려 싣고 온 소금과 해산물을 등짐장수들이 안성, 보은, 상주 등으로 가지고 갔다. 소금배는 1000섬을 실을 수 있는 비교적 큰 규모의 황포 돛단배였다. 이 황포 돛단배가 마지막으로 올라온 것은 60여 년 전이었다고 한다. 세월이 흘러 경부선 철도가 개통되면서 부강포구의 명성은 세월 속으로 사라져 버렸다.

대청댐과 문의

백제 때 일모산군一牟山郡이었던 문의文義는 남쪽으로 금강에 접한다. 신라 때 연산군演算郡으로 개칭되었고 1914년 청원군에 딸린 면이 되었다. 문의에 있는 대청댐에는 제5공화국 시절부터 역대 대통령들이 휴가를 보내면서 국정 계획을 세우던 청남대靑南臺가 있는데, 2003년부터 일반에도 개방되고 있다.

시인 신동문의 집에 문상하기 위해 문의에 왔던 시인 고은은 그림 같은 풍경을 보고 〈문의 마을에 가서〉라는 시 한 편을 남겼다.

겨울 문의文義에 가서 보았다.
거기까지 닿은 길이
몇 갈래의 길과
가까스로 만나는 것을.
죽음은 죽음만큼 길이 적막하기를 바란다.
(…)

겨울 문의文義에 가서 보았다.
죽음이 삶을 껴안은 채
한 죽음을 받는 것을.
끝까지 사절하다가
죽음은 인기척을 듣고
저만큼 가서 뒤를 돌아다 본다.
모든 것은 낮아서
이 세상에 눈이 내리고

아무리 돌을 던져도 죽음에 맞지 않는다.

겨울 문의文義여 눈이 죽음을 덮고 또 무엇을 덮겠느냐.

문의에는 1000여 년 전 고려 고승 일륜이 제자들에게 남긴 예언이 전설처럼 전해지고 있다.

사방의 정기는 영명하다. 장차 이곳에 문文과 의義가 크게 일어나 숭상될 것이다. 뭍으로 난 길과 물길이 사통팔달했으니 마을과 인물이 모두 번성할 것이다. 그러나 이 어인 조화인가. 앞으로 1000년 뒤의 운세가 물밑에 잠겨 있으니 말이다. 그때 이르러 새 터전을 마련하게 될 것이니라.

이때부터 문의라는 이름으로 불렸고 예언에 걸맞게 호수가 만들어졌다. 문의에서 가까운 구룡산에 높은 산자락과 바위에 달아맨 것 같다고 해서 이름 붙여진 다람절이라는 절이 있다. 요즘에는 다람절을 한자화해서 현암사懸岩寺라고 불리고 있는 이 절은 백제 전지왕 3년(407) 달솔 해충達率解忠의 발원으로 고구려 승려 선경仙境이 창건했다고 한다. 그 뒤 신라 문무왕 5년(665)에 원효가 중창한 이후에도 수차례의 중창을 거쳤다. 1978년 대청댐 건설 당시 댐 건설업체인 현대건설과 수자원공사로부터 자재 시주를 받아 도량 확장을 하여 오늘에 이른다. 이 절에는 원효의 전설이 서려 있다. 원효가 구룡산 다람절에 들어와 수도하고 있었다. 원효는 어느 날 "천년 후에 이 앞에는 호수가 생겨날 것이며 호수가 생겨나면 '임금 왕王' 자의 지형이 형성되어 왕이 이곳에 와 머물게 될 것이

© 유철상

문의마을

청원군 문의면은 조선시대에는 문의군이었는데 대청댐을 지은 이후로
마을 대부분이 수몰되어 현재는 마을을 옮겨 지었다.

ⓒ유철상

청남대

제5공화국 시절에 대통령의 휴가 때 사용하기 위해 만든 별장이다.
청원군 대청댐 부근에 있으며, 청남대는 '남쪽에 있는 청와대'라는 의미다.

다"라고 얘기했는데 그러한 예언 때문인지 이 절 앞에는 대청호가 그 푸른 물살을 드러내고 있으며 대통령 전용 별장인 청남대가 들어섰다.

충청북도를 비롯한 중부 지역에 큰 변화를 몰고 온 금강 유역의 대역사가 시작된 것은 1975년 3월이었다. 강렬한 폭음과 함께 5년 9개월간 대청댐 공사가 시작된 것이다. 당시 충청남도 대덕군과 충청북도 청원군 사이를 흐르는 물을 막아 만든 둑이라 하여 두 지역의 머리글자를 따서 대청이라는 이름을 지었다. 대청댐은 홍수와 가뭄을 조절하고 전력을 생산하며 공업용수와 농업용수를 공급하는 따위의 여러 가지 일을 한꺼번에 하는 다목적댐이다.

댐 건설로 충청남도와 충청북도의 논밭 1500만 평이 물에 잠겼고, 여기서 살던 4275가구의 2만 5925명이 고향을 떠나 다른 곳으로 이주했다. 대청댐이 완공되자 금강 상류인 공주나 부여 부근 하천의 물 높이는 말할 것도 없고 하류인 장항이나 군산 하천의 물 높이까지도 조절할 수 있게 되어 큰비가 와도 수해는 없으리라 예상했다. 하지만 그것은 희망 사항일 뿐이었고 그 뒤로도 여러 차례 홍수로 농경지가 물에 잠기곤 했다.

대청댐으로 인해 수몰되면서 옮겨진 청주시 상당구 문의면에서 가까운 미원면에 구녀성九女城(구라산성謳羅山城)이 있는데, 이곳에 전설이 전해진다. 옛날 이곳 산 밑에 딸 아홉과 아들 하나를 둔 어머니가 살고 있었다. 어느 날 아들과 딸들이 목숨을 건 내기를 걸었다. 아홉 딸이 성을 쌓는 동안에 아들은 굽 높은 쇠 신발을 신고 송아지를 끌고 서울까지 다녀오기로 한 것이다. 그런데 딸들이 성을 다 쌓아 가는데도 아들은 돌아올 기미가 보이지 않았다. 안타까워하며 기다리던 어머니는 고깃국을 쑤

대청댐

금강 본류를 가로지른 댐으로 1975년부터 6년여에 걸쳐 지었다.
대청댐 건설로 조성된 대청호는 주변에 농업용수와 공업용수를 공급한다.

어 먹이며 시간을 끌었다. 그때 마침 아들이 돌아왔고, 내기에 진 딸들은 모두 목숨을 끊고 말았다. 나중에 이러한 사실을 안 아들이 떳떳이 이기지 못했다고 한 뒤 죽어 버리자 어머니도 아들을 따라서 목숨을 끊고 말았다. 딸이 죽은 뒤 닭이 되어서 때를 찾아 우는데, 그 소리가 '꼬끼오 골' 하는 것은 그 고깃국 때문에 원통하게 죽은 뜻이라고 한다.

옛 청원군 일대에는 이름 높은 산성이 많았다. 그중 하나가 바로 낭비성娘臂城이다. 백제 때 쌓았다는 이 성에 후백제를 창건한 견훤이 진을 치고서 구녀성에 있는 태봉국의 궁예와 치열한 싸움을 전개했다고 한다. 청주시 흥덕구 오송읍 정중리와 상봉리 사이에 있는 병마산兵馬山은 토성과 장대가 있다. 고려 충렬왕 17년(1291)에 한희유韓希愈와 김흔金忻 등이 원나라 장수 설자간 등과 함께 이 산에 웅거하고 있다가 침입해 온 합단哈丹 군사를 이 산 아래에서 맞아 쳐서 크게 이긴 후 공주의 곰나루까지 추격했는데, 적의 시체가 30여 리에 걸쳐 널려 있었다고 전해 오는 곳이다.

청주시 흥덕구 비하동과 상당구 용정동 사이에 있는 부모산父母山 정상에 큰 못과 석성이 있는데, 몽고군이 침입해 왔을 때 이 지역 사람들이 숨어 지낸 성이다. 그런데 늘 안개가 끼어 있어서 한 사람도 상하지 않고 온전히 난을 피했으므로 부모와 같은 산이라 해서 부모산이라는 이름이 붙여졌다.

청주 취경루에 끌어들인 경치

송시열의 〈청주 북루기淸州北樓記〉에 따르면 "청주는 실로 우리나라의 한가운데 있는 땅이다. (…) 옛날에 현인이 가르침을 편 곳이요, 많은 어진 사람의 교화의 향기가 남아 있다. 민간의 풍속에 학문이 크게 빛나니 동남쪽에서 으뜸이다." 백제 상당현上黨縣이었던 청주淸州는 신라 신문왕 5년(685)에 서원소경西原小京이 설치되었고, 고려 태조 23년(940)에 지금의 이름으로 고쳐졌다. 청주에 대해 고려 태조 왕건은 "청주는 땅이 기름지고 사람 중에는 호걸이 많다" 했고, 고려 후기 학자 이숭인李崇仁은 "청주는 실로 동남쪽의 집합지로, 땅이 넓고 인구가 많아서 사업이 번잡하다"라고 했다. 정이오는 시에서 "큰 들은 남쪽으로 문군文郡에 이어져 사라지고, 두 냇물은 서쪽으로 금강에 들어 흐른다" 했다. 청주시에는 상당산과 우암산 등의 산이 있고, 북쪽에는 미호천이, 중앙부에는 무심천이 흐른다.

조용하면서도 두드러지지 않는 성품을 지닌 사람이 많은 곳이 청주시다. 조철호 시인의 〈청주의 여자들은〉이 그러한 청주 사람들을 잘 그리고 있다.

청주 여자들은

시집가기 전에도 큰길에 나서지 않는다

눈 위의 것을 보느라

함부로 턱을 치켜들지 않고

바람 따라 흐르는 소문에

귀 열지 않아

무엇을 물어도 아는 게 없는 듯

그저 우물대며

글쎄유 –

(…)

불과 몇십 년 전만 해도 청주 사람들이 서울에 가서 살다가 다시 며칠만 청주에 와서 지내다 보면 발걸음이 자신도 모르게 느려지는 것을 발견했다고 한다. 양반의 고장이라 말도 느리고 발걸음도 느렸던 고장 청주에 고려의 공민왕이 피난을 왔던 때가 공민왕 10년(1361)이었다. 홍건적이 쳐들어와 개경이 무너지자 공민왕은 이곳으로 와서 7개월을 머물렀다. 그전에 피난처를 물색할 때 몇몇 신하들은 개경에서 가까운 수원으로 가자는 이야기를 꺼냈다. 그러나 수원은 바닷가가 가까워 왜구의 침입이 염려되고, 또 홍건적을 맞아 항복한 곳이기 때문에 인심을 보증하기가 어렵다고 하면서 감찰사에서 청주를 추천했다. 청주는 삼도의 요충지이므로 곡식을 운반하기가 쉽고, 바다와 멀리 떨어져 있으므로 가장 안전한 지역이라고 했다. 당시 공민왕이 머무르던 누각이 망선루望仙樓다. 원래 이름은 취경루聚景樓로 홍건적의 난이 평정되었다는 소식을 듣고 이곳에서 두 번의 과거 시험이 치러졌는데 그때 과거에 합격한 사람의 방榜이 이곳에 붙었다고 한다.

청주를 진호하는 산성이 사적으로 지정된 상당산성上黨山城이다. 청주시 상당구 낭성면과 상당구 산성동에 걸쳐 구축된 상당산성은 석성으로 보은의 삼년산성과 더불어 충청북도를 대표한다. 이곳에 성이 처음 쌓인 것은 백제 때부터였을 것이다. 토성이었을 것으로 추정되며, 상당산성이라는 이름은 백제의 상당현에서 유래한 것으로 보는 견해도 있다. 통일신라 때 서원소경이 청주에 설치되었는데 이때 김유신의 셋째 아들 김원정金元貞이 서원술성을 쌓았다는 기록이 전하기도 한다. 통일신라 때 관리와 군사가 주둔했을 것으로 추정된다.

선조 29년(1596) 임진왜란 당시 개축되었다가 숙종 때 석성으로 다시 개축했다. 《청주군읍지》에 따르면 상당산성은 숙종 42년(1716) 고지古址에 의거하여 석축으로 개수했으며, 남문 등의 성문과 성벽에 당시 공사 관계자들의 이름과 관직명 등이 새겨져 있다. 크기가 일정하지 않은 석재로 수직에 가까운 성벽을 쌓고 그 안쪽은 토사土砂로 쌓아 올리는 내탁內托 공법으로 축조했다. 동·서·남쪽 3개소에 성문을 두었는데, 남문은 무사석武砂石으로 홍예문을 만들고 그 위에 목조 문루를 세웠다. 남문의 문루는 1977년에 복원되었다. 지금은 석축 부분만 남았고, 성문의 높이는 3.5미터, 너비는 4.2미터다. 동문과 서문에도 역시 문루가 있었으며, 성문은 무사석으로 네모지게 축조했는데 높이 2.7미터, 너비 2.8미터다. 동문과 남문 부근에 한 개소씩의 암문暗門이 있고 동남쪽에 수구水口가 있었으나 지금은 여기에 저수지가 만들어져 있다. 성내에는 두 곳의 장대將臺 터가 남아 있다. 1996년 기준으로 이 성내에는 50여 가구가 살고 있다.

산성을 지나 북동쪽으로 한참 가면 상당구 낭성면 귀래리에 이른다. 귀

청주 상당산성

백제 때부터 이미 이곳에 토성이 있었던 것으로 짐작된다. 지금의 성은 임진왜란 때 일부 고쳤으며 1716년 숙종 때 석성으로 다시 쌓은 것이다.

청주 홍덕사지

청주 운천동에 있는 통일신라시대의 절터다. 1985년 발굴 당시 '홍덕사'라 새겨진 쇠북(금구) 조각이 나와 절의 이름이 홍덕사였음을 알 수 있었다.

래리歸來里는 본래 청주군 산내 이상면의 지역으로 신요申橈의 자취가 서려 있다. 신요는 광해군에게 곧은 말을 하다가 귀양 길에 올랐고, 귀양살이가 풀린 뒤 이곳으로 들어와 은거했다. 인조가 반정을 일으켜 성공한 뒤에 신요를 여러 번을 불렀다. 그런데도 나아가지 아니했으므로 이 마을을 일컬어 곧으미, 고디미, 고두미, 귀래동으로 부르게 되었다.

청주에서 시작된 이인좌의 난

청주에서 이인좌李麟佐의 난이 일어난 것은 영조 4년(1728)이었다. 조선 후기 소론이었던 이인좌와 정희량이 신임사화를 일으켰던 김일경 등과 영조를 몰아내고 밀풍군 탄을 왕으로 추대하려고 일으킨 난이다. 소론이 주도한 반란이며, 일어난 해의 간지를 따서 무신란戊申亂이라고도 부른다. 소론은 경종 연간에 왕위 계승을 둘러싼 노론과의 대립에서 일단 승리했으나, 노론이 지지한 영조가 즉위하자 위협을 느끼게 되었다. 이에 박필현 등 소론의 과격파는 영조가 숙종의 아들이 아니며 경종의 죽음과 관련 있다고 주장하면서 영조와 노론을 제거하고 밀풍군 탄을 왕으로 추대하고자 했다. 여기에는 남인들도 일부 가담했다.

이들이 일어나게 된 데는 여러 가지 중요한 요인이 있었다. 생활이 궁핍해지자 유민들이 증가하고 도적들이 자꾸 늘어났다. 그런 연유로 기층 민중의 저항적 분위기가 자연스레 형성되고 있었다. 청주에 살고 있던 이인좌는 양성의 권서봉, 용인의 박종원, 안성의 정세윤, 괴산의 유상택 등의 반란군과 합세하여 3월 15일 청주성을 함락하기로 했다. 그들은 상여 행렬로 꾸민 다음 상여 속에 병기를 감추고 청주성으로 들어가 장례를 치르는 척하다가 날이 저물자 청주성을 점령했다.

이인좌는 충청 병사 이봉상과 그의 군관이었던 홍림을 그 자리에서 죽이고, 영장 남연년에게 항복을 요구했다. 그러나 그가 말을 듣지 않자 그 역시 죽인 후에 스스로 대원수라고 지칭했다. 그들은 '경종의 원수를 갚는다'는 점을 널리 선전하면서 신천영을 가짜 병사로 삼아 서울로 북상했다. 그러나 24일에 안성과 죽산에서 도순무사 오명항과 중군 박찬신 등이 거느린 관군에게 격파되었다. 청주성에 남아 있던 세력도 사족 박민웅이 결성한 창의군에 의해 무너졌다. 영남에서는 동계 정온의 후손인 정희량이 거병하여 안의와 거창 그리고 합천, 함양을 점령했으나 경상도 관찰사가 지휘하는 관군에 토벌되었다. 호남에서는 거병 전에 호남을 책임지기로 했던 박필현 등의 가담자들이 체포되어 처형되었다.

이인좌의 난 진압에는 병조판서 오명항 등 소론 인물들이 적극적으로 참여했지만, 그 뒤 노론의 권력 장악이 가속화되었다. 결국 소론은 재기 불능 상태가 되었다. 이 사건 이후 정부에서는 지방 세력을 억누르는 정책을 강화했고 토착 세력에 대한 수령들의 권한을 대폭 증가시켰다. 이 난은 조정에만 경각심을 준 것이 아니라 조선 후기에 일어난 수많은 민란에도 영향을 주었다. 즉 민란 주동자들이 이인좌가 군사를 동원한 방식을 채용했던 것이다. 결국 이인좌의 난은 순조 11년(1811) 홍경래의 난으로 이어졌다.

랜드마크 용두사지 철당간

청주의 지형은 서향인데 지대가 낮고 청주 시내를 흐르는 무심천이 높아서 해마다 수재의 염려가 있다. 그런 연유로 청주시 상당구 남문로 2가에는 용두사지 철당간이 우뚝 서 있다. 고려 광종 때 창건된 용두사龍頭寺는 조선 중기에 폐사된 것으로 알려졌는데, 철당간에 얽힌 유래가 《신증동국여지승람》에 다음과 같이 실려 있다.

> 구리 돛대銅檣는 고을 성안의 용두사에 있다. 절은 폐사되었지만 돛대는 남아 있으며 높이가 10여 길이다. 세상에서 전하기를 "처음 주를 설치할 때 술자術者의 말을 써서, 이것을 세워 행주行舟의 형세를 나타내었다"라고 한다.

그래서 이곳에 돛대가 세워졌다. 대부분 당간이 어느 때 누가 세웠는지를 알 수가 없는데, 이 당간의 건립 연대와 내력을 밝혀 주는 명문이 세 번째 철통 둘레에 393자가량의 해서로 양각되어 있다. "청주의 호족인 김예종이라는 사람이 유행병에 걸리자 철당을 바쳐 절을 장엄하게 할 것을 맹세한 뒤, 사촌 형인 희일 등과 함께 철통 30단을 주조하여 높이 60척의 철당을 세우도록 했다." 이 철당간을 조성했던 시기도 철당간에 새겨져 있는데, "준풍峻豊 3년(고려 광종 13년인 962년) 임술 2월 29일"이라는 글이 새겨져 있다. 조선 전기의 문신 이승소는 이 철당간을 다음과 같은 시로 읊었다.

청주 용두사지 철당간

당간 지주란 절에 행사가 있을 때 그 입구에는 달리는 당이라는 깃발을 양쪽에서
지탱해 주는 두 기둥을 말한다. 절은 사라졌지만
철당간은 여전히 남아서 그 시절 절의 위용을 말해 준다.

우뚝 서서 백자나 높이 솟았으니
오가는 사람이 방황하는 것 같다고 하네
누가 구리 기둥을 만계灣溪 위에 옮겨다 세웠는가
한漢나라 동산의 금 줄기인가 싶구나
뿌리는 깊이 박혀 지축地軸에 있었고
꼭대기는 구름 밖에 치솟아 은하수를 꿰뚫었네
옛사람이 이를 세운 뜻이 없지 않으니
큰 고을과 더불어 한 지방을 진압함이라네

그러나 전해져 오는 이야기는 다르다. 청주는 예로부터 지형이 배와 같다고 하여 주성舟城이라고 전해져 온다. 고려 초기에 승려 혜원이 있었는데 어느 날 꿈에 부처님으로부터 배가 풍랑에 떠내려가지 않게 돛대를 세우라는 현몽을 받았다. 어느 곳에 세울지 고심하고 있는데, 어느 초립동의 과객이 절 앞뜰에서 "이 땅에 소금 배가 들어올 텐데 돛대가 없구나"라고 혼자서 중얼거리는 소리를 들었다. 방에서 이 소리를 들은 혜원이 급히 밖으로 나가 과객에게 돛배를 세울 장소를 묻자, "목암산(현 우암산)에 올라가 사해四海를 바라보라"라고 말 한 뒤 금세 사라지고 말았다. 혜원이 목암산에 올라 지세를 살핀 지 열흘 만에 깨닫고 내려와 용두사지 경내에 당간을 세웠고 그 후부터 청주를 주성이라고 불렀다. 또 다른 전설로는 청주가 예로부터 자주 수재를 입었는데 어떤 술사가 말하기를 큰 돛대를 세우면 배의 형상이 되어 수재를 면한다고 해서 세웠다는 이야기도 있다. 현재 철제 원통 20여 개가 맞물려 있어서 그 높이가 12.7미터에 이른다. 원래 철당간은 철통 30개로 구성되어 있었다. 그런데 흥선대원군 시절 경복궁 중건에 쓰느라 철당간의 철통 10개를 헐어 가 지금은 20개가 남았다고 전한다.

천년의 세월을 견디면서 도심 한복판에서 오고 가는 사람들을 맞고 있는 용두사지 철당간을 바라보면, 중국 사신 서긍이 지은《고려도경》의 한 구절이 떠오른다.

> 흥국사(개성에 있던 절) 마당에 구리 당간이 있는데 아랫도리 지름이 2척이고 높이가 10여 장丈이며 그 형태는 위쪽이 뾰쭉하며 마디마디 쌓아 올렸다. 표면에 황금색을 발랐고 꼭대기에 봉수鳳首로 되어 있어 비단 표기錦幡를 물고 있다.

그 당시 우뚝 서서 깃발 휘날리던 절의 모습은 지나간 옛 시절의 하룻밤 꿈이란 말인가?

신정일의 신 택리지

충청

2023년 8월 22일 초판 1쇄

지은이 신정일
펴낸이 박시형, 최세현

책임편집 최세현 **교정교열** 신상미
마케팅 양근모, 권금숙, 양봉호, 이주형 **온라인마케팅** 신하은, 현나래, 최혜빈
디지털콘텐츠 김명래, 최은정, 김혜정 **해외기획** 우정민, 배혜림
경영지원 홍성택, 김현우, 강신우 **제작** 이진영
펴낸곳 쌤앤파커스 **출판신고** 2006년 9월 25일 제406-2006-000210호
주소 서울시 마포구 월드컵북로 396 누리꿈스퀘어 비즈니스타워 18층
전화 02-6712-9800 **팩스** 02-6712-9810 **이메일** info@smpk.kr

ISBN 979-11-6534-776-5 (04910)
ISBN 978-89-6570-880-3 (세트)